별에서 온 그들과
친구 되는 법

저자의 삶과 관련한 세부 사항을 가능한 한 충실하게 반영하였으나,
당시 함께 있었던 다른 사람들은 해당 사항에 관해 달리 기억할 수도 있음을 인정합니다.
타인의 개인 정보와 안전 보호를 위해 많은 이름과 신상 정보를 수정하였습니다.
독자의 편의를 위해 이 책에 언급된 외부 자료의 출처를 제공했으며,
책을 읽는 시점에 따라 출처 정보는 변경될 수 있습니다.

SEEK
: How Curiosity Can Transform Your Life and Change the World

별에서 온 그들과 친구 되는 법

호기심이라는 배를 타고
'우리'라는 섬에서 '그들'의 세계로

스콧 시게오카 지음

이윤정 옮김

위즈덤하우스

차례

1부

호기심은 초능력이다

2부

DIVE 하는 법

3부

깊은 호기심과 함께 살아가려면

전 세계가 위기와 불확실성의 시대에 접어든 오늘날, 우리는 그 어느 때보다도 분열되었다고 느낀다. 한국의 정치적 혼란, 트럼프의 백악관 복귀 그리고 세계적인 이념 충돌은 '우리 대 그들'이라는, 우리와 그들이 반대 진영에 속하며 어느 한쪽만이 승리하는 전투를 치르고 있다는 위험한 내러티브를 강화한다. 이러한 상황은 특정 집단들을 타자화하고 소속감을 바탕으로 구축된 사회적 결속을 무너뜨린다.

그런데 만일, 우리가 두려움과 불안 또는 분노로 후퇴하는 대신 호기심curiosity을 적극적으로 받아들이고 활용한다면 어떨까? 상대방의 입장을 묻는 데에서 그치지 않고 그들의 관점을 형성한 삶의 경험들을 궁금해한다면? 정치 이면의 사람을 바라보고, 특정 정당의 일원이라는 단면 너머의 인간성을 본다면? 타인에 관한 이야기를 지어내지 않고 그들의 실제 이야기를 듣고 나서 그들을 이해한다면?

나는 개인의 성장기를 담으려고 이 책을 쓰지 않았다. 오히려 갈가리 찢기고 있는 이 세상에서 살아남는 법에 관해 전하고 싶었다. 호기심은 단순히 질문을 건네는 행위가 아니다. 호기심은 서로를 진정으로 바라보고 듣는 일이며, 비록 의견에는 동의하지 않더라도 상대가 중요하며 사회의 일부임을 상기시키는 돌봄과 사랑의 행위다. 연구 과정에서 나는 서로 경멸할 수밖에 없음에도 호기심을 품고 탐구하는 사람들을 만났다. 그러는 과정에서 그들은 아주 강력한 무언가를 발견했는데, 그것은 바로 우리의 공통된 인간성이었다.

호기심은 종종 나약한 것으로 치부된다. 동의하지 않는 누군가의 말을 경청하는 일은 스스로 신념을 포기하는 것처럼 보인다. 그러나 진정하고도 깊은 호기심에는 용기가 따른다. 그것은 누군가를 희화화해서 적으로 단정 지으려는 본능에 대한 저항이다. 불편함에 발을 들여 아주 강력하면서 어렵기도 한 질문들을 던지는 행위이며 무엇이든 열린 마음으로 마주하려는 태도다.

이 책에서 나는 깊은 호기심의 실천을 위한 프레임워크(벗어나기Detach, 의도하기Intend, 가치 있게 여기기Value, 수용하기Embrace)로 DIVE 모델을 소개한다. 특히 지금 우리에게는 이것이 절실하다. 한국이나 미국뿐만 아니라 전 세계에서 비인간화와 분열이 폭발적으로 확산해 사회 전반에서 지속되고 있기 때문이다. 이러한 타자화는 잔혹함과 혐오를 쉬이 정당화해, 다리를 놓기보단 벽을 세우도록 만든다.

이런 시기일수록 우리 모두는 어떻게 대응할지 선택해야 한다. 우리는 더 깊이 참호를 팔 수도 있고 서로 얼굴을 마주 볼 수도 있다. 서로를 마주하는 일은 불의에 눈감는 것도 아니고 가치를 타협하는 것도 아니다. 오히려 어려운 상황에서도 사랑하는 사람과 이웃, 더 나아가 넓은 세계와 열린 마음으로 소통하는 것이다. 나는 이 모든 급속한 변화와 불확실성 속에서 앞으로 이 나라와 세계가 어떻게 될지, 미래에 관한 질문을 자주 받는다. 내 대답은 언제나 한결같다. 미래는 우리에게 달렸다는 것이다.

2025년 한국에서 출간되는 이 책이 아이디어 이상의 것들을 제공하길 기대한다. 지적 추구로써가 아니라 진심에서 우러난 깊은 호기심에 도움이 되는 일련의 실천법을 통해, 앞으로 나아갈 방법이 되어주길 바란다. 서로 두려워하라고 말하는 세상에서 당신이 탐구하길 선택하고, 그것을 급진적이고 용감한 희망과 회복의 실천으로 바라보길 진심으로 소망한다.

2025년 6월,
스콧 시게오카

디자인 회사에 다니던 내가 일을 관두자 모두들 나더러 제정신이 아니라고 했다. 나는 국립 공원으로 줄행랑쳐서 자연에 머무르며 '나를 찾으려는' 게 아니었다. 디지털 노마드처럼 라이프 스타일을 바꿔 해변이나 산을 배경 삼아 일하겠다는 것도 아니었다. 다만 샌프란시스코에서의 안락한 삶을 떠나 열두 달 동안 차를 운전해 떠돌아다니고 플래닛 피트니스Planet Fitness(북미 전역에서 운영하는 헬스장 체인으로 회원이라면 어느 지점이든 이용 가능하다—옮긴이)에 들러 씻으면서, 도시에 거주하는 진보적 동양계 미국인이자 정신적 퀴어인 하와이 출신 교수 겸 연구자로서(후유, 많기도 하군) 평소 절대로 만나볼 일이 없던 사람들을 만나고자 했다. 친구들은 내가 이 계획을 수행하면 폭력이나 정서적 공격의 표적이 될 거라고 했고, 한 친구는 내가 총에 맞을지도 모른다고 했다. 무엇보다도 나는 아는 보수주의자나 도널드 트럼프 지지자가 없었고, 가족 외에는 나보다 나이가 훨씬 많거나 어린 사람들을 만나보지 못했으며, 시골 마을이나 인디언 거주 지구 사람들도 만나본 적이 없었다. 그리고 농장이나 공장에서 일하는 사람들에 관해 신문에

서나 읽어봤지, 그런 직업을 가진 사람 중 누구와도 교류해본 적이 없었다.

목적 없이 떠도는 대신 몇 가지 준비 작업을 통해 경로를 짜보기로 했다. 우선 앨라배마의 작은 마을, 미네소타의 토착민 보호구역, 수녀들과 밀레니얼 세대가 함께 거주하는 피정의 집, 아칸소주의 소기업 사장 모임을 목표로 삼았다. 심지어 '적의 전선'을 넘어 트럼프 집회와 공화당 모임에 참석해 미국에서 가장 저명한 교회 목사 중 한 명을 비롯한 종교 지도자들과 대화를 나눌 계획도 있었다.

내 여행 계획에 관해 듣던 친구들과 가족은 내가 짠 일정을 보고 나서 나를 빤히 쳐다봤다. 다들 하나같이 이렇게 물었다. 대체 이걸 왜 하는 건데? 그들은 여전히 내 안전을 걱정했다. 그러나 어떤 이들은 이 여행을 통해 '반대편' 사람들을 만나는 것이 '우리' 같은 진보주의자, 유색 인종, 젊은 사람 등등에게 해가 될 거라 말하기도 했다.

"그런 사람들은 우리를 싫어해." 한 친구가 말했다. 그는 나더러 가방에 칼과 후추 스프레이를 챙겨서 스스로를 보호하라고 일러주었다.

무척 이상하지만, 2019년에 내가 10년 묵은 프리우스에 짐을 가득 싣고(캘리포니아에선 너무 진부한 표현인 거 나도 안다) 미 횡단 자동차 여행을 떠나게 만든 건 압도적일 정도의 혐오감이었다. 나는 항상 두려움과 분노를 덜 느끼고 싶었다. 언제나 '사랑이 이끄는 대로'라는 모토로 살아온 내게 이번 여정은 분열과 양극화, '우리 대 그들', 단절과 외로움의 문화에 물들어 오염돼버린 증오의 공기를 몰아낼 기회였다. 당시는 우리의 관계와 사회 구조가 산산조각 나고 있던 시기였다.

이런 분위기는 지금도 여전하다. 이웃들은 서로를 향해 소리를 지르고, 부모들은 공립 학교 공청회에서 전쟁을 벌인다. 그리고 젊은이들은 어른들을 '꼰대' 취급한다. 어느 마을의 교회 신도들은 한 신자가 게이라고 커밍아웃한 뒤 혼란에 빠졌고, 다른 마을에서는 교회와 모스크가 방화범에 의해 불타버렸다. 대학 캠퍼스와 도시 거리에서는 정체성에 기반한 폭력 사태가 분출했으며 이는 해마다 증가하는 추세다.

이 모든 것의 결과는 단지 집단적 차원의 불화와 깊은 슬픔에 그치지 않고 개인 차원에서도 우리 모두에게 많은 영향을 미친다. 이토록 유독한 공기를 들이마시는데 당신의 폐와 심장이 느끼지 못할 리가 없다. 우정과 결혼이 붕괴하고 가족 모임엔 긴장감이 감돈다. 최근 연구에 따르면 미국인 열 명 중 한 명은 가까이 지내는 친구가 단 하나도 없었다.[1] 한 나라 안에서도 우리는 서로를, 심지어 우리 자신을, 교류와 발전으로 나아가게 해줄 자비와 사려 깊은 태도로 바라보려 하지 않는다. 그리고 이러한 문제는 미국만을 괴롭히는 게 아니라 전 세계에 걸쳐 있다.

이 여정에는 나의 개인적인 이해관계도 얽혀 있었음을 인정한다. 여행 전 나는 캘리포니아대학교 버클리 캠퍼스University of California, Berkeley, UC버클리의 공공 선 과학 센터Greater Good Science Center에서 우리 삶을 더 나은 쪽으로 변화시킬 방법을 연구했다. 그곳에서는 우리의 관계, 특히 서로의 차이를 넘어 관계를 강화할 수 있는 연구 기반 전략 자료를 수집 중이었다. 이번 자동차 여행은 궁극적으로 그 연구를 실행에 옮길 현장 실험처럼 느껴졌다. 개인적으로는 여전히 나와 다른 사람들과 소통하는 데 어려움을 겪었고, 그들의 견해에 동의하지 않는다는 이유로 순환 논증(논증의 결론 자체를 전제의 일부로 사용해 결론이 되풀이하여 전제되는 오류—옮긴이)을 벌이거나 소셜 미디어에서 영구히 차단하기도 했다. 나의 비판적 사고 능력이 점점 약해진다고 느꼈고, 깊이 있고 흥미로운 질문보다는 기계적인 질문을 더 많이 하기에 이르렀다.

이 여정에 착수하며 두려움이 가득했지만 나를 계속 나아가게 하는 훨씬 더 강력한 무언가가 있었다. 그것은 내게 연료를 공급해주는 데에서 그치지 않고 내가 더 나은 모습으로 변화하기를 촉구했다. 새로운 관계를 맺고 오랜 관계를 강화하며, 내 삶에 더 만족하고 행복을 느끼도록 도와주었다. 나는 새로운 목적의식을 찾았고, 더욱 독창적으로 느꼈으며, 이전에는 절망을 보았던 미래에서 가능성을 보았다.

여행 중 나를 도왔던 이 특별한 성향이 내가 만났던 많은 이들의 삶에도 변화를 불러왔다는 사실을 알게 되었다. 아칸소주에서 작은 회사를 운영하는 콘수엘로는 가학적인 관계에서 벗어나는 데 필요한 통찰력과 부를 얻었다. 동성 결혼 법안과 관련해 서로 반대 입장의 캠페인을 벌이던 실라와 글렌은 뜨거운 감자였던 이 주제에 대해 공통된 이해를 형성할 수 있었다. 또한 젊은 층과 노년층의 영적 구도자들이 함께 우정의 길을 닦아갈 수 있는 계기를 마련해주었다.

이 모든 교류와 변화의 원동력은 아주 특별하면서도 지극히 인간적인 무언가였다. 우리 모두가 태생적으로 그것을 내면에 지니고 있다. 그것을 더욱 잘 활용하는 방법을 배울 수 있다면 우리 삶은 더 나아질 것이고, 심지어 그것이 세상을 바꿀지도 모른다.

그것은 바로 '호기심'이다.

탐색자 되기

분명히 말하건대 이 책은 내 여행에 관한 것이 아니다. 물론 인생이 바뀐 그해에 내가 경험한 것들이 이 책 전반에 녹아 있다. 내가 당신에게 들려주고 싶은 이야기는 나만의 이야기보다 훨씬 크다. 단절되었다고 느끼거나, 목적이 없거나, 고통받는 모든 사람의 이야기다. 우리는 정치 이야기로 가족과 싸우고 일에서 더 큰 의미를 찾아 헤매며 우정과 공동체를 갈망한다. 이 모든 사례에서 나타나는 경험은 내가 '무관심의 시대'라고 부르는 것의 일부다. 오늘날 많은 이들은 어려운 주제를 다루고 이해를 향해 애쓰며 자기 자신이나 타인과의 관계를 우선시하는 데에서 벗어나 있다. 깊이 경청하는 모습은 보기 힘들다. 우리는 로레타 로스Lorretta Ross(유색 인종 여성의 생식 정의를 옹호하는 미국 학자이자 페미니스트 활동가—옮긴이)의 표현처럼 사람들을 안으로 들이지 않고 밖으로 내몬다. 말하자면 의견에 동의하지 않는 사람들과 생산적이고 건강한 갈등을 위해 노력하기보다는 그들을 비난하고 판단하거나 비인간화할 가능성이 더 높다. 모임이나 명절 식사 자리에서 정치 이야기가 나오면 말다툼으로 번지고, 업무 회의가 타협이나 해결 대신 팽팽한 갈등이나 상명하복 명령으로 변질되는 이유도 바로 이 때문이다.

이러한 무관심의 시대는 말 그대로 우리를 죽이고 있다. 종단 연구에 따르면 호기심이 줄어들수록 우리의 귀중한 수명도 줄어든다.[2] 무관심은 외로움과 고립의 원인이 되는데, 미국 외과 전문의 비벡 머시Vivek Murthy는 많은 이들이 이에 영향을 받기 때문에 '전염병'이라고 불렀다. 무관심은 정치적 양극화와 사회 분열에도 기여한다. 무관심할 때 우리는 우리의 삶과 다른 이들과의 관계, 심지어 자기 자신과의 관계마저 위험에 빠뜨린다.

이 시대를 극복하기 위해서 우리는 호기심에 다시 연결되어 그것을 새로운 방식으로 사용하는 방법을 배우고, 현 상태에 도전하며, 새로이 나아갈 길을 제시할 수 있어야 한다. 관계를 단절하지 않고 강화하려면 재단하기보다는 강력한 질문을 던지는 법을 배워야 한다. 우리는 입장보단 이야기를, 견해보다는 가치를 찾는 사람이 되어야 한다. 외부 세계에 대해 알아가는 데에만 의존하지 말고 내면을 들여다보며 우리의 과거와 감정에 호기심을 품어야 한다.

하지만 그 방향으로 항해를 시작하기 전, 우선 당신과 함께 배에 탄 사람이 누구인지 알면 좋을 것이다. 내 이름은 스콧 케오니 시게오카Scott Keoni Shigeoka다. 어머니가 내 혈통의 세 가지 측면을 기리기 위해 이렇게 지었다고 말해주었다. 스콧은 미국인으로서 시민 신분임을 나타낸다. 케오니는 내가 태어나 18년을 보냈으며 우리 가족이 설탕 농장에서 일하기 위해 이민 온 하와이에 내 뿌리가 있음을 알려준다. 시게오카는 나의 일본 뿌리를 기리는 이름인데, 몇 세대 전 농부와 귀족 공주 출신이던 불운한 두 명의 조상이 계급 구분을 무시하고 낭만적인 사랑을 좇았다고 한다. 나는 내 이름에 내재한 이 세 가지 영역을 오갈 뿐 아니라 부모와 조부모들의 가르침을 통해, 호기심을 향한 충동과 기술을 연마해왔다.

나의 호기심 여정이 본격적으로 시작된 건 인생이 원하는 대로 흘러가지 않던 20대 무렵이었다. 나는 알코올 남용에 시달렸고 무의미하게 느껴지는 직장에서 일했으며 월급만으로는 생활이 쪼들렸다. 어려서부터 인생에서 다른 방향을 좇고 싶거든 다른 종류의 미래에 모범이 될 만한 사람들을 찾아 질문해야 한다고 배웠다. 그래서 그렇게 했다. 호기심이 결국 내 삶의 방식이 되었는데, 어쩌면 약간 별나 보일지도 모르겠다. 뭐랄까, 대체 누가 호기심을 라이프 스타일로 삼는단 말인가?

글쎄, 나는 분명 그렇다. 그렇게 10년이 지나고 호기심은 내게 직업이자 평생의 사명이 되었으며, 나는 호기심의 모든 측면을 삶에 들여와 다른 이들도 똑같이 하도록 지원하려고 애써왔다.

그동안 나는 전문 강사로 텍사스대학교 오스틴 캠퍼스에서 호기심에 관해 강의하고 UC버클리에서는 호기심을 연구했다. 직접 제작한 예술가 연수와 음악 축제에 호기심을 접목했고, 전 세계 기업과 공동체 내에서 수천 건의 힘든 대화를 개선해줄 프레임워크로도 호기심을 활용했다.

내 작업의 결과 덕분에 나는 호기심이 모든 개인과 그들의 대인 관계에 가져다주는 혜택이 얼마나 큰지 잘 안다. 그냥 하는 말이 아니라, 일하면서 호기심의 이점을 여러 차례 봐왔다. 주州와 국가 차원에서 시장 및 정치인들과 함께 일할 때에도 호기심이 업무 방식, 그들의 영향력, 그리고 고압적 업무에서 느끼는 감정 상태를 어떻게 변화시키는지 지켜보았다. 기업 임원들이 리더십 기술을 개발하고 더욱 혁신적으로 일하며 함께 일하는 사람들과의 관계를 강화하는 데 호기심을 어떻게 활용하는지 보았다. 몇 달 후 그들은 이 기술을 사생활에도 적용해 더 큰 만족과 행복을 찾았다고 말해주었다. 호기심이 결혼 및 가족 생활, 이웃과의 관계에도 긍정적인 변화를 불러왔다는 이야기였다. 나는 교육자, 치료사, 언론인, 공동체 조직가, 기업가, 연구자, 예술가, 학생, 부모 등 모든 부류의 사람에게서 호기심의 힘을 거듭 확인했다.

지난 5년간 공공 선 과학 센터에서 일하며 호기심이 사회적, 정치적 분열을 해소하는 데 어떻게 도움을 주는지 철저히 연구했으며, 그것을 이 책 전반에서 주요 주제로 다루었다. 그러나 호기심이 우리 삶과 세상에 가져다주는 혜택이 단지 이것만은 아니라는 점도 깨달았다. 연구자 및 실무자와의 연구와 대화를 통해 호기심이 다음과 같은 상황에서 중요한 방안이 된다는 점을 알았다.

- 우리의 가정과 편견에 이의를 제기한다
- 두려움과 불안에 대한 해결책을 제공한다
- 더 큰 용기로 불확실성을 포용한다
- 사회적 고립과 배제의 시대에 깊은 유대감을 형성한다
- 좀 더 선의를 품고 사려 깊게 행동한다
- 창의성과 협업 기술을 연마한다
- 반대 견해나 차이를 가진 타인들과 공통점을 찾아본다
- 인생의 힘든 시기를 극복한다
- 자기 인식을 구축하고 스스로에게 더 친절해진다

하지만 이러한 혜택을 누리려면 호기심을 사용하는 방식에 신중해야 하며, 습관적으로 하던 때보다 훨씬 더 깊이 들어가야 한다. 당연히 많은 이들이 어떻게 삶에 호기심을 더 많이 끌어올 수 있을지 잘 모른다. 나도 시작할 때에는 몰랐다. 달리기나 웨이트 트레이닝을 처음 시작할 때 운동 계획이 필요하듯 호기심을 최대한 활용하기 위해서도 체계와 일련의 연습이 필요하다. 이것이야말로 내가 책을 쓴 정확한 이유다.

교육자로서 나는 사람들이 호기심을 강화하는 데 사용할 수

있도록 기억하기 쉬운 하나의 모델을 만들고 싶었다. 물론 당신이 "나는 이미 엄청나게 호기심이 많아요"라고 말할 수도 있겠지만, 스스로 추정한 호기심에 대해 우선 질문을 던져보라고 조심스레 권하고 싶다. 호기심은 우리가 듣거나 상상하던 바를 훨씬 넘어설 수도 있기 때문이다.

얕은 곳에서 벗어나기

호기심을 기르는 도구와 비법은 존재하며, 이 책에서는 그중 최고를 선별해서 소개하려 시도한다. 우리가 익히 아는 호기심은 자기 성찰과 일기 쓰기, 창의적인 취미나 주변 세계를 이해하는 방식에 반영되어, 가령 도로와 거리의 차이라든가 아니면 집으로 가는 길에 본 개의 품종 같은 것에 대한 궁금증을 강화한다. 하지만 우리가 활용할 수 있는 더 강력하고 지속적인 호기심의 표현은 없을까?

우리는 정보를 얻어내는 힘인 호기심만을 이야기함으로써 호기심에 대한 이해를 한정 짓는 경향이 있다. 일반적으로 사람들은 호기심을 일방향적이고 일차원적인 렌즈를 통해 보는데, 말하자면 이는 호기심이 우리 모두와 존재 자체에 무엇을 제공하느냐가 아니라 나에게 무엇을 주는지만 보는 것이다. 대부분 사람은 우리의 마음과 영혼을 자극하는 무언가로 호기심을 보지 않고 순수한 지적 추구로만 여긴다. 우리는 아이들이 언어와 의사소통 기술을 향상시킨다거나 방금 라디오에서 나온 노래를 기억하는 데 호기심이 어떤 도움이 되는지 안다. 물론 이런 종류의 호기심도 중요하지만 그것은 단지 겉핥기일 뿐이다. 호기심에는 훨씬 더 깊이 있는 종류가 있고, 그것이 우리에게 제공할 수 있는 것도 있기에, 나는 이런 일반적 수준의 호기심을 '얕은 호기심'이라 부른다. 당신은 그 표면에 머물러 있다.

가장 깊은 수준의 호기심은 저녁 식사 전 나눌 만한 정보성 일화를 제공하는 것보다 훨씬 더 큰 힘을 발휘한다. 그것은 의미 있는 교류와 변화를 위한 힘이 될 수 있다. 우리 자신과 서로의 관계를 강화해 불화를 헤쳐 가고, 오랜 결혼 생활에 생기를 불어넣으며, 과거의 고통이나 트라우마를 치유하는 데 도움이 된다. 이 정도 깊이의 호기심은 미묘한 차이와 놀라움을 자아내는 질문을 던지게 해준다. "돈을 벌려면 무엇을 해야 할까?"라는 질문 대신 "무엇이 내 삶에 활기를 불어넣는가?"라는 질문을 던지게 한다. "당신은 민주당원인가 공화당원인가?"라고 묻는 대신 "당신에게 중요한 가치는 무엇인가?"라고 묻게 한다. "내 조상들은 어디에서 왔을까?" 대신 "살면서 조상들이 남긴 유산과 이어진 삶을 살아가려면 어떻게 해야 할까?"라고 묻게 한다.

이렇듯 탐구의 깊이에 변화를 주면 가족, 배우자, 자녀, 친구, 동료, 이웃, 심지어 낯선 이들과의 관계가 개선되기 시작한다. 두려움, 트라우마 혹은 결핍의 공간에서 배회하는 대신 안전감, 기쁨, 수용, 여유, 놀이, 경외, 용기, 친밀감, 자유의 감각을 드러낼 수 있다. 그게 바로 내가 이 수준의 호기심을 '깊은 호기심'이라고 부르는 이유다. 당신이 심연으로 뛰어들게끔 해주기 때문이다.

두 가지 형태의 호기심 모두 인생에서 중요하지만, 이 책은 얕은 호기심을 삶으로 끌어오는 방법에 관해서는 다루지 않는다. 수많은 기존 문헌과 지식, 자료들이 이 맥락에서 도움을 줄 것이다. 그 대신 《별에서 온 그들과 친구 되는 법》은 훨씬 더 깊은 형태의 호기심을 발견하는 방식에 관한 책이다. 물론 더 어렵겠지만 그 혜택은 훨씬 더 의미 있고 삶을 변화시키기도 한다. 깊은 호기심을 실천하는, 즉 내가 '탐색자'라고 부르는 사람이 될 때, 우리에겐 자신의 삶은 물론 세상을 변화시킬 최선의 기회가 생긴다.

DIVE 모델을 통해 깊은 호기심으로

나는 깊은 호기심의 실천법과 도구를 'DIVE 모델'이라는 대단히 중요한 프레임워크로 구조화했다. 공공 선 과학 센터에서 근무하는 동안 동료 제이슨 마시Jason Marsh와 긴밀히 협력해 호기심이 깃든 열두 가지 활동을 다룬 무료 디지털 자료 〈차이 좁히기 플레이북Bridging Differences Playbook〉을 제작했는데 출시 몇 달 만에 수십만 명이 다운로드했다. 예상보다 더 많은 사람이 이런 종류의 지혜와 지침에 목말라 있었다는 점을 깨달았다. 교사, 의료 서비스 전문가, 컨설턴트, 기업 리더, 치료사 등등 각계각층 다양한 연령대의 사람들이었다. 미국인에게만 해당하는 이야기가 아니라는 사실도 알게 되었다. 전 세계 사람들이 이 플레이북 활동을 통해 혜택을 얻고 있었다.

그 후 이러한 기존 사례들을 개선해 나만의 방식을 고안했으며, 모든 사례는 연구 및 다른 이들의 실제 경험에 근거하도록 했다. 이 책에서 당신은 불을 두려워하기보다 불과 함께하는 법을 배운 몬태나의 산불 소방관, 영성과 공동체를 찾기 위해 가톨릭 수녀들과 함께 생활한 밀레니얼 세대 무리, 한 국가 전체가 끔찍한 과거를 마주하도록 도운 토착민 지도자의 목소리를 들을 수 있을 것이다. 어떤 의미에서 이 책은 호기심과 함께한 내 여정의 정점으로, 내가 접한 모든 구체적인 사례와 연구, 이야기를 담았다고 할 수 있다.

이러한 통합 과정에서 나는 깊은 호기심에 필수적인 네 가지 뚜렷한 요소가 어떤 패턴으로 나타난다는 사실을 알아차렸다.

- 벗어나기Detach: ABC(가정assumptions, 편견biases, 확신certainty)를 버린다
- 의도하기Intend: 사고방식과 환경을 설정하고 준비한다
- 가치 있게 여기기Value: 자신을 비롯한 모든 사람의 존엄성을 인식한다
- 수용하기Embrace: 인생의 힘든 시기를 기꺼이 받아들인다

DIVE 모델의 핵심인 이 요소들은 날마다 단련할 수 있는 근육

처럼 작동한다. 신체에서 등, 팔, 다리, 코어 근육을 길러야 하는 것과 마찬가지로 깊은 호기심을 위한 여력을 마련하려면 DIVE라는 네 가지 요소를 모두 연습하는 게 필수다. 그러니 단 하루도 다리 운동을 거르지 말자! DIVE 모델을 연습할 때에는 유행에 뒤떨어지는 운동복을 입거나 시끄럽게 끙끙거릴 필요가 없으니 얼마나 다행인가!

DIVE 모델과 연습이 핵심이긴 하지만, 이 책은 호기심의 역할과 과학, 호기심으로 깊이 들어가는 것의 의미, 호기심을 시도할 때 방해가 되는 요소들에서부터 이야기를 시작한다. 말미에서는 다음과 같은 도발적인 질문들에 대한 대답으로 호기심의 한계와 경계도 설명할 것이다. 혐오 집단에 속한 사람이라도 모두 호기심의 대상이 될 자격이 있을까? 때로는 호기심을 거절할 수 있을까 아니면 거절해야만 할까? 누군가에게 호기심을 보였을 때 상대가 호의적으로 반응하지 않는다면 어떻게 해야 할까?

깊은 호기심은 평생에 걸쳐 추구해야 하지만, DIVE 모델을 취하면 조금 더 적극적이고 의도적인 방식으로 호기심을 실천하는 데 도움이 된다. 당신이 이 책을 다 읽은 다음 첫 데이트에 나갈 때나 깊은 협력 관계를 구축할 때 호기심을 더욱 편하게 사용하고, 선거 기간 중 식사 자리에서 더 수월하게 대화를 이끌며, 불안을 안기는 격렬한 업무 회의를 무사히 헤쳐 나가는 모습을 상상해본다. DIVE 모델을 실천하는 당신이 삶의 목적을, 더 많은 성취감과 풍요로움을 찾아가기를. 깊은 호기심이 스스로는 물론 타인과의 관계를 강화해, 더 행복해지고 내면세계뿐 아니라 주변 세계와 더 연결돼 있다고 느낄 수 있기를 바란다.

깊은 호기심은 삶을 변화시키는 선물이며 가족, 친구, 동료, 이웃 그리고 낯선 이들에게 베풀 수 있다. 그것은 관대한 힘이며, 그러므로 나누어야 한다. 우리는 모두 이 초능력을 지니고 있을 뿐 아니라 그 혜택을 누릴 자격이 있다. 그것만이 우리가 분열과 공포의 시대를 즐거이 벗어날 수 있는 유일한 방법이다.

이제 여정을 시작하는 당신에게 시인 루미Rūmī의 명언 한 구절을 전한다. "당신이 찾는 것은 당신과 함께 있다." 부디 호기심을 통해 삶에서 찾던 모든 것에 더 가까이 다가가고, 그것이 변함없는 동반자로 항상 당신과 함께한다는 사실을 기억하길 바란다.

1부

호기심은
초능력이다

1장

호기심의 역할

수천 년 전, 동아시아를 떠난 기운 넘치는 여행자들은 광활한 태평양에서 총면적이 2만 6000제곱미터에 이르고 1000개가 넘는 섬으로 이뤄진 폴리네시아를 향해 항해했다. 이 탐험가들에겐 나침반이나 지도가 없었다. 그 대신 그들은 별, 태양, 해류에 대한 지식을 활용해 지구상에서 가장 큰 해양에 흩어져 있는 작은 섬들을 발견했다. 자연은 그들이 가야 할 방향을 밝혀주는 스승이자 안내자였다.

오늘날 폴리네시아에는 풍부한 문화와 역사를 자랑하는 수백만 명의 사람이 살고 있다. 지도상에서 삼각형 모양을 이룬 이곳의 남서쪽에는 아오테아로아(뉴질랜드)가, 남동쪽에는 라파 누이

(이스터섬)가, 그리고 북쪽에는 내가 태어나고 자란 하와이가 있다. 나는 학교에서 이 선조 항해사들에 대해 배웠고 이 섬 지역에서 잘 알려진 이중 선체 카누 호쿨레아Hōkūle'a호를 타고 선조들과 같은 방식으로 여행한 현대 항해사들에 대해서도 배웠다.

호쿨레아호의 첫 번째 항해는 1976년 미크로네시아의 마우 피아일루그Mau Piailug가 이끌었다. 피아일루그는 그의 할아버지에게 카누를 만들고 항해하는 법을 전수받았다. 항해 공동체에서 마스터 마우로 불리는 그는 현대 기술 없이 태평양 횡단 항로를 찾는 토착민의 지혜를 배운 몇 안 남은 전통 항해사였다. 그는 하와이에서 타히티로 향하는 호쿨레아호의 항해를 이끌기로 동의하고 하와이 선주민 항해사인 나이노아 톰슨Nainoa Thompson을 훈련시켜 600년 넘게 한 번도 해내지 못했던 왕복 항해에 나서게 했다.

톰슨은 그 항해를 다룬 동영상에서 토착민 항해사들에 대해 "폴리네시아는 이 특별한 사람들에게 발견되었습니다"[1]라고 말했다. "그들은 정말 우리 선조 대의 우주 비행사였어요. 지구상에서 가장 위대한 탐험가들이었죠."

2017년, 호쿨레아호는 23개국 150곳이 넘는 항구에 정박했던 3년간의 세계 일주를 마쳤고 하와이 사람들은 이를 축하하기 위해 모였다. 이 기념비적인 항해는 하와이어로 '지구를 돌본다'라는 의미인 '말라마 호누아Mālama Honua'라고 불렸고, 환경과 연관된 분명한 임무를 띠고 있었다. 하와이가 기후 변화에 따라 해수면이 상승하는 현실에 직면하면서, 선원들은 자연과 조화롭게 살아가는 지역 사회를 방문하고자 했다. 우리의 행성을 잘 보호할 방법을 모색하며 다른 이들과 지혜를 교환하고 연대하는 행위였다.

"우리 선조들은 훌륭한 항해사였을 뿐만 아니라 훌륭한 청지기이기도 했어요." 톰슨은 말했다. "그들은 이 섬 지역에서 잘 살아갈 방법을 알아냈고, 그것은 바로 지구와 모든 인류의 시대적 과제라고 생각합니다. 호쿨레아호는 다음과 같은 질문을 던지는 방향으로 우리를 이끌고 있죠. 당신은 책임감을 갖고 행동을 취할 것인가?"

자연스러운 생존 본능

3년간의 호쿨레아호 말라마 호누아 항해를 이끈 원동력이 생존을 위해 탐험하고 정보를 탐색하고자 하는 인간의 욕구였다는 점은 전혀 놀랍지 않다. 200만 년 전 아프리카 인류까지 거슬러 올라가보면, 호기심은 인류의 생존을 돕는 도구였다. 호기심은 미지의 영역을 탐험하고 새로운 식량을 찾으며 서로 소통할 가장 좋은 방법을 발견하는 데 도움이 되었다. 이런 식으로 호기심은 생존에 중요한 기술이 되었고, 선조로부터 전해 내려와 이제 우리의 뇌 구조에 암호화되었다. 오늘날 우리는 호기심을 가지고 태어나며, 과학자들은 장막을 걷어낸 실험을 통해 우리 뇌에서 실제로 무슨 일이 일어나는지 알게 되었다.

우리 뇌에는 860억 개의 신경 세포가 있고 그것은 히스타민,

옥시토신, 세로토닌 같은 100가지가 넘는 신경 전달 물질을 화학적 전달자로 사용해 다른 세포 작용을 촉발한다. 신경 전달 물질은 우리 뇌의 언어이며 운동, 기억, 심박수 조절 같은 중요한 기능에 영향을 미친다. 내가 가장 좋아하는 신경 전달 물질은 도파민이다. 도파민을 너무 사랑한 나머지 파티에 가면 의자 위에 올라가 잔을 들고 "도파민을 위하여!"라고 외칠 정도다.

내가 왜 이토록 도파민에 열렬히 환호하는지 간략히 설명해보겠다. 뇌의 보상 시스템에서 도파민이 우리가 생존에 중요한 행동을 하도록 동기를 부여하는 역할을 한다는 사실은 이미 많이들 알고 있다. 가령 맛있는 음식을 먹을 때, 뇌에서 도파민이 분비되어 쾌감을 느낀다. 이러한 기분 좋은 느낌 덕분에 도파민은 '행복 호르몬'이라는 별명을 얻었다. 음식이 에너지를 제공하기 때문에 도파민은 무의식적으로 먹고 또 먹도록 동기를 부여한다. 도파민은 섹스를 하거나 볕을 쬐거나 대중에게서 긍정적인 인정을 받을 때에도 생성된다. 이 세 가지 행동은 우리의 생존에 필수적이다. 섹스는 유전자를 전달하고, 햇볕은 비타민D를 공급해 생체 리듬을 조절하며, 칭찬은 당신이 속한 집단 내에서 인정을, 어쩌면 보호를 받는다는 사실을 말해준다. 이제 내가 도파민을 위해 건배하는 이유를 이해했을 것이다. 도파민은 정말로 끝내준다.

우리의 호기심에도 온통 도파민이 깃들어 있다고 밝혀졌다. 연구자들은 기능적 자기 공명 영상fMRI 검사를 통해 우리가 호기심을 품은 상태일 때 뇌에서 도파민이 생성된다는 사실을 발견했다.[2] 이는 우리가 뭔가를 탐구하고 정보를 탐색할 때 화학적 수준에서 보상받는다는 뜻이다. 연구자들은 일반적으로 이것이 불확실성을 줄이기 때문이라고 믿는다.[3] 인지 신경 과학자 마티아스 그루버Matthias Gruber의 한 연구에 따르면 참가자들이 호기심을 가질 때 뇌의 보상 회로 활동이 증가하여 맛있는 음식을 먹거나 섹스를 한 후에 느끼는 것과 같은 종류의 쾌감을 끌어내는 것으로 나타났다.[4] 호기심이 말 그대로 오르가슴을 느끼게 한다는 뜻은 아니지만, 뇌에서 유사한 화학 반응을 일으켜 앞으로도 계속 같은 행동을 하도록 동기를 부여한다는 것이다.

도파민은 생존 기반 행동에 보상하는 경향이 있기 때문에, 장 피아제Jean Piaget 같은 심리학자들은 20세기 중반부터 호기심이 욕구 상태이며, 허기나 성욕처럼 생존에 필수적이라고 주장해왔다. 호기심을 진화론적 관점으로 바라보면 이 주장은 일리 있다. 만일 수렵 채집민 조상 중 일부가 호기심에 따라 행동하지 않고 한곳에서 빈둥거리며 계속 같은 덤불에서 먹거리를 찾고 싶어 했다면, 탐험을 통해 다른 식량이나 식수원을 찾아내지 못했을 것이다. 생존한 조상들은 분명 다음과 같은 질문을 했을 것이다. 이 과일을 먹으면 어떻게 될까? (한번 먹어보자.) 저 버펄로는 어디로 가는 걸까? (따라가보자.) 저 멀리서 들리는 건 물소리일까? (확인해보자.) 물론 그들은 호기심 때문에 죽기도 했지만, 일부 조상들은 주변을 탐험하면서 궁극적으로 더 많은 것을 얻을 수 있었다.

호기심은 우리 뇌의 보상 회로에 통합되어 있는데, 이는 호기심 어린 행동이 자연 선택에 의해 선호된다는 의미다. 시간이 흐르면서 호기심을 갖는 것은 경쟁 우위가 되어 다음 세대로 이어졌다. 이는 신생아가 이미 익숙한 장면에 비해 새로운 시각적 장면을 보는 데 더 많은 시간을 할애한다는 사실을 관찰한 어느 과학적 연구에서도 확인된다.[5] 신생아들이 주변 사람들과 환경을 통해 이러한 행동을 배울 기회를 얻기도 전에 호기심을 드러냈기 때문에, 이와 같은 연구는 호기심이 시간이 지나며 학습되는 것이 아닌 모두가 타고나는 것임을 보여준다. 즉 더 잘 먹고 더 나은 섹스를 하는 방법을 배우듯이 호기심도 시간을 들여 연습하고 배워서 향상시킬 수 있다.

우리 뇌의 도파민 경로가 호기심에 관해 많은 것을 밝혀주긴 하지만 그것만이 유일한 연관 경로는 아니다. 호기심에 영향을 미치는 뇌와 신체의 다양한 부분에 대해서는 아직 배워야 할 점이 너무 많으며, 이는 호기심이 우리가 누구인지에 대한 복잡하고 중요한 측면이라는 사실을 뜻한다. 우리는 호기심과 같은 인간성의 요소를 아직 밝혀지지 않은 많은 방식으로 활성화하고 처리하는데, 그렇기 때문에 나는 이 주제와 관련한 과학적 연구에 지속적으로 투자하는 것을 적극적으로 지지한다.

특히 학습에서 호기심의 역할이 투자의 한 영역이며, 여기에서는 호기심의 활용 사례가 물리적 탐험을 넘어 범위를 확장한다. 무엇보다도 생존을 위한 최고의 기회를 얻기 위해 우리는 식량 자원 찾기나 바다 항해 이상의 일을 해야 한다. 우리는 소통하고, 도구를 만들며, 생존과 성장에 도움이 되는 다른 형태의 지식과 지혜를 창출하는 방법을 배워야 한다. 호쿨레아호의 여정은 단순히 카누로 지구를 일주하는 즐거운 여행이 아니었다. 탐험을 이끈 호기심은 물리적 모험을 넘어 지적 영역으로 확장했고, 대원들은 서식지를 보호하고 어린 세대에게 가치 기반 교육을 제공하며 다른 사람 및 문화와 함께 역사의 중요한 순간을 탐색하는 방법을 이해하고자 애썼다. 탐험은 단지 물리적 거리로만 측정되지 않으며, 우리가 더 나은 버전의 자신을 배우고 성장하는 데 도움을 주는 인지적 추구이기도 하다.

> ### 호기심으로…
> 기억할 수 있는 한 가장 먼저 느꼈던 호기심을 떠올려보세요.
> 어떤 호기심이었나요? 그때 기분이 어땠나요?

학습을 위한 엔진

영국 랭커스터 시내 바로 외곽에 베이비랩(랭커스터 대학교 부속 기관—옮긴이)이라 불리는 곳이 있다. 물론 이곳은 아기를 만들어내는 곳이 아니라 거트 웨스터만Gert Westermann 같은 연구자들이 아기를 연구하는 곳이다.

연구실 벽에 걸린 슬로건이 눈에 띈다. "어린이는 작은 과학자다." 이 연구소의 연구원들은 어린이의 발달, 특히 생후 첫 6년 동안의 발달을 연구하는데, 아이들이 호기심을 이용해 말하기 등을 배우는 방법에 초점을 맞춘다.

베이비랩은 현재 맨체스터대학교에서 연구원으로 일하는 케이티 투미Katie Twomey가 심리학 박사 학위를 취득한 후 직접 개발한 유명한 훈련 보조 방식을 적용한 곳이다. 투미는 이곳의 환한 방에서 영유아들이 언어와 목소리를 탐구하는 방식을 관찰하기 위해 미국 법정 드라마 〈로 앤드 오더Law and Order〉에나 나올 법한 한쪽에서만 보이는 선팅 창을 들여다보곤 했다.

이후 그녀는 호기심이 어떻게 아이들의 언어 학습을 이끄는지를 계속 연구해왔다. 아이들이 옹알이하는 방식부터 '엄마'나 '아빠' 같은 구체적 단어를 형성하는 방식, 나아가 '거대한 탑을 쌓자!' 같은 문장을 구성하기까지 모든 과정을 탐구한다.

연구와 관찰을 통해 투미는 아이들이 다! 아아! 와-오우! 우-이! 같은 '옹알이'를 할 때 사실상 발성 기관에 대한 호기심을 표현하고 있다는 사실을 알아냈다.[6] 영유아들은 다양한 소리를 탐구하며 어떤 소리가 특정 결과로 이어지는 방식을 알아차린다. 자신이 '와-오우!'라고 옹알이를 하면 어른이 '와우!' 하고 대답한다는 점을 눈치챈다. 이제 아이들은 관심과 신체 접촉, 미소를 돌려받는다. 이 칭찬은 도파민을 분비해(그렇다, 도파민은 어디에나 있다!) 아이가 성대를 계속 탐구하도록 동기를 부여하고 신체의 한 부분을 사용하는 방식이 다른 사람들이 자신을 대하는 방식에 영향을 미친다는 사실을 이해하게끔 한다.

유아는 자기 주변 세상을 받아들이는 데 목말라 있어 자신과 대화하는 사람이나 실생활에서 타인이 내는 소리를 듣는다. 이는 아이들이 옹알이를 단어로 바꾸고 마침내 문장으로 바꾸는 데 도움이 된다. 그래서 어린이와의 대화는 중요하다. 어린이가 어휘를 처리하고 구축하는 데 도움이 되기 때문이다.[7] 이 과정이 눈앞에서 펼쳐지면 경외심이 든다. 충분히 자세히 관찰하면 아이들이 호기심을 학습과 성장의 도구로 사용하는 방법을 보게 될 것이다.

아이가 호기심 덕분에 언어의 요령을 터득하기도 하지만, 호기심은 의사소통을 넘어 어린이의 발달에 훨씬 더 광범위한 역할을 한다. 유아기라는 중요한 몇 년 동안 아이는 무엇이 위협적이고 무엇이 위협적이지 않은지, 어떻게 기어다니고 이후에는 어떻게 걷는지, 그리고 어떻게 사회적으로 행동하는지 구별해야 한다. 호기심은 유아 발달의 핵심이므로 그들은 끊임없이 질문을 던진다. 만일 다섯 살 아이와 시간을 보낸 적이 있다면 아이가 가장 좋아하는 단어가 '왜요'라는 사실을 알 수 있을 것이다. 아이가 텔레비전 프로그램 〈블루이Bluey〉, 공룡, 이집트에 관한 모든 것, 해양 동물 같은 특정 주제에 집착하는 원동력도 바로 호기심이다.

이러한 이유로 우리 대부분은 자라면서 세상에 대한 확신이 생김에 따라 호기심을 어린이의 전유물로 여긴다. 문제는, 호기심이 어린 시절뿐 아니라 전 생애에 걸친 학습에 매우 중요하다는 사실을 연구들이 보여준다는 점이다. 실제로 수십 개 연구와 100만 명이 넘는 참가자를 대상으로 한 메타 분석에 따르면, 우리는 나이가 들어 성인이 되고 중년이 될수록 더욱 호기심이 많아진다.[8] 오직 죽음에 가까워진 시기처럼 인지 능력이 저하될 때에만 호기심이 약간 감소한다.[9] 따라서 어른보다 질문을 많이 한다는 이유로 아이가 호기심이 더 많다는 생각은 사실 오해다! 직업을 찾든, 다른 사람들의 이야기를 듣든, 아니면 문제 해결 방법을 모색하든, 우리는 끊임없이 새로운 생각을 떠올리며 크고 작은 질문을 던진다. 호기심은 결코 우리 곁을 떠나지 않는 인생의 동반자다.

학습에서 호기심의 역할은 지식 노동 사회의 동력이며, 학창 시절 후에도 우리가 책을 읽고 강의를 듣도록 장려한다. 과학자와 연구자는 호기심에 의존해 연구하고 발견한다. 기업가와 발명가는 호기심을 활용해 새로운 아이디어를 떠올리는데, 최근 연구에 따르면 호기심은 기업가 정신과 직장 혁신의 예측 변수이기도 하다.[10] 호기심은 창의성에도 중요한 역할을 하는데, 호기심과 창의적 행동 사이의 상관관계를 보여주는 연구[11]와 창의적 노력에서 더 나은 결과를 얻으려면 결말이 열린 질문을 하는 것이 효과적이라는 연구[12]도 있다.

그러므로 호기심이 단지 아이의 전유물이라거나 창의적인 사람만의 것이라는 오해에 이의를 제기할 필요가 있다. 호기심은 우리 모두의 내면에서 자라난다. 연구에 따르면 도파민은 살면서 10년마다 6.6퍼센트씩 감소하는데 이는 나이가 들면서 학습 능력이 떨어지는 이유[13]를 설명할 수 있지만, 대부분의 성장이 서른 살 이전에 이뤄진다는 통념에 맞서 싸우며 호기심이 평생 학습에 연료가 된다는 사실을 입증하는 노인들도 많이 존재한다.

나는 일흔일곱에 홀로 세계 일주를 한 사이토 미노루斉藤実, 아흔다섯에 캔자스에서 학사 학위를 받은 놀라 옥스Nola Ochs, 60대 중반에 사람들이 별과 우주를 향해 마음을 열도록 영감을 준 닐 더 그래스 타이슨Neil deGrasse Tyson 같은 이들을 존경한다.

우리 이웃과 가족처럼 평범한 사람들도 지속적으로 호기심을 가질 수 있다는 생각을 받아들이고 있다. 90대나 100세가 된 어른이 삶과 주변 세상에 관심을 가진 덕에 여전히 활기가 넘친다고 말하는 사례가 드물지 않다. 개인적으로는 지난 몇 년간 줌을 통해 벨리 댄스를 배우고, 하와이대학교 마노아 캠퍼스에서 평생 교육원 수업을 듣고, 생애 처음으로 하이킹 클럽에 가입한, 70대인 나의 어머니가 떠오른다.

호기심으로…

가장 최근에 무언가에 대해 호기심을 느껴본 게 언제였나요?
그것은 무엇이었고, 그 경험에서 어떤 기분을 느꼈나요?

호기심의 세 가지 기본 방향

호기심은 보통 자신 이외의 다른 사람이나 무언가에 대해 배우는 방식으로 간주된다. 우리는 공원에 있는 나무의 종류나 지난 몇 달간 새로 문을 연 레스토랑을 궁금해한다. 다른 사람에 관해

서라면 그들의 관심사, 그들이 사는 곳 혹은 그들이 하는 일을 알고자 한다. 하지만 호기심은 단지 외부뿐만이 아닌 다양한 방향으로 표출될 수 있다. 호기심은 우리의 신념, 욕구, 필요처럼 자기 자신을 이해하는 데에도 도움이 된다.

호기심을 활용하는 방식들을 기억하는 데 도움을 주려고 호기심의 세 가지 기본 방향을 생각해보았다. 이는 보다 의도적으로 어디에 호기심의 초점을 맞출지 생각하도록 장려하는 데 유용한 도구다. 세 가지 방향은 다음과 같다.

- **내적**: 호기심을 우리 내면으로 향하기 (감정, 가치, 과거의 트라우마, 신념 등)
- **외적**: 호기심을 우리 외부로 향하기 (다른 사람, 지구, 문화, 시스템 등)
- **그 너머**: 호기심을 우리 너머에 있는 것으로 향하기 (더 큰 의미, 신, 의식 등)

내적 호기심: 호기심을 우리 내면으로 향하기

호기심을 내면으로 향한다는 건 자기 자신과의 관계를 강화한다는 말이다. 호기심은 다음과 같은 원초적이고 신체적인 필요에서 시작한다. 배가 고픈가? 팔다리를 이렇게 움직이면 어떻게 될까? 이 성대는 무엇을 할 수 있을까? 이는 종종 우리 신체에 대한 탐험이다. 아기일 때부터 우리는 공간에서 돌아다니는 방식에 주체성이 있다는 점을 인식한다. 마치 점토 놀이 장난감으로 만들어진 것처럼 제멋대로 움직이지 않는다는 뜻이다. 또한 목소리를 사용해 타인과 소통하는 방법도 배운다.

호기심을 내부로 향하면 내면세계의 감정적 풍경과도 연결된다. 10대가 되고 사춘기를 경험하면서 우리는 매력과 욕망의 감정을 탐구한다. 호기심을 활용해 좋아하는 사람에 대한 공상에 빠지고 미래의 자녀는 어떤 모습일지 궁금해한다. 스스로 다음과 같은 질문을 던지기도 한다. 머리를 보라색으로 물들여볼까? 코걸이를 하면 인기가 많아질까? 왜 아무도 나를 이해하지 못하지?

내적 호기심을 키우면서 주어진 시간을 어떻게 보내고 싶은지, 무엇에 가치를 둘지, 스스로를 어떻게 돌볼지 등 삶의 중요한 측면들을 더욱 의식하게 된다. 그리하여 다음과 같은 질문을 던지기에 이른다. 내게 맞는 건강한 생활이란 어떤 모습일까? 나는 어떻게 사랑받고 싶은가? 인간관계에서 어떤 기분을 느끼고 싶은가? 무엇이 나를 살아 있게 하는가? 나는 어떤 삶을 영위하고 싶은가?

내면으로 향하는 호기심은 주로 자기 성찰, 마음 챙김, 신체의 느낌에 주의를 기울이는 행동 등을 통해 이뤄진다. 호기심을 스스로에게 향하지 않으면, 자기희생이나 자기 파괴 같은 건강하지 못한 관계 패턴을 부추기거나 다른 사람에게 너무 몰두하는 상호 의존의 관계 역학에 빠져들 수 있다. 이처럼 호기심을 내면세계로 향하는 것은 실제로 우리 외부 세계를 더 잘 이해하고 타인과의 관계를 향상시키는 데 필수적이다.

안타깝게도 내적 호기심은 현대인의 일상에서 자주 우선순위가 낮아진다. 자기 계발서, 마음 챙김 과정, 자기 성찰 연습의 인기에도 불구하고 여전히 많은 이들이 자신의 삶에 호기심을 가질 시간이 충분치 않다고 느낀다. 결국 다수의 일기장에는 먼지만 쌓이고, 과거를 돌아보는 일은 너무 벅차게 느껴지며, 치료사를 찾는 일은 할 일 목록의 맨 끝으로 밀려나고 만다. 하지만 호기심을 내면으로 향하지 않는다면 다른 방향, 즉 타인과 세상 혹은 그 너머에 대해 호기심을 갖는 일은 어려운 과제가 될 것이다.

외적 호기심: 호기심을 우리 외부로 향하기

외적 호기심은 주변 사람들과 세상을 이해하는 것과 관련된다. 진화론적 관점에서 볼 때 우리 선조들은 이 호기심을 통해 다음과 같은 질문을 던졌다. 나는 내가 속한 무리에서 보호받고 있는가? 나에게 돌진하는 저 커다란 포식자는 무엇일까? 이 도구는 어떻게 작동하는가? 이 열매는 먹을 수 있는 종류일까? 우리는 배우자나 낯선 이와 대화할 때 호기심을 외부로 향하는데, 이는 상대를 향한 공감의 문을 열어준다. 또한 외부로 향한 호기심으로 자연 세계와 관계를 맺고 대지 및 동물과의 관계를 강화한다. 이러한 방향은 다른 나라를 여행할 때나 경제학 내지 심리학을 배울 때처럼 몰입한 대상의 문화나 체계를 이해하는 데에도 도움을 준다.

외적 호기심은 단독 활동이 될 수 있다. 우리는 거주하는 도시에서 일어나는 일을 파악하려고 뉴스를 확인한다. 마음이 끌리는 사람을 만나면 그 사람이 어떻게 사랑받길 원하는지 혹은 과거에 인간관계가 어땠는지 혼자 궁금해하기도 한다. 하지만 외적 호기심은 다른 사람들과 함께일 때 더욱 번성한다. 낯선 이와 대화를 나누고 북 클럽 모임에서 사회적 주제를 탐구하거나 친구와 함께 크로스 핏 같은 피트니스 프로그램을 시도할 수도 있을 것이다.

어떤 기술적 도구들은 마음 챙김 앱처럼 내면을 들여다보는 데 도움이 되지만, 대부분 기술은 외적 호기심을 충족하는 데 맞춰져 있다. 우리는 인터넷을 사용해 레딧Reddit 같은 디지털 커뮤니티에서 우리 동네나 다른 나라 사람들과 소통할 수 있다. 카메라를 사용해 관찰하고 사진을 찍고 공유하며 주변 세상을 탐구하기도 한다. 듀오링고Duolingo 같은 앱은 새로운 언어를 배우도록 도와주고 에드엑스edX는 새로운 학문 주제들을 무료로 탐구하도록 도와준다.

호기심을 외부로 향하지 않으면 우리는 배타적이고 지나치게 자기중심적인 사람이 될 수 있다. 이는 자기애적 또는 이기주의적 행동을 낳아 타인의 욕구와 필요에 민감하게 반응하고 공감하는 능력을 퇴화시킨다. 호기심을 외부로 향하는 데 시간과 에너지를 쏟으면 (타인의 기분을 고려하기보다 너 자신을 온전히 드러내는 것이 최우선이라는 자기 계발 이론 같은) 더욱 개인주의적인 사고방식에 집착할 위험도 줄일 수 있다. 외적 호기심을 실천할 때 서로서로, 그리고 이 지구와 모두가 연결되어 있다는 본질적인 진리를 인식하는, 보다 집단적이고 조화로운 사고방식을 갖게 된다.

그 너머의 호기심: 호기심을 우리 너머에 있는 것으로 향하기

호기심을 우리 너머로 향하는 것은 신과 신성을 이해하고자 하는 사람들에게 종교적 의미를 띨 수 있다. 인간은 오랫동안 다음과 같은 방향의 질문을 해왔다. 우리가 죽으면 어떻게 될까? 신은 존재하는가? 나의 영적 신념은 무엇인가? 어떤 신앙 전통에서는 신이 우리 외부에 있다고 믿지만, 다른 전통에서는 신이 우리 각자의 내부에 있다고 생각한다. 두 경우 모두 우리의 호기심은 그 너머를 향하고 있다.

특히 밀레니얼 세대와 Z세대 사이에서 점점 더 보편화되는 것처럼 종교적 신념이 없더라도 이 방향으로 호기심을 활용할 수 있다. 스스로 질문을 던지며 인생의 의미를 탐구하듯이 말이다. 인간으로 산다는 것은 무슨 의미인가? 의식이란 무엇인가? 내가 죽으면 어떤 유산이 남을까? 그 너머의 것을 탐구하면 심지어 물리적 영역에서 더는 우리와 함께 있지 않은 이들과도 이어질 수 있다. (선조들처럼) 앞선 세대 혹은 (아직 태어나지 않은 후손들처럼) 뒤에 올 세대들 말이다. 그 너머를 향하는 것은 영혼의 방향이며 우리의 상상력에 근거한다. 그렇게 우리는 다음과 같은 질문을 던진다. 어떻게 의미를 만들 것인가? 오늘날 아이들은 30년 후 어떤 세상을 물려받을까? 충만하게 산다는 건 무슨 뜻일까?

호기심을 그 너머로 향할 때, 우리의 목표는 자기 자신보다 더 큰 무언가와 이어진다. 신을 믿든 사후 세계를 믿든 아무것도 믿지 않든, 이 방향은 당신이 살아가는 오늘에 도움이 되는 광범위한 깨달음을 안겨준다. 오로라를 바라보거나 끝없이 펼쳐진 사막을 바라보며 경외심을 느낄 때, 당신은 자신을 넘어선 무언가와 연결된다. 그 너머에 대한 탐험은 지금 이곳에서 보다 단단한 기반을 느끼게 도와준다. 또한 내적, 외적 호기심만으로는 불가능한 방식으로 자기 자신은 물론 주변 사람들이나 세상과의 관계를 강화해주기도 한다.

세 가지 기본 방향이 만나는 곳

내적, 외적, 그 너머의 세 가지 방향은 모두 서로 교차한다. 예를 들어 최근 당신이 누군가와 헤어졌다면 가까운 친구들에게 과거 이별했을 때 그들이 어떻게 헤쳐 나갔는지 물어볼 것이다. 이 대화를 통해 상대에 대해 더 배울 수 있겠지만(외적), 자신의 연애 관계에 대한 통찰도 얻을 수 있다(내적). 어렸을 적에 어떻게 자랐는지 되돌아보면(내적) 어떻게 아이를 키우고 싶은지(외적), 미래 자녀를 어떻게 양육할지(그 너머) 더 많은 것을 알게 된다. 신이나 의식(그 너머)에 대한 호기심은 주변 사람들과 관계 맺는 방식을 형성한다(외적). 이렇듯 호기심의 방향이 교차하는 목록과 방식은 계속해서 생겨난다.

세 가지 방향은 모두 똑같이 중요하며, 각각은 우리의 인간관계, 일, 인생에 중요한 관점을 제공하기 때문에 가장 끌리거나 가장 덜 끌리는 방향을 생각해보면 좋다. 가령 내성적이라면 내적 호기심이 왕성할 것이다. 매일 밤 일기를 쓰고, 상담 치료 시간을 기대하며, 자신의 필요와 욕구에 대해 많이 생각할 것이다. 하지만 다른 사람들과 교류하거나 타인의 욕구와 필요를 알아가기는 꺼린다. 혹 어쩌면 그 반대의 문제가 있을 수도 있다. 타인과 주변 세계에는 꾸준히 관심을 가지면서 내면에서 일어나는 일은 거의 항상 회피하는 경우다.

의도적으로 세 가지 방향을 모두 사용하는 사람들은 자기 자신과 주변 세계, 그 너머에 대한 호기심을 늘 품고 있기에 진정한 탐색자다. 또한 다양한 관점에서 삶을 바라볼 수 있기에 가장 큰 혜택을 누린다. 하지만 어떤 방향을 선택하든 더 깊이, 더 변화하는 곳으로 기꺼이 나아가지 않는다면 호기심을 최대한으로 활용할 수 없다는 점을 인식해야 한다.

호기심으로…

당신은 세 가지 방향 중 어느 쪽에 가장 자주 끌리나요?
가장 덜 끌리는 방향은 어느 쪽인가요? 모든 방향의 호기심을 실천하는 사람,
즉 진정한 탐색자라고 할 만한 사람을 알고 있나요?

더 깊이 들어가기

우리 모두는 생존하고, 배우고, 궁극적으로 성장하는 데 도움이 되는 호기심의 '마법'을 지니고 있다. 그리고 이제 알겠지만 이 초능력은 우리 자신, 세상 혹은 그 너머를 향할 수 있다. 하지만 세

가지 방향의 호기심을 모두 사용해도 호기심이 항상 삶에서 추구하는 종류의 변화로 우리를 이끄는 것은 아니다. 단지 내면의 호기심을 활용해 가장 좋아하는 사랑 노래를 이해한다고 해서 그것이 로맨스로 이어지거나 결혼 생활에 활력을 주진 않는다. 누군가에게 "그래서 무슨 일 하세요?" 같은 질문을 한다고 반드시 강한 유대감이 형성되거나 외로움이 해소되는 것도 아니다. 물론 그 사람이 하는 일에 관해서는 많이 알게 됐을 것이다. DNA 검사를 통해 그 너머의 세계를 탐험할 수는 있겠지만, 고향이나 이전에 거기 살았던 사람들과 더 이어져 있다고 느끼지는 못할 수도 있다.

이 각각의 사례에서처럼 우리는 얕은 호기심에 머무느라 많은 잠재력을 놓친다. 물론 이러한 탐구를 통해 무언가를 배울 수는 있지만, 겨우 여기까지만 도달한다는 한계가 있다. 우리가 추구하는 종류의 교류와 변화에 다다르려면 표면 아래에서 찾을 필요가 있다. 깊은 호기심을 받아들여야 하는 것이다.

그런데 호기심을 얕은 곳에서 깊은 곳으로 나아가게 하는 건 뭘까? 그건 더 많은 위험과 노력을 수반하지 않을까? 그렇다면 왜 우리가 더 두려운 미지의 세계로 모험을 떠나야 한단 말인가?

시인 겸 운동가였던 마이아 앤절로Maya Angelou의 말을 인용하자면, 우리 "인생의 사명은 단지 생존하는 게 아니라 번성하는 것"이기 때문이다. 달리 말해 얕은 호기심이 우리를 살아남게 했다면 깊은 호기심은 우리를 진정으로 살아가게 이끌 수 있다.

2장

얕은 호기심과 깊은 호기심

───────────── ✳ ─────────────

온통 붉은 바다였다.

눈에 보이는 것만 해도 수만 명에 이르는 사람들이 "미국을 다시 위대하게Make America Great Again, MAGA"가 적힌 모자를 쓰고 차들로 넘쳐나는 미니애폴리스 시내 주차장에 설치된 바리케이드를 따라 구불구불 줄을 서 있었다. 도널드 트럼프 지지자들이 너무 많이 모인 탓에 여러 주차장과 차고지를 지나 미국 프로 농구NBA 구단 미네소타 팀버울브스Minnesota Timberwolves의 홈구장인 타깃 센터Target Center 경기장에 이르기까지 긴 줄이 이어졌다. 트럼프 집회와 교회 등지에서 나오는 다른 사람들을 만날 작정으로 시작한 미국 횡단 자동차 여행은 세 번째 달에 접어들고 있었다. 나는 이 나라가 분열을 극복하고 다시 화합할 방법을 알고 싶었다.

몇 시간 동안 약 3미터 높이에 이르는 텔레비전 스크린 아래서서 진행자가 트럼프를 찬양하는 소리를 들었다. 몇 분에 한 번씩 대통령이나 그의 가족사진이 화면에 나왔고, 그때마다 박수가 터져 나왔다. 마치 지역 축제라도 열린 듯 행사장 주변에는 푸드트럭이 세워져 있고 불법 행상들이 탁자를 펼쳐 트럼프를 기념하는 모조 기념품을 팔고 있었다.

줄을 서고 있는데 위장한 군인처럼 치장한 한 남자가 거대한 성조기가 달린 약 3.5미터짜리 장대를 들고 있는 게 보였다. 내 뒤로 줄을 선 100여 명은 "사회주의자는 호모다SOCIALISTS ARE FAGS"라고 적힌 후드 티를 입고 있었다. 언제든 텔레비전에 조지프 바이든을 비롯한 민주당원이 등장하면 관중은 다 같이 "우" 하고 야유를 보냈다. 스포츠 경기나 다름없었다. 홍팀 대 청팀을 방불케 했다.

트럼프 집회는 처음이었다. 그것도 혼자였다. 나는 트럼프에게 투표하지 않았고, 그의 많은 정책에 강력히 반대했다. 그런데도 집회의 에너지에 전율을 느꼈다. 집단적인 절정에 이르렀다.

"우리가 이기고 말 거야!" 관중석에 있던 한 남자가 외쳤다. 모든 주변 사람이 동의하며 환호했다.

오후와 저녁 내내 줄을 선 주변 사람들에게 다가가 다음과 같은 질문을 던졌다. 어디에서 오셨어요? 여기 왜 오셨나요? 왜 트럼프에게 표를 주시죠? 당신에게 중요한 가치는 무엇인가요? 혹시 지인 중에 민주당원이 있다면 어떤 사람인지 말해주시겠어요?

대화를 나눈 대부분은 다른 도시에서 미니애폴리스로 온 사람들이었다. 일부는 집회 참석을 위해 서너 시간을 운전해 왔다. 위스콘신이나 아이오와 같은 인접 주에서 온 이들도 있었다. 직장에서 휴가를 내거나 베이비시터를 구해놓고 온 사람도 있었다. 자녀를 데리고 온 사람들도 많았다. 심지어 록 밴드 피시Phish를 따라다니는 즉흥 연주 밴드 광팬들처럼 여러 트럼프 집회에 참석하는 열성팬도 있었다.

낯선 이들에게 나를 소개했을 때의 반응은 놀라웠다. 돌이켜 보면, 당시 내가 무엇을 기대했는지 모르겠으나 대부분 사람들이 매우 공손했다. 용기를 내어 나의 성 정체성이나 출신지를 말하기 직전에는 가슴이 철렁했다. 하지만 사람들은 나와 대화하고 싶어했고, 몇몇은 내가 왜 그곳에 있는지 궁금해하기도 했다. 철테 안경을 쓰고 금발 머리를 짧게 자른 어느 늘씬한 백인 남성은, 자신을 "열렬한 트럼프 지지자"라고 소개하며 내가 종교 지도자들과 함께 성 소수자 평등을 옹호하고 전환 치료를 목적으로 하는 '치료 프로그램'을 폐쇄하기 위해 하는 일에 찬성하기도 했다.

"정말 중요한 일 같아요…. 모두가 동등한 권리를 누릴 자격이 있죠." 그는 말했다. 나는 충격받았다.

"평소엔 어떤 일을 하시나요?" 내가 물었다.

"저는 검안사예요." 그는 안경 살 형편이 안 되는 사람들에게 안경을 기부하고 해외 선교를 가서 필요한 이들에게 무료로 시력 검사를 해준다고 했다.

그는 인도주의자였다. 그가 가치 있게 여기는 가족과 봉사는 나 역시 중시하는 것이었다. 그는 고학력자이기도 했다. 그러나 폭스 뉴스를 시청하고 CNN을 맹비난했다. 여행도 많이 다녔지만 이민에 대해서는 입장이 강경했다. 미니애폴리스 시내 중심부에서 일하는 그는 작은 근교 마을에서 출퇴근했다. 그는 진보주의자가 세뇌당했다고 생각했다. 나는 그에게 내가 진보주의자임을 상기시켰다.

"적어도 당신은 여기에 왔고, 우리에 대한 가짜 뉴스만 듣지는 않잖아요." 그가 반박했다.

확실히 다른 사람들은 그리 공손하지 않았다. 한 남자는 내가 말을 걸자 민주당원들은 "멍청하다"라거나 "한심하다"라는 둥 고함을 쳐댔다. 내가 "안녕하세요, 어디서 오셨어요?"라고 묻자마자 나온 대답이었다. 그의 눈에서는 불이 보였고 목소리에서는 분노가 들렸다. 아무래도 약간 위험하다고 느껴져서 내 견해를 밝히는 대신 그에게 개방형 질문을 건넸다. "왜 그렇게 느끼시나요?"

그는 자신의 여자 친구에 대해 말해주었다. "그녀는 민주당원이에요." 어쨌거나 두 사람은 정치적 차이를 제쳐두고 원만한 관계를 이어오고 있다고 했다. 그러더니 여자 친구의 친구들을 비난하기 시작했다.

"그냥 어울리긴 하겠지만, 그들이 나를 멍청하다고 생각하는 걸 알아요." 직접적으로 말하진 않았어도 나는 그가 그들의 판단에 상처받았음을 알 수 있었다. 혹시 그가 배척당했다고 느껴서 더욱 굳건하게 트럼프를 지지하게 된 것은 아닌지 궁금했다.

줄을 서서 기다리는 몇 시간 동안 나는 주변에 서 있는 거의 열 명의 사람과 심도 있는 대화를 나눴다. 한 여성은 자신이 공화당 가정에서 성장했으며 자녀들에게도 같은 가치관을 가르친다고 말했다. 그녀는 엄마가 되어서 다행이라고 여겼고 자녀들을 무척이나 자랑스러워했다. 나는 그녀에게 트럼프의 여성 관련 발언에 대해 어떻게 생각하는지 물었다. 그녀는 그의 말에 항상 동의하지는 않는다고 대답했다.

"하지만 당신이 누구를 믿든, 혹은 누구를 뽑았든, 그는 대통령이잖아요." 그녀가 말했다.

타깃 센터 입구에 가까워질수록 오래 서 있다 보니 다리에 쥐가 나기 시작했다. 벽 쪽에는 접이식 의자, 우산, 아이스박스, 기타 물품들이 버려져 있었다. 보안이 삼엄해 직원들은 우리가 금속 탐지기를 통과하는 동안 가방을 검사한 후 다시금 손으로 몸을 더듬어 검사했다. 어떤 사람들은 블랙 프라이데이에 매장 개점을 기다리는 쇼핑객처럼 이른 아침부터 줄을 서 있었다고 했다.

경기장 안으로 들어서자 관중의 환호성이 벽을 타고 크게 울려 퍼졌다. 첩보 요원 및 경찰관 수백 명이 이어폰을 착용하고 서 있었다. 마치 NBA 결승전 같았다. 관중석 아래로는 번쩍이는 조명과 커다란 무대가 있고, 그 앞에 선 거대한 군중 무리는 쇼가 시작되길 기다리고 있었다. 경기장 좌석에는 수천 명이 넘는 관중이 모든 열을 가득 채웠다. 간간이 울리는 박수 소리가 경기장을 가득 메웠고, 사방으로 '트럼프 펜스TRUMP PENCE'(2019년 당시 트럼프 대통령과 마이크 펜스 부통령을 함께 지지하던 구호—옮긴이)와 '미국에 일자리를' 문구가 적힌 플래카드가 보였다.

마침내, 일련의 준비 연설이 끝나자 트럼프가 무대에 올랐다. 그의 연설은 내가 이미 수없이 보았던 영상 클립의 확장 버전처럼 들렸다. 자신의 정적에 대한 비난, 언론에 대한 악담(그리고 군중이 언론사 텐트를 향해 "엿 먹어!" 같은 욕을 퍼붓도록 부추기기), 바이든을 비롯한 다른 정치인들에 대한 인신공격 등이 전부였다.

트럼프의 연설이 시작되고 한 시간쯤 지나자 창자가 꼬이는 느낌이 들었다. 내 몸이 혐오 공격으로 인식되는 것에 본능적으로 반응하고 있었다. 점점 더 버거워졌다. 나는 자리에서 일어나 엉거주춤 사람들 무릎 앞을 비집고 나와 출구를 향해 계단을 올랐다.

복도에서 트럼프가 그려진 옷을 입고 일찍 퇴장하는 사람들을 마주치자 다시 호기심이 발동했다.

"왜 일찍 나가세요?" 나는 그들 중 한 사람에게 물었다.

"사람들이 한꺼번에 몰리기 전에 나가려고요!"

"잠깐 같이 걸어도 될까요?"

우리는 가벼운 대화를 주고받았다. 둘은 커플이었고, 트럼프를 보기 위해 두 시간을 운전해서 왔다고 했다. 너무 피곤했던 나는 그들의 신념, 가치관, 두려움, 기쁨에 관해 더는 개방형 질문을 건넬 수가 없었고, 몸과 마음이 지쳐서 그냥 차에 가서 뭐라도 먹고 싶었다. 목이 결렸고 녹초가 된 다리는 질질 끌렸다.

경기장에서 나와 거리로 접어들자 길 건너편에 서 있던 수많은 반대 시위대가 반反트럼프 구호를 외쳤다. 그들이 외치는 구호를 들어보면 정치 성향이 나와 비슷하다고 봐도 무방할 것 같았다. 그때 무리 중 한 남자가 우리 쪽을 가리켰다.

"엿 먹어, 인종주의자!" 그가 외쳤다. "우리 시에서 꺼져버려!"

나와 함께 걷던 남자가 되받았다. "난 인종주의자가 아냐!"

나도 소리치고 싶었다. 나 자신을 변호하고 싶었다. "내 정치 성향은 저들보다 당신들과 더 비슷하거든요!" 하지만 녹초가 된 나는 그럴 기운이 없었고 나를 향한 외침에 충격받았다.

이 반대 시위자는 아무것도 물어보지 않고 트럼프 지지자들과 나에 대해 알아야 할 모든 것을 안다고 생각했다. 나는 낯선 사람이 내게 "칭총"이라 소리치거나 "그래서 너 어느 나라에서 왔냐?"라고 묻던 과거의 일화들이 떠올랐다.

차 열쇠를 손에 쥔 나는 온몸에 분노를 휘감은 채 차에 올라탔다. 분노는 고통으로, 그리고 정치권 사방에서 쏟아내는 증오를 극복할 수 없을지도 모른다는 절망감으로 바뀌었다. 운전석에 앉아 딩, 딩, 딩 하는 시동 키 소리를 듣는데 눈물이 흐를 것만 같았다. 나는 생각했다. 이게 정말 우리나라의 현실인가? 나는 여기, 호기심을 실행해보려 나섰지만, 이런다고 과연 뭔가를 바꿀 수 있을까?

앞 유리창으로 빨간 모자와 빨간 티셔츠를 입은 트럼프 지지자들이 각자의 차로 향하는 모습이 보였다. 6학년이나 7학년 정도로 보이는 한 소년이 주차장 천장에 있는 전등을 향해 그것이 마치 농구 골대인 양 손을 뻗고 점프를 했는데, 딱 그 나이 때 내가 했던 행동이었다. 나는 그의 삶에 대해 생각하다 아들을 보며 즐겁게 웃는 그의 엄마를 보았다. 한순간 빨간 의상은 눈에 들어오지 않았고 그들이 어느 정당을 응원하는지도 잊었다. 그저 행사를 마치고 차로 향하는 두 사람, 엄마와 아들이 보였을 뿐이다.

주차장을 빠져나오던 나는 길 건너편에 있던 반대 시위자가 너무 심하게 웃다가 균형을 잃을까 봐 친구를 붙잡고 버티는 모습을 보았다. 뭐가 그리 웃겼는지 모르겠지만 이거야말로 우리 모두가 하루 끝에 원하는 모습 아니던가? 우리는 모두 아이들이 뛰놀고 친구가 웃는 모습을 보고 싶어 한다.

나는 그날 줄을 서며 만났던 트럼프 지지자들을 떠올리다가 전환 치료에 대해 전혀 몰랐던 사람, 여자 친구의 진보적인 친구들에게 배척당한다고 털어놓았던 남자 등등의 기억을 곰곰이 돌아보았다. 트럼프 지지자들이 어떤 사람인지에 대한 내 관점이 어떻게 변했는지도 생각했다. 그들이 문맹이고 교육을 못 받았으며 혐오로 가득한 사람이라는 것은 내 고정 관념이었다. 그들은 인도주의자였다. 그들은 부모였다. 그들은 나처럼 가족, 봉사, 소속감 같은 것들을 가치 있게 여겼다.

현재 세상의 상태에 너무 집중한 나머지 정작 내 마음의 상태는 잊고 말았다. 나는 트럼프 지지자들에 대해 더 많이 알기 위해 집회에 참석했지만, 내가 얻은 것은 예상을 훨씬 뛰어넘었다. 그 경험은 나를 변화시켰다. 그 경험은 내 생각을 확장하고, 내 가정에 반박했으며, 나와 다르게 보였던 사람들에게서 공통된 인간성을 발견하게 했다. 내 정치 성향은 변하지 않았고 변할 필요도 없었지만, '다른 쪽'으로 간주했던 사람들을 향한 태도는 변했다.

교류를 위한 다리

호기심은 의사소통, 취미 파악, 과학의 이해, 다음 여행지 선택 등 살아가는 데나 뭔가를 아는 데에만 필요한 도구가 아니다. 호기심의 기능은 생존과 지적인 혜택을 넘어, 교류에도 필수적이다.

조지메이슨대학교George Mason University의 심리학자 토드 캐시던Todd Kashdan은 심지어 인간이 아닌데도 호기심 덕분에 교류하는 사례를 발견하고 이렇게 썼다. "호기심은 동물이 동맹을 만들고, 짝을 찾고, 삶의 활력과 의미를 경험하는 등 다른 근본적인 목표를 향해 나아가는 데 도움이 된다."

최상의 상태에서 호기심은 우리 머릿속에만 머물지 않고 마음을 자극한다. 그것은 우리가 자기 자신, 다른 사람 그리고 그 너머의 것들과 맺은 관계를 강화하는 관문이 될 수 있다.

예를 들어 친구가 다가와 "오늘 정말 끔찍했어. 이야기 좀 할 수 있을까?"라고 묻는다고 해보자. 순전히 지적 추구로써의 호기심이었다면 당신은 다음의 내용을 궁금해할 것이다. 왜 끔찍한 하루였을까? 어떤 요인이 그러한 결과를 가져왔을까? 친구의 경험에서 나는 무엇을 배울 수 있을까? 반면 친구와 교류하고픈 열망에서 우러난 진심 어린 호기심에서라면 당신은 다음과 같이 자문할 것이다. 그런 기분을 느끼는 친구가 혼자라고 느끼지 않게 하려면 내가 어떻게 도와야 할까? 친구의 감정을 부정하거나 무시하지 않으면서 어떻게 지지해줄 수 있을까? 오늘 일어난 일 이면에 친구의 고통을 유발하는 어떤 요인이 있었을까?

우리가 호기심을 지적 활동의 하나로만 활용하는 대신 교류의 실천으로 사용할 때, 목표는 단지 알기가 아닌 이해하기가 된다.

호기심이 마음을 사로잡고 친밀감을 높인다는 점은 놀라운 사실이 아니다. 호기심 심리학의 권위자 캐시던은 한 연구에서 참가자들이 이전에 만난 적 없는 다른 참가자들과 잡담을 나누도록 유도했다. 연구 결과, 참가자들은 대화를 나눈 사람들에 대한 새로운 정보를 얻는 데에서 그치지 않았다. 그들의 관계가 변했다. 대화가 끝난 후, 호기심이 많은 사람은 호기심이 적은 사람보다 잡담을 나누는 동안 낯선 이들을 더 친밀하게 느꼈다고 답했다.[1]

캐시던은 이렇듯 친밀감의 속도가 더해지는 이유를 "주고받기의 소용돌이", 즉 호기심 많은 사람이 질문을 하면 상대방이 더 많은 것을 드러내고, 그러면서 서로를 향한 보답 차원에서 다른 질문을 던지고, 대화가 점차 더욱 깊어지는 것이라 설명했다.

호기심이 우리의 생존과 학습에 도움을 주는 선천적이고 유익한 성향이라는 점은 이미 많은 문헌에서 다뤄왔고 통설도 무성했다. 그러나 오늘날처럼 외로움과 분열의 시대에 특히 시의적절한, 더 흥미로운 호기심의 측면은 관계를 형성하고 유지하는 능력이다. 호기심은 우리를 주변 사람들의 인간됨에 더 가까이 다가가 서로를 알아보게 도와준다. 트럼프 집회에서 내 관점이 변한 것처럼, 다른 누군가를 깊이 이해하면 우리가 변화할 기회를 얻는다. 또한 나와 다르거나 의견이 다른 사람들과 관계 맺도록 해주어, 견해가 넓어지고 세상을 이해하는 방식에 미묘한 차이가 생긴다.

달리 말해 호기심은 교류를 위한 다리를 놓아준다. UC버클리의 타자화 및 소속감 연구소Othering & Belonging Institute 소장 존 a. 파월 john a. powell(대문자capital가 의미하는 바를 거부하고 우주의 일부가 되어야 한다는 신념으로 자신의 이름을 소문자로 표기한다―옮긴이)은 이러한 다리 중에는 긴 것도 있고 짧은 것도 있다고 종종 말했다. 긴 다리라면, 가령 신앙심이 깊은 사람이 신을 믿지 않는 사람에게 처음으로 호기심을 가지는 경우일 텐데, 이질적인 서로의 세계를 이해하기 위해 건너야 하는 거리가 엄청나게 멀게 느껴질 것이다. 반면 다른 세대 사람에게 갖는 호기심은 짧은 다리라고 할 수 있다. 성장기에 가정과 학교에서 그럴 기회가 많기 때문이다. 짧은 다리와 긴 다리에 대한 정의는 사람마다 다르고 개인적 경험과 편안함 정도에 따라 달라진다.

다른 사람과 교류하고 변화하기 위해 호기심을 사용할 때, 호기심은 훨씬 더 심오한 영향을 미친다. 그것은 우리를 얕은 곳에서 벗어나 어딘가 훨씬 깊은 곳으로 데려다준다. 그래서 나는 깊은 호기심을 '교류와 변화로 이어지는 이해의 추구'라고 정의한다.

깊은 호기심이 되려면, 우리의 관계를 강화하고 삶이 의미 있는 방식으로 변화하는 데 도움이 되어야 한다. 그러나 깊은 호기심을 실천하겠다고 꼭 반대하는 정당의 정치 집회에 가야 하는 건 아니다. 사실 깊은 호기심은 우리 삶에서 일상적으로 교류하는 사람들, 가령 배우자, 친척, 친구, 동료, 이웃, 심지어 낯선 이들과 함께 사용할 때에도 마찬가지로 큰 영향을 미칠 수 있다.

오프라 윈프리는 자신의 오랜 경력을 통해 무언가를 느꼈다. 언젠가 그녀는 인터뷰를 마칠 때마다 똑같은 질문을 받는다고 말한 적이 있다. "어땠어요? … 괜찮았나요?" 버락 오바마 대통령이든, 살인죄로 종신형을 선고받고 복역 중인 사람이든, 모두들 자신의 인터뷰가 어땠는지 궁금해했다. 윈프리는 블룸버그 텔레비전 인터뷰[2]에서 "비욘세가 말했죠" 하고 설명을 덧붙였다. "그녀가 내게 트워킹하는 법을 알려주더니 묻더군요. '괜찮았어요?'" 윈프리는 25년 동안 사람들을 인터뷰한 끝에 모든 사람이 정말로 알고 싶어 하는 것이 그 질문의 이면에 담겨 있다는 사실을 깨달았다. 내 말 들었어요? 내가 한 말이 당신에게 어떤 의미가 있었나요? 내가 들려준 이야기들이 중요하긴 했나요?

여러모로 봤을 때 이것이 바로 깊은 호기심이다. 누군가에게 귀를 기울이고, 눈여겨봐주고, 인정받는다는 느낌을 주어서 그들이 중요한 존재라는 사실을 상기시키는 것. 이는 우리 모두가 추구하는 것이다.

호기심의 스펙트럼

1장에서는 호기심의 세 가지 기본 방향에 관해 다루었다. 하지만 우리가 논의해야 할 또 다른 프레임워크가 하나 더 있는데, 바로 호기심의 스펙트럼이다. 지금까지 얕은 호기심과 깊은 호기심에 대해 마치 이분법처럼 이야기했지만, 인생의 대부분 것들과 마찬가지로 사실 호기심은 스펙트럼으로 존재한다.

얕은 호기심이 반드시 하찮거나 중요하지 않은 건 아니다. 우리는 이 호기심에 의지해 일상을 살아간다. 낯선 사람에게 일과나 날씨를 물으며 친근감을 느끼고 서로의 기분을 좋게 만들 수 있다. 우리 삶에 어떤 변화를 불러오진 않더라도 말이다. 다만 때때로 우리는 얕은 곳에 너무 익숙해져 탐험해야 할 대양의 존재를 잊곤 한다. 우리의 목표는 삶에서 얕은 호기심을 없애는 것이 아니라 깊은 호기심으로 보완하는 것이다.

예를 들어 월요일 아침마다 동료에게 "주말 어떻게 보냈어?"라고 습관적으로 묻는다 해도 "나야 잘 보냈지. 너는 어땠어?"라든가 "좋았어. 등산을 다녀왔거든!"이라는 대답에서 더는 깊이 들어가지 않을지도 모른다. 이 경우, 당신은 다음과 같은 후속 질문들을 통해 얕은 호기심을 깊은 호기심으로 전환할 수 있다. 주말이 왜 좋았어? 등산 갔을 때 어떤 순간이 가장 빛났어? 산을 오르면 어떤 점이 좋아? 등산을 시작한 계기가 있어?

호기심으로 깊이 들어가면 사람들이 느끼는 감정, 그들의 이

얕은 호기심	더 깊은 호기심
성함이 어떻게 되세요?	성함에 얽힌 사연이 있나요?
어떤 일을 하세요?	당신을 살게 하는 건 무엇인가요?
어디 사세요?	당신에게 집은 어떤 의미인가요?

야기, 궁극적으로 그들 인간성의 핵심에 도달할 수 있기에 교류와 변화의 가능성이 높아진다. 오프라 윈프리의 말처럼, 더 깊이 들어가면 상대방은 자신이 당신에게 중요하다는 사실을 알게 된다.

얕은 호기심과 깊은 호기심 중 어느 쪽이 더 낫다거나 혹은 더 나쁘다는 판단은 도움이 되지 않는다. 두 호기심은 그저 서로 다를 뿐이며, 바다의 얕은 물과 깊은 물처럼 모두 필요하다. 얕은 곳에서 안전하게 물에 뛰어들어 바닷물에 익숙해지면 수심이 깊은 곳으로 부드럽게 접근할 수 있다. 그러다 더 편안해지면 더 깊은 수심에 적응되고 그곳에서 온전한 세계가 눈앞에 펼쳐진다. 특이한 물고기, 보석 같은 산호, 부서지는 파도 너머의 평화로운 고요까지. 호기심도 마찬가지다. 우리는 깊은 데로 나아가기 전에 얕은 호기심을 연습한다. 그 너머로 모험을 떠나면 새로운 가능성으로 가득한 온전한 세계가 우리 앞에 펼쳐진다.

이 과정에는 바다 너울이 그러하듯 자연스러운 흐름이 있으며, 호기심을 더 많이 연습할수록 그 흐름에 더욱 잘 적응한다. 우리는 얕은 호기심에서 깊은 호기심으로 유연하게 이동할 수 있고, 그러다 단 한 번의 대화, 관계 혹은 순간에 다시 얕은 호기심으로 돌아올 수 있다. 때로는 얕은 호기심이 예기치 않게 우리를 더 깊은 곳으로 이끌기도 한다. 도심 속에서 낯선 길을 걸어가다 있는 지도 몰랐던 카페를 발견할 수도 있고(얕은) 그곳에서 낭만과 친밀감, 사랑에 관해 가르쳐줄 평생의 동반자를 만날지도 모른다(깊은). 얕은 호기심으로 대화를 시작한 다음 시간이 흐름에 따라 점차 깊은 대화를 나누면, 상대나 자기 자신을 겁주거나 압도하지 않는 데 도움이 된다. 꼭 전문 콘퍼런스에서 낯선 사람에게 다가가 그들의 깊디깊은 유년 트라우마에 관해 주저 없이 물어봐야 하는 건 아니다.

우리 대부분은 얕은 호기심의 은유로써 파도 풀장에 뛰어들 때 안전하다고 느낀다. 안쪽 깊은 물은 미지의 영역이어서 불편하거나 무서운 반면, 얕은 물은 예측 가능하기 때문이다. 다시 말해 나는 당신이 선의를 품고 오랫동안 꾸준히 연습하여, 깊은 호기심에 대한 두려움이 아니라 설렘부터 키워가길 바란다.

호기심으로…

살면서 어떤 순간에 얕은 호기심을 발휘한 사례가 있나요?
깊은 호기심은 어떤가요?
얕은 호기심에서 시작한 경험이
결국엔 깊은 호기심으로 나아간 적이 있나요?

깊은 호기심으로 가는 문 열기

호기심을 설명할 때 나는 시각적 은유로써 문을 자주 사용한다. 무관심은 분명히 눈앞에 문이 있는데도 아예 존재하지도 않는 것처럼 행동하는 것이다. 사실 그 문 뒤에는 새로운 경험, 관점의 전환, 더욱 굳건한 관계 등 우리가 무시해서 놓치고 마는 온전한 세상이 펼쳐져 있다. 문 앞에서만 머물며 마치 문 뒤편은 존재하지 않는 것처럼 살아가면 그 누구도 안으로 들이지 못한다. 당신을 비롯한 모든 것이 늘 그대로다.

얕은 호기심은 문의 존재를 인정하고, 문을 향해 다가가, 문에 난 작은 구멍을 통해 문 뒤편에 무엇이 있는지 들여다보는 것이다. 이때 당신의 시야는 어안 렌즈에 의해 왜곡되며, 이는 당신의 가정과 편견, 뉘앙스에 대한 인식 부족을 나타낸다. 얕은 호기심으로는, 누군가가 문을 두드리고 열라고 손짓해도 계속 문을 닫아둔다. 닫힌 문을 장벽 삼은 당신은 반대편에 있는 것을 온전히 경험하지 못한다. 물론 무언가 새로운 것을 보거나 배울 수는 있겠지만 당신의 삶은 의미 있는 어떤 방식으로도 변하지 않는다.

반면 깊은 호기심은 문의 손잡이를 돌리는 것이다. 문을 열고 통과하는 것이다. 반대편 미지의 세계로 모험을 떠나는데, 직접 경험하면 두려우면서도 동시에 흥분될 수 있다. 그곳에 완전히 빠져들었기에 당신을 가로막을 장벽은 존재하지 않는다. 깊은 호기심이 불편하게 느껴질 수도 있는 이유다. 단순히 정보를 습득하는 게 아닌, 진짜 감정과 경험으로 밀쳐진 셈이다.

질문들을 사랑하고 살아내기

시인 라이너 마리아 릴케는 《젊은 시인에게 보내는 편지》에서 친구에게 이렇게 썼다. "간청하건대 (중략) 마음속에 풀리지 않은 모든 것에 대해 참을성을 가지고, 질문들 자체를 사랑하려 애쓰시기 바랍니다. (중략) 답을 구하지 말고 (중략) 질문들을 살아내십시오."[3] 릴케의 지혜는 오늘날 우리 각자가 깊은 호기심을 어떻게 실천할 수 있을지에 대한 로드맵을 제시한다. 바로 질문들을 '사랑'하고 '살아'내는 것이다.

질문을 사랑하려면 질문에 진심 어린 열의를 불어넣어야 한다. 사랑할 때 우리는 온 마음을 다하며, 그 사랑은 상대방이 느낄 수 있을 정도로 진심이기 때문에 꾸며낼 수가 없다. 사랑은 풍부한 자원이며 우리 모두가 가진 능력이다. 우리는 이 끝없는 사랑의 우물에서 깊은 호기심의 힘을 끌어올려야 한다.

사랑은 다방향적이기도 해서 주고 또 받을 수 있다. 호기심도 마찬가지다. 우리는 우리가 타인에게 하는 질문만 사랑하는 것이 아니라 자기 자신을 향한 질문도 사랑한다. 깊은 호기심은 상호적으로 실천될 때 가장 좋다. 물론 당신이 누군가에게 깊은 호기심을 보이는데 상대는 그 호기심을 돌려주지 않을 때처럼 여전히 일방향으로만 교류하고 변화할 수도 있지만, 깊은 호기심은 두 사람이 함께 실천할 때 훨씬 더 강력해진다. 바로 그럴 때 캐시던이 "주고받기의 소용돌이"라 부른 것이 시작된다.

반면 질문을 살아내기란, 깊은 호기심을 가진 사물이나 사람에 스스로 완전히 빠져든다는 의미다. 그때에는 단지 궁금해하는 것만으로는 충분하지 않으며, 반드시 헤매야 한다. 타인이나 장소에 관해 책으로만 읽지 말고 자기 자신을 그것들에 직접 노출해야 한다. 살아가는 데 실제로 위험이 존재하기에 용감해지듯이, 깊은 호기심 역시 우리를 용감해지게 한다.

삶은 일차원적이지 않고 언제나 행복하거나 긍정적으로 느껴지지도 않는다. 깊은 호기심을 추구하는 것도 마찬가지다. 때로 우리의 탐구는 슬픔, 긴장 혹은 분노의 감정을 일으킬지도 모른다. 진정으로 질문을 살아내려면, 깊은 호기심에는 우리를 폭넓은 감정과 경험에 열어놓는 능력이 있다는 점을 반드시 인식해야 한다.

설득이 아닌 진정성으로

혹시 누군가가 당신에게 질문을 던지기에 호기심을 품은 줄 알았는데, 결국엔 '속았다' 싶은 순간이 있었는가? 그들은 내내 어떤 계획을 품고 은밀하게 당신을 함정에 빠뜨리고 있었다. 그들이 당신 말에 귀 기울이고 수긍하는 것 같다고 느꼈겠지만 마지막에 가서는 그게 모두 가식이었다는 걸 깨달았다. 그들은 당신이 누구이며 어디에서 왔는지 이해하는 게 아니라, 당신이 틀렸다는 걸 증명하거나 당신을 바꾸려고 했다.

우리가 깊은 호기심으로 향하는 문의 손잡이를 돌리면, 거기에는 삶을 변화시키는 잠재력이 있다. 그러나 그곳에 다다르려면 진정성을 가지고 접근해야지 그것을 설득의 도구로 봐서는 안 된다. 당신의 호기심에 어떤 계획이나 판단을 부여하는 순간, 이를테면 상대의 신념이나 행동을 바꾸려고 하는 순간, 그것은 내가 '약탈적 호기심'이라고 부르는 것이 된다. 불순한 동기로 손잡이를 돌리고 문을 통과하는 순간이다. 그것은 악덕 형사가 용의자에게 실제로 저지르지도 않는 범죄의 자백을 강요할 때 하는 행동이다. 성인이 된 자녀가 지금 키우는 반려견이 사실상 자기 자식이나 다름없다고 말했는데도 아기를 가질 건지 말 건지 마흔 번째 묻는 부모의 행동과 같다.

두 사례 모두 사람들이 누군가에게 일련의 질문을 던지고 있기 때문에 겉으로는 호기심처럼 보일 수 있지만, 이면의 계획이 그것을 변질시킨다. 즉 깊은 호기심이 나는 너를 이해하고 싶어라고 말한다면 약탈적 호기심은 나는 너를 바꿔놓고 싶어라고 말한다.

특히 동의하지 않는 상대에게 깊은 호기심을 드러낼 때 이해해야 할 중요한 개념으로, 우리의 본능적 충동은 어쩌면 그들에게 우리가 옳고 그들이 틀렸다는 점을 보여주려 하는지도 모른다. 그런 경우 호기심은 이해를 위한 총체적 탐구라기보다는 논쟁과 승리의 게임이 된다. 우리는 깊은 호기심을 잘 활용하다가도, 가령 낙태나 총기에 대한 입장처럼 타협할 수 없는 신념 앞에서는 폭발해 약탈적인 방식으로 상대를 꾸짖거나 비하하는 도구로 그것을 사용한다. 설득을 시도할 때 우리는 눈앞에 있는 사람을 보지 못하고 그 대신 그들의 입장만 본다. 그러면 상대방은 방어적인 태도를 취하거나 마음의 문을 닫는다. 상대의 가치관, 성장 배경, 혹은 그들의 견해를 형성한 개인적인 경험에 진심 어린 관심을 두지 않으면 약탈적 호기심에 사로잡힌다. 이러한 경향이 너무도 만연한 데에는 다 이유가 있다. 살면서 불의와 상처를 겪은 많은 사람이 같은 피해를 다시는 경험하지 않기 위해서 주변 사람들을 바꾸거나 통제하려는 시도에 집착하기 때문이다.

하지만 일반적으로 인생을 살다 보면 알 수 있듯이, 사람들이 방어적인 입장을 취하면 새로운 아이디어를 받아들이기가 더 어려워진다. 정치학자 데이비드 브룩먼David Broockman과 조슈아 칼라 Joshua Kalla의 연구가 이를 뒷받침한다. 그들은 어떤 이슈에 대해 누군가의 감정을 바꾸는 데 있어 데이터와 사실보다는 사람들의 이야기가 더 설득력 있다는 사실을 알아냈다.[4] 또한 상대의 생각이 불쾌하거나 해롭다고 느껴지더라도 상대를 가치 있게 여기는 것이 실제 대화와 관계의 문을 열 수 있기 때문에, 말하기보다 들어주기가 더욱 강력한 도구라고 말한다.[5]

연구자인 데이비드 갈David Gal과 데릭 러커Derek Rucker가 쓴 글 〈확신이 없을 땐, 목소리를 높여라! When in Doubt, Shout!〉에 따르면, 사실 애초에 우리가 타인에게 영향을 미치려고 하는 이유는 우리 자신의 지식 부족 때문일 수 있다. 연구진은 사람들이 논란거리가 되는 문제에 대한 견해에 확신이 부족할수록, 자신이 선택한 견해를 다른 이들에게 설득하기 위해 더 애쓴다는 사실을 발견했다.[6] 신경 과학자 보 시버스Beau Sievers가 고안한 최근 연구에 따르면, 다른 사람의 의견엔 무심한 채 자기 의견만 밀어붙이는 사람은 실제로 집단의 공동 이해나 합의를 찾는 과정을 더 어렵게 만들 수 있다고 한다.[7]

호기심이 신뢰, 책임감, 굳건한 관계와 결합하면 정의와 소속감에 대한 누군가의 견해를 바꿀 수 있을까? 물론이다! 이것이 바로 깊은 호기심이 선사하는 선물 중 하나다. 브룩먼과 칼라는 연구를 통해 이야기에 집중하고 누군가의 말을 경청하면 트랜스젠더를 향한 혐오에서 트랜스젠더를 더 수용하고 축복하는 방향으로 관점을 바꿀 수 있다는 사실을 발견했다.

그렇지만 나는 다른 누군가를 변화시키는 것은 호기심의 부산물이지 최종 목표가 아니라는 점을 다시 한번 강조하고 싶다. 다른 이의 마음을 바꾸려는 목적으로 시작하면 상대방은 이러한 동기를 느끼고 의심스러워하거나 방어적인 태도를 보일 수 있다. 오히려 새로 시작하는 데 도움이 되는 목표는 내면으로 방향을 돌리는 것이다. 깊은 호기심이 당신을 어떻게 바꿔놓을지 생각해보자.

호기심으로…

누군가가 당신에게 약탈적 호기심을 보인 적이 있나요?
그때 기분이 어땠나요?
불순한 동기가 없었다면 그 경험은 어떻게 흘러갔을까요?

동료와의 점심 한 끼가 내 인생을 바꿀 줄은 몰랐다.

함께 샌드위치를 먹던 중 직장 동료 맷이 자신은 독실한 장로교 신자인데 사무실 사람들이 자신을 어떻게 대할지 우려스러워 그런 정보를 공개하는 게 찝찝하다고 말했다. 그는 이런 두려움을 야기한 어느 동료의 반응을 회고했고, 자신의 기독교 신앙이 아내와 함께 안정적으로 가정을 꾸리는 데 필요한 승진이나 연봉 인상을 막을지도 모른다고 생각했다.

"그 부분에 대해 공유하려니 마음이 편치 않아." 맷이 말했다.

비록 우리는 서로 너무나 달라 보이는 사람들이었지만, 이성애자인 이 백인 기독교 남자의 이야기는 내게 큰 울림을 주었다. 어떤 의미에서 그는 내가 한때 그랬듯 벽장 속에 있었다. 나는 그의 고백에 충격받았다. 아주 많은 정체성 가운데 다수 쪽으로 간주되는 누군가가, 가령 미국에서 신자가 가장 많은 종교에 속한 사람이 사무실에서 신앙 이야기를 나누는 것과 관련해 어떻게 이런 식으로 느낄 수 있는지 상상할 수 없었다. 그런데 직장 분위기를 관찰하기 시작했더니 기독교가 농담의 대상이며 '유해'하다고 단정적으로 치부되는 걸 알 수 있었다. 최근 인사부에서 회사가 모든 직원, 특히 젠더나 인종 같은 정체성에 대해 모두를 환영하는 데 중점을 두는 등의 진전에 관해 논의했기에 이 상황이 모순적으로 느껴졌다. 하지만 회사 인구 통계를 대표하는 기독교인,

무슬림, 힌두교인 등 신앙인에 대한 인정이나 축복의 분위기는 거의 없었다. 불교는 예외였을지 모른다. 명상 같은 수행법이 우리 회사를 비롯한 기업 공간에서 지나치게 활용되는 추세였기 때문인데, 그 외의 종교에 관해서라면 '묻지도 말고, 말하지도 말자'라는 분위기였다.

몇 주 뒤 나는 다시 맷과 점심을 먹으며 사무실에서 지켜본 바를 말해주었다. 그는 이해받는다고 느꼈다. 그런데 사람들이 기독교에 대해 왜 그런 식으로 느끼는지 그를 이해시키고픈 마음에 나는 약탈적 호기심에 빠지고 말았다. 나는 기독교인이 동성애를 공격하는 방식에 대한 나의 견해를 전하며 그가 나를 이해해야만 하는 나의 필요를 우선시했다.

그는 가만히 앉아 내 말을 들었다.

나는 성 소수자가 교회 지도자들에 의해 악마화되는 방식에 관해 이야기했다. 나는 퀴어로서 특정 기독교 모임을 찾고자 애쓴 개인적 이야기도 들려주었고, 대부분 교회 성도들에 의해 전환 치료를 강요당한 사람들의 이야기도 나눴다.

"교회가 내 커뮤니티에 무슨 짓을 했는지 알면, 내가 왜 이토록 종교에 부정적인지 이해할 거야." 내 할 말만 늘어놓다가 마지막에 덧붙였다. "그리고 아마 다른 사람들도 같은 경험을 했을 거고."

"하지만 우린 다 똑같지 않아." 마침내 맷이 입을 열었다. "기독교인이라고 해서 다 같은 건 아니야."

맷은 내가 약탈적 호기심의 길로 계속 나아가도록 내버려두지 않고 깊은 호기심의 문손잡이를 돌리게끔 했다. 그는 나를 자기 교회에서 열리는 행사에 초대했다.

내심 거절하고 싶었다. 어떻게 감히 하고 생각했다. 지금껏 내 말을 듣긴 한 건가? 다시는 그런 데 안 갈 거야. 하지만 몇 주 뒤, 나는 그가 다니는 교회 입구 계단에 서 있었다.

다시는 가지 않으리라고 생각했던 장소였다. 나는 하와이에서 주로 개신교와 가톨릭 문화에 둘러싸여 자랐고, 매주 교회에 나가진 않았지만 함께 살던 할머니와 성경을 읽었다. 스스로 퀴어 성향을 인지한 뒤에는 밤마다 침대 옆에서 몰래 기도하며 하느님이 나를 이성애자로 만들어주길 간청했다. 뭇사람이 내게 말하듯 죄인이 되거나 지옥에 가고 싶지 않았다. 열한 살의 마음으로는 견디기가 힘들었다.

그러한 이유로 나는 호기심의 문을 무시해버렸다. 내 성적 취향에 무관심하게 굴었고, 그것은 재빨리 자기혐오의 악순환으로 바뀌었다. 세상의 일부가 점차 수용적으로 변하고 있는데도 많은 퀴어와 성전환자, 논바이너리nonbinary(여성과 남성이라는 생물학적 이분법적 구분을 벗어나 자신의 성 정체성을 주체적으로 규정하는 사람—옮긴이)가 이러한 경험을 고백한다. 나는 사람들과 어울리지 않고 〈카운터-스트라이크〉 같은 슈팅 비디오 게임으로 탈출해 화면 속 픽셀화된 적들을 죽이며 나를 겨냥하는 수치심이라는 은유적 총알에서 관심을 돌렸다.

집을 떠나 대학교에 들어가면서 나는 무관심을 얕은 호기심으로 전환하기 시작했다. 문에 난 작은 구멍을 들여다보며 문 뒤에 있는 것, 즉 나의 성 정체성을 응시했다. '당신이 게이인지 알아보는 스무 가지 질문' 같은 온라인 퀴즈를 풀어봤다. 브리트니 스피어스나 스키니 진에 관한 상식이 포함된 걸 보면 이성애자가 만든 게 분명했다. 이러한 고정 관념에도 불구하고, 성 정체성을 탐구하기 시작하자 이러한 탐구가 평범한 일이 되었고, 나는 호기심 스펙트럼의 더 깊은 곳으로 나아갔다. 나와 비슷한 사람들을 찾기 시작했는데 당시엔 그라인더Grindr 같은 게이 앱이 널리 보급되기 전이었으므로 캠퍼스의 성 소수자 센터를 찾아갔다. 그곳에서 진정한 자신으로 살아가는 다른 학생들을 만났다. 처음엔 그들이 부러웠다. 그러다 나도 그들처럼 되고 싶어졌다.

대학교 3학년 때 일이다. 나는 친구네 집 침대에 앉아 컨트리 음악을 듣고 있었다. 친구는 남동생이 소속된 야구팀 이야기를 하며, 남동생이 우리 워싱턴주립대학교 팀에서 뛸 수 있다는 사실에 얼마나 설레는지 이야기했다. 너무 아이러니하게도, 그녀가 투수와 포수에 관해 한참 이야기하는 와중에 나는 "나 게이야!"라고 불쑥 말해버렸다.

그녀는 몇 초 동안 멈칫했다. 그 순간이 영원처럼 느껴졌다.

"그거 정말 멋지다!"라고 외친 그녀는 침대로 뛰어올라 곰돌이를 껴안듯 나를 안아주었다.

이후 몇 주간 나는 더 많은 사람들에게 커밍아웃하며 자신감을 쌓았지만, 종교를 믿는 사람에게는 절대로 말하지 않았다. 어릴 적 벽장에 숨어 지내며 느꼈던 수치심과 자기혐오의 악순환으로 되돌아가고 싶지 않았다. 나중에 내가 감당해야 했던 상황에 해당하는 용어를 알았는데, 그것은 바로 영적 상처였다.

교회 앞을 지날 때마다 역겨워서 몸이 움찔했다. 인정하기 싫지만 심지어 교회 입구 계단에 침을 뱉기도 했다. 누군가가 내게 종교를 믿는다고 말하면 나는 곧바로 "왜 그렇게 우리를 싫어하는 거죠?"라고 따지며 반격했다. 진짜 대답을 원한 것은 아니었다. 그가 어떤 사람인지에 대해 이미 판단을 내린 상태였기 때문이다. 내 경험에 비추어 종교적인 사람은 혐오스럽고 위험하다고 여겼다. 나는 더 이상 수치심과 배척, 조롱의 희생양이 되고 싶지 않았다.

나는 단호하게 계속 문을 닫아놓았다.

이것이 동료가 다니는 교회 입구에서 내가 까무러칠 뻔했던 이유다. 동료가 그런 일은 일어나지 않을 거라고 장담했는데도 어쩌면 마주할지도 모르는 혐오에 대한 불안이 엄습하고 있었다. 격려하는 동료의 목소리보다 더 큰 소리로 내 과거의 이야기들이 외치고 있었다.

그러고 나서, 신이 개입한 순간처럼, 교회 입구의 측면 벽에 무언가가 걸려 있는 게 눈에 들어왔다. 그것은 바로 자긍심 깃발Pride flag(성적 다양성의 의미를 담은 무지개 깃발—옮긴이)이었다.

어떻게 이럴 수 있지? 나는 생각했다. 머릿속이 복잡했다. 모든 기독교인은 나 같은 사람을 싫어하지 않나?

그러다 맷이 했던 말이 생각났다. 기독교인이라고 해서 다 같은 건 아니야. 자긍심 깃발을 보자 문손잡이를 돌리고 말 그대로 문을 통과해 들어갈 용기가 생겼고, 종교와 엮인 내 격동의 역사와 대면하기 시작했다.

안으로 들어서자 여기저기서 수다 떠는 소리가 들렸다. 사람들이 웃으며 서로를 안아주었다. 맷과 그의 친구들, 가족들이 나더러 옆에 앉으라고 손짓하는 것을 보기 전까지는 기분이 어색했다. 그들과 몇 마디 나누고 있으니 스피커에서 노래가 흘러나오기 시작했고, 목사가 강단에 올라 모두를 환영해주었다. 곧 우레와 같은 박수를 받으며 성가대와 오케스트라가 단상을 가득 채웠다.

찬양이 끝나갈 때쯤, 나는 예상치 못한 무언가를 깨달았다. 내가… 즐기고 있다니? 누구도 내 성 정체성을 두고 비난하지 않았다. 그 누구도 내게 침을 뱉지 않았다. 아무도 내가 다르다고 느끼게끔 하지 않았다. 이따금 불편하긴 했어도 최대한 용기를 발휘해 취약성을 드러내고 교회에 발을 들여놓은 덕에 나는 종교와 다시 이어지는 첫 경험을 했고, 그렇게 어린 시절의 상처를 치유하기 시작했다.

행사가 끝난 뒤 맷은 나를 다른 교회 행사에도 초대했다. 병원에서 비틀스 노래를 부르는 행사와 시티 호프 커뮤니티 센터에서 열린 봉사 행사가 있었다. 그리고 7월에 일행과 함께 노래방에 갔을 때 그는 산타 복장을 하고 엘턴 존의 노래를 부르기도 했다. 엘턴 존이 나처럼 완전 호모라는 사실을 모를까?라고 생각하는 대신 나는 그냥 따라 부르기만 했다. 나는 로켓 맨이야!(엘턴 존의 노래 〈로켓 맨 Rocket Man〉의 가사 일부—옮긴이)

이러한 경험들은 내 안의 상처받은 어린아이가 영적 상처를 치유하도록 도와주었다. 깊은 호기심에 접근해 그것을 종교로 향하면서 신앙을 가진 사람들을 다른 렌즈로 바라보기 시작했다. 많은 종교 공동체가 포용적이며 심지어 성 소수자를 축복해준다는 사실을 알았다. 개중에는 성 소수자인 신앙 지도자가 이끄는 곳도 있었다. 나는 종교적인 글들을 읽었고 긴장 어린 두려움보다는 열린 마음으로 하느님과 소통하기 시작했다. 편견이 줄어드는 것을 느꼈다. 다양한 신앙을 가진 사람들과 우정을 쌓으며 대다수 사람들이 세상을 어떻게 헤쳐 나가는지에 관한 통찰도 얻었다. 영적인 노력을 불어넣으면서 내 삶이 변화하는 모습을 보기 시작했다.

이 모든 것은 깊은 호기심이 내게 요구하는 것을 기꺼이 받아들였기에 가능했다. 신뢰와 우정을 바탕으로 한 맷의 초대뿐만 아니라 그의 격려도 필요했다. 내가 느낀 두려움과 불안은 진짜였고, 내가 감수해야 할 위험도 마찬가지로 진짜였다.

이것이야말로 정확히 우리 각자가 기꺼이 해야만 하는 일이다. 우리는 반드시 깊은 호기심이 제시하는 종류의 도전에 맞서야 한다. 그러나 문을 통과하고 나면 교류와 변화가 뒤편에서 당신을 기다린다는 사실을 알아야 한다.

인생의 많은 탐험, 예를 들어 일기 예보를 확인하거나 손수 벽지 바르는 법을 배우거나 좋아했던 식당의 이름을 떠올릴 때 항상 깊은 호기심이 필요한 것은 아니다. 하지만 오래된 이야기들을 다시 쓰고, 자신과 타인에 관해 알며, 내가 맷과 했던 종류의 경험을 하고 싶다면 깊은 호기심 없이는 그곳에 다다를 수 없다.

내가 만일 맷에게 약탈적 호기심을 계속 사용했거나 '배부른 소리 한다'라며 그를 비난했다면, 그는 아마 절대로 나를 교회에 초대하지 않았을 것이다. 우리 관계는 틀어졌을 것이고, 나는 영적 상처를 치유하고 그와 그의 종교에 대한 나의 이해를 변화시킬 기회를 놓쳤을 것이다.

문손잡이를 돌리면 의미 있는 이해를 추구할 기회가 생긴다. 이는 자신을 비롯한 타인과 더 잘 교류하는 방법이며, 삶에서 중요한 관계를 굳건히 하는 방법이다. 깊은 호기심은 타인을 변화시키는 데 사용하는 초능력이 아니라, 당신이 새로운 버전의 자신으로 성장하는 데 도움이 되는 길이다.

호기심으로…

당신의 인생에 의미 있는 무언가를 가져다줄 것 같은데도 불구하고
손잡이를 돌리기가 두려운 문은 무엇인가요?

3장

무엇이 우리를 방해하는가

~~~~~~~~~~~~~~~~~~~~~~~~~~~ ✳ ~~~~~~~~~~~~~~~~~~~~~~~~~~~

제이컵 헤스Jacob Hess의 목소리는 부드럽고 차분하다. 그가 ASMR
영상으로 유튜브에 진출한다면 아마 대박 날 것이다. 그는 질문을
받으면 몇 초간 깊이 생각한 뒤 대답하는 사람이다. 마음 챙김 강
사 겸 지역 사회 심리학자인 그는 깊은 호기심의 힘에 관해 나와
신념을 같이한다. 심지어 그는 정치적으로 반대 입장인 사람들에
게 애정을 품는 방법에 대한 책《당신은 내가 생각한 만큼 미치지
않았다(하지만 당신은 여전히 틀렸다)You're Not as Crazy as I Thought (But You're
Still Wrong)》의 공저자이기도 하다. 이런 면에서 제이컵과 나는 비슷
하지만, 서로 무척 다르기도 하다. 그는 보수적이고 이성애자이며
모르몬교도인 반면, 나는 진보적이고 열성적인 성 소수자 홍보 대

사로 활동하며 스스로를 '정신적 퀴어'로 규정하는 사람이다. 그는 유타주에 살고 나는 캘리포니아주에 산다.

이러한 구분 탓에 아마 어떤 이들은 교류하기는커녕 서로 간단한 대화조차 나누지 못할 것이다. 그러나 우리는 다른 두 세계에서 왔음에도 불구하고 서로를 더 깊이 알게 되었고 우정을 쌓아왔다.

제이컵은 이러한 대화와 관계가 자신의 삶을 어떻게 향상시켰는지 보아왔기에 차이를 넘어서는 교류를 우선시했다. 그리고 그는 특히 정치적 분위기로 지역 사회에 긴장이 고조되던 시기에 이웃들도 같은 경험을 할 기회가 있다고 보았다. 그는 작은 마을에 살았지만 이웃들이 다양한 이념과 정체성을 가지고 있다는 점을 알았다. 그래서 제이컵은 지침을 준수하는 구조화된 대화를 통해 서로 다른 사람들을 이어주는, '거실 대화Living Room Conversations'라는 노력의 일환으로 이웃들을 자신의 집에 불러 모을 계획을 세웠다.

"선교사 출신인 저는 집집마다 찾아가서 사람들을 초대하기로 했어요." 그가 말했다. "다시금 저의 뿌리로 돌아간 기분이었죠."

첫 이웃집에 도착한 그는 심호흡을 했다.

똑, 똑, 똑.

이웃은 누가 왔는지 보고는 문을 활짝 열었다.

"정말 오랜만이에요, 제이컵!" 이웃이 활짝 웃으며 말했다.

약간의 대화가 오간 뒤 제이컵이 마침내 행동을 개시했다. 그는 이웃을 거실 대화에 초대하며 사회적, 정치적 차이를 넘어 사람들을 이어보고자 하는 전제에 관해서 말했다. 제이컵의 아이들이 걸 스카우트 쿠키를 팔 때 사준 적이 있는 이웃이었기에 그는 승낙을 기대했다. 하지만, 놀랍게도, 그는 바로 거절당했다.

"미안해요, 제이컵."

이웃은 그것이 추하고 적대적인 무언가로 변할까 봐 우려했다. 제이컵은 이런 걱정을 덜어주려 노력했지만 상대는 꿈쩍도 하지 않았다.

이에 굴하지 않고 제이컵은 이웃집을 몇 군데 더 찾아갔다. 그러나 문이 열릴 때마다 또 다른 가슴 아픈 거절을 마주해야 했다. 이웃들은 다양한 이유를 들며 참여하지 않으려 했다.

제가 잘못된 말을 할지도 몰라요.

그래 봐야 무슨 소용이에요?

미안해요, 제이컵, 아이들도 봐야 하고 다른 일들로 바빠서요.

지금 이대로 너무 좋은데, 굳이 들쑤실 이유가 있나요?

하루가 끝날 무렵, 그는 초대를 수락하는 응답을 단 하나도 듣지 못했다. 분명한 건, 그의 집 거실에서 대화 시간을 갖기 위해 분열의 경계선을 넘어 사람들을 모으는 일이 선교사일 때 문을 두드리는 것보다 더 어렵다는 점이었다.

무엇이 잘못된 건지 돌아보던 제이컵은, 자신이 세부적인 실행 계획, 곤란한 사회적 상황, 흥미 부족, 성격 결함과 싸우고 있는 게 아니라, 뭔가 훨씬 더 크고 근본적인 문제와 대면하고 있음을 깨달았다. 모든 거절의 기저에는 우리 모두가 내면에 지닌 원초적 감정, 바로 두려움이 자리하고 있었다.

심리학자인 그는 이웃들의 발목을 잡는 두려움을 알아차렸다. 일하면서 자주 봐왔기에 알 수 있었다. 이웃이 "나는 대립 상태에 빠지고 싶지 않아요"라고 말한 속내는 "다치거나 공격당할까 봐 겁나요"였다. "그래 봐야 무슨 소용이에요?"라고 할 때에는 사실 "아무것도 변하지 않을까 봐 걱정돼요"라고 말하는 거였다. "굳이 들쑤실 이유가 있나요?"라고 물을 때 진짜로 하고 있는 말은 "나는 변화가 두려워요"였다.

호기심으로 가는 길 위의 네 가지 과속 방지턱

제이컵의 이야기를 처음 들었을 때, 기이할 정도로 익숙하게 들렸다. 제이컵이 집집마다 찾아다닌 캠페인의 결과는, 그간 내가 세대 간 격차를 해소하고, 기후 변화 문제를 해결하고자 공화당과 민주당의 관계를 구축하고, 대학 캠퍼스에서 뜨거운 이슈를 둘러싼 건설적인 대화 촉진을 위해 애쓰며 봐온 것과 크게 다르지 않았다.

많은 이들이 깊은 호기심을 교류와 변화의 힘으로 사용하고자 하지만 두려움 앞에서 무력해진다. 어떤 이들은 목적의식이 더욱 뚜렷한 직업을 찾고 싶어 하면서도 실패를 우려해 구직을 시작하기 어려워한다. 결혼 생활에 어려움을 겪는 이들은 부부 상담이 중요한 문제를 탐구하는 데 도움이 될 수 있음을 알면서도 부부 관계가 어떻게 변할지 두려워 상담을 꺼린다.

깊은 호기심은 이해를 촉진하고 고통을 완화하며 인간관계를 강화하고 심지어 수명을 연장한다.[1] 그것은 우리를 더 큰 행복, 의미, 성취의 길로 이끄는 습관이다. 이러한 이점들을 알고 나면 많은 이들이 제이컵처럼 된다. 직접 문을 두드리고 손잡이를 돌리고자 하는…. 하지만 막상 현실이 되면 몇 개의 과속 방지턱을 맞닥뜨린다.

깊은 호기심을 온전히 활용하는 데 필요한 근육을 강화하는 접근 방식인 DIVE 모델에 관해 배우기 전에, 이 작업이 어려울 뿐만 아니라 도중에 몇 가지 방해 요인을 마주할 수 있다는 점을 기억하자.

✴

제이컵의 사례에서 보았듯, 두려움은 우리를 막아서는 주요 요인 중 하나이지만 그게 다가 아니다. 나는 연구와 실천을 통해 깊은 호기심을 가로막는 네 가지 '과속 방지턱'을 발견했다.

- **두려움**Fear: 실재하든 상상이든, 우리가 우려하는 것들
- **트라우마**Trauma: 고통스러운 인생 경험에 대한 지속적인 신경계 반응
- **시간**Time: 삶에서 깊은 호기심을 가질 여유가 없는 것 같은 느낌

- **거리**Distance: 자신과 달라 보이는 사람들을 만날 기회의 부족

나는 이 요인들을 '과속 방지턱'이라 부른다. 깊은 호기심을 실천하려는 우리의 속도를 늦추는 장애물이기 때문이다. 이러한 장애물 중 하나 또는 여러 개가 동시에 다가오는 것을 감지하면 시간을 내어 내면과 주변에서 일어나는 일에 세심한 주의를 기울여야 한다. 최고 속도로 방지턱을 넘다가 바닥으로 곤두박질치거나 운전대를 놓치고 싶지 않을 테니까 말이다. 이러한 방지턱은 스스로를 점검하고 다음의 질문을 던질 유용한 기회다. 지금 내게 깊은 호기심을 발휘할 능력이 있는가? 그 대신에 다른 데 우선순위를 두어야 할까? 여정을 계속 이어가기로 결심했다면, 어떻게 해야 신중하고 의도적으로 진행할 수 있을까?

제이컵이 경험한 것처럼 깊은 호기심을 기울이려는 열망에는 불가피하게 방해되는 일들이 따른다. 지극히 정상적이고 심지어 건강한 현상이다! 과속 방지턱이 가까이 있다는 사실을 알면, 속도를 조절하고 약간의 인내심을 발휘하여 앞으로의 여정을 계속 이어나갈 준비를 더욱 잘할 수 있을 것이다.

첫 번째 과속 방지턱: 두려움

두려움은 평판이 나쁘지만 인간의 필수적인 감정이다. 두려움은 자기방어 기제로, 우리를 위험에서 보호하고 위험에 더 잘 대처하도록 대비시킨다. 문제는 실제 위협이 없는 순간에 이 경고

신호가 나타날 때 발생한다. 때로 우리는 불편함과 두려움을 혼동해 둘을 같은 것으로 간주한다. 또 다른 경우 인간으로서 성장하는 데 필수적인 변화나 미지의 것에 직면해야 하는 상황에서 불안해한다. 두 가지 모두 깊은 호기심의 본래 특성인데도 말이다. 두려움에 귀 기울이고 이를 활용하는 방법을 알면, 두려움은 우리가 방향을 탐지하는 힘이 되어주고 새롭게 변화할 기회를 알려준다.

두려움은 수제 아이스크림처럼 매우 다양한 맛으로 존재하는데, 전형적인 두려움은 다음과 같다.

- **거절에 대한 두려움**. 가족에게 마트에서 물건을 사다달라고 부탁하고 싶어도 혹시 거절당할까 봐 걱정돼 부탁하지 않는다.
- **고통에 대한 두려움**. 가슴이 찢어지는 이별을 겪은 후, 상처가 다 아물기도 전에 비슷한 경험을 되풀이하기 싫어서 새로운 사람과 데이트하길 꺼린다.
- **실패에 대한 두려움**. 새롭게 목공에 관심이 생겨도 잘하지 못하거나 웃음거리가 될까 봐 호기심을 갖지 않고 도전하지도 않는다.
- **갈등에 대한 두려움**. 프로젝트에 접근하는 방식이 진짜 걱정되더라도 '소란을 일으키고' 긴장감을 조성할까 봐 우려스러워 동료들에게 이의를 제기하지 않는다.
- **미지未知에 대한 두려움**. 우리 뇌는 불확실성을 두려워하도록 타고났으며, 연구에 따르면 불확실성은 스트레스와 불안의 수

준을 높일 수 있다. 마음속 깊은 곳에서는 당신이 아이를 원한다는 걸 알면서도, 미래에 어떤 세상이 펼쳐질지, 자녀가 당신의 삶에 어떤 영향을 미칠지 걱정되어 배우자에겐 차라리 아이를 갖지 않는 게 좋겠다고 말한다.[2]

- **변화에 대한 두려움**. 더 흥미진진한 새로운 도시로 이사하고 싶다. 하지만 새로운 친구를 사귀고, 낯선 지역을 탐색하고, 집을 구하는 과정이 더 두려워서 지금 사는 곳에서 불행하다고 느껴도 그냥 눌러앉기로 한다.

이러한 두려움 중 일부는 우리의 상상력에 기반한다. 달리 말해 실제 경험이나 데이터를 근거로 하는 두려움도 있는 반면 신뢰할 만한 위협이라는 증거가 없는 두려움도 있다. 예를 들어 원하는 직장 면접에서 떨어져 다음 단계로 넘어가지 못할지도 모른다는 두려움을 떠올려보자. 모든 자격 요건을 충족하고, 조직과 업무에 관해 잘 알고 있으며, 새로운 직책으로 옮기기에도 딱 알맞은 시기다. 당신이 지원했을 때 거절당할 조짐으로 보이는 실제 정보는 없고, 모든 두려움은 당신이 머릿속으로 지어낸 이야기다.

하지만 어떤 두려움은 실제 경험이나 데이터에 근거한 것으로, 가령 친척이 성 소수자를 향해 표하는 반감을 예전에 들은 적이 있다면 당신의 성 정체성을 공유하고 싶지 않을 수 있다. 그들에게 커밍아웃하지 않음으로써 당신은 스스로를 인식하고 보호하는 건강한 경계를 설정한다. 이는 자기 자신을 보호하기 위해 두려움이 부리는 마법으로, 전적으로 타당한 반응이며 심지어 자기애의 행위이기도 하다. 만일 당신이 이러한 근거에 따른 두려움을 극복하고 어찌 되든 당신을 드러내는 것을 우선순위로 삼아 그들에게 커밍아웃하기로 결심했다면, 그 또한 타당한 반응이자 자기애의 행동이다.

다시 말해 과속 방지턱 알아차리기의 요점은 우리의 전진을 완전히 멈추거나 속도를 높여 방지턱을 넘으며 가능한 한 높이 튀어 오르는 게 아니다. 두려움이 다가오는 것을 알아차렸다면 무시하지 말아야 한다. 그 대신 그것을 인정하고, 숨을 들이쉬고 내쉴 때마다 폐가 확장하고 수축하는 감각에 집중하며 세 번의 긴 호흡을 하자.

호흡에 집중하면 차분해지고 두려움을 느낄 때 도움이 되는 여러 가지 정신 생리적 이점이 생겨난다. 연구에 따르면 침착한 심호흡은 염려나 불안을 줄여주며, 심지어 긍정적인 안녕감well-being과도 연관이 있다.[3] 두려움을 마주할 때마다 호흡하기를 기억하면, 마음이 편해지고 두려움을 더 깊이 탐구할 용기가 생긴다.

두려움을 신호 삼아 직감에 귀 기울이고, 얕은 호기심에서 깊은 호기심까지의 스펙트럼에서 과속 방지턱을 넘을 수 있는 지점을 찾아 차에 대한 통제력을 잃지 않는 속도로 운전하자. 두려움은 성장에 도움이 되는 상황을 맞닥뜨렸다는 좋은 신호일 수 있다. 두려움을 인정하고 어떻게든 극복해 나가기로 결심하는 순간마다 "두려움은 단지 바람 한 점 없는 곳에서 일어나는 술렁임"이라든가 "성장은 때로 무섭고 불편한 것"과 같은 주문을 반복하면 스스로 중심을 잡는 데 도움이 될 것이다.

두 번째 과속 방지턱: 트라우마

내 친한 친구 앨리*는 남자 친구 제이와의 연인 관계에서 어려움을 겪었다. 그가 뭔가 실망스러워서 화를 내면 앨리는 자신을 향한 화가 아니어도 입을 꾹 닫고 때로는 몸을 떨었다. 앨리는 제이에게 위협을 느끼지 않았는데도, 그리고 제이가 결코 폭력을 행사한 적이 없었는데도, 자신의 삶이 위험에 처했다고 느꼈다. 1년이 지난 후, 앨리는 용기를 내어 치료사를 찾아 이러한 행동에 관해 털어놓았다. 치료사와 상담하는 과정에서 뜻밖의 사실을 알게 된 그녀는 내게 전화를 걸었다.

앨리는 제이의 분노에 대한 자신의 반응이 어린 시절 아버지가 화를 분출할 때의 반응과 닮았다는 사실을 알았다. 그녀의 아버지는 알코올 의존증이었고, 폭발적으로 분노를 표출했으며, 신체적 학대를 가했다. 이는 앨리에게 핵심 상처였고, 그녀는 성인

* 사생활 보호를 위해 가명을 사용했다.

이 되어서도 그것을 짊어지고 살아갔다. 제이의 실망감에 대한 앨리의 신체적 반응은 아버지와 겪은 사건들과 관련이 있었다. 고통스러운 인생 경험으로 인한 지속적 정서 반응인 트라우마를, 바로 아버지가 야기했던 것이다.

30년 경력의 임상 심리학자 케빈 베커Kevin Beker에 따르면, 트라우마는 깊은 호기심을 실천하는 데 주요 장애물이다. 베커는 이 분야에서 영향력 있는 전문가로, 9.11 테러 응급 의료 요원, 허리케인 카트리나로 이재민이 된 지역 주민, 샌디훅초등학교 총격사건 생존자 가족과 함께 일했다. 그는 자연재해나 테러 공격에 대한 반응은 가장 극적인 사례인 반면, 아동기 부정적 경험Adverse Childhood Experiences, ACEs, 가령 부모의 이혼, 방임, 성장기 폭력, 죽음의 목격, 성폭력 등에서 비롯한 트라우마는 훨씬 더 흔하다고 말한다. 골절 같은 신체적 부상이 붕대를 감고 고정해놓으면 시간이 지나면서 치료되는 것과 달리, 내면의 안전 지표인 신경계의 상처는 평생 안고 살아가야 한다.

"트라우마는 당신이 '극복'하거나 '회복'할 수 있는 것이 아닙니다"라고 베커는 말했다. "그것은 당신의 신체에 저장되죠."

이 개념은 "몸은 기억한다"라는 문장으로 정신과 의사 베셀 반데어 콜크Bessel van der Kolk가 대중화했는데, 과거의 사건이 우리 신체 내에 결정화되어 있다가 삶의 각기 다른 순간에 다시 깨어난다는 의미다. 앨리에게 일어난 일도 바로 이런 경우였다. 다른 관계, 다른 상황, 다른 남자였는데도 그녀의 신경계는 성장기 아버지에게 느꼈던 것과 같은 수준의 위협을 인식하고 그 잠재적 위험에 반응했다.

심지어 트라우마가 호기심 같은 핵심 기능과 연관된 해마라는 뇌 부위를 위축시킨다[4]는 연구 결과도 있다. 베커에 따르면, 트라우마는 사람이 도피, 투쟁, 경직의 단계로 진입하는 원인이 되어 후퇴하고, 달려들고, 아니면 문을 닫아버리게 만든다. 이러한 반응은 호기심을 죽이는 것들이다. 실제로 베커는 수십 년에 걸친 임상 경험을 통해 사람들이 트라우마를 겪으면 자기 자신과 타인 아니면 주변 세상에 호기심을 덜 가진다는 사실을 발견했다.

트라우마가 나타나면 우리는 신중히 접근해야 한다. 무모하거나 의도치 않게 깊은 호기심으로 뛰어들어서는 안 된다. 트라우마는 사려 깊게 다루고, 종종 전문가의 도움을 받아야 하는 특별한 경우다. 깊은 호기심으로 향하는 문손잡이를 돌리는 일은 트라우마 병력이 있는 사람에겐 더 오랜 시간이 걸릴 수 있으며, 전문적인 도움을 받는 것은 필수다.

치료사나 돌봄 네트워크가 트라우마를 가진 누군가에게 제공할 수 있는 한 가지 요소는 바로 안전감이다.

"치료에서 가장 먼저 해야 할 일 중 하나는 여정의 시작점에서 안전을 확보하는 것이죠"라고 베커는 말했다.

많은 경우 이는 누군가가 깊은 휴식이나 이완 같은 대처 전략을 개발하도록 돕는 것을 의미한다. 아니면 누군가가 트라우마 때문에 분열될 때 스스로 안정을 취하는 방법을 가르치는 일이다. 베커 같은 치료사들은 퇴행 내지 트라우마 반응의 순간에 놓인 이들이 안전감을 느끼기 위해 적용할 수 있는 구체적 기술을 가르친다.

만일 깊은 호기심을 발휘하려 시도하는 상황에서 그것이 트라우마와 연관될지도 모른다고 느낀다면 신중을 기해야 한다. 속도를 늦추면서 시작하거나, 행여 전문가의 도움 없이 혼자서 호기심에 뛰어들려고 했다면 아예 멈추도록 하자. 우선 안전감을 키울 방법을 찾아보자. 속도를 조절하고, 앞으로 나아가기 전 내적 호기심을 이용해 어떤 치료사나 지침을 곁에 두면 좋을지 파악하는 등 덜 위험한 방식으로 시작하는 게 좋다.

호기심으로⋯

어떤 질문, 대화, 자기 성찰이 격렬한 신경계 반응을 유발한다면
어디에서, 누구에게서 도움을 받을 수 있을까요?
어떻게 하면 스스로 멈추거나 속도를 늦출 수 있을까요?

세 번째 과속 방지턱: 시간

당신은 어떤지 모르겠지만 나는 이따금 공황에 빠지곤 한다. 하루 동안 주어진 시간은 충분치 않은데 해야 할 일이 너무 많아 압도되는 기분이 들기 때문이다. 우리는 모두 부모, 자녀, 친척, 친구, 동료, 상사, 이웃 및 많은 타인과 삶의 무수한 관계에서 균형을 맞추며 살아간다. 한편 우리는 많은 이들이 생활비를 감당하려고 고투하는 세상에 살고 있는데, 그러다 보니 직장에서 더 많은 시

간을 보내야 하고 (아니면 아예 부업을 찾거나) 일정에서는 더 많은 시간이 사라져버리고 만다.

시간 부족과 과로 문화는 우리의 에너지를 고갈시켜 이미 극심한 번아웃 위기를 초래했다. 게다가 인터넷과 휴대폰 때문에 우리에게 남아 있는 시간마저 사라지는 듯하다. 솔직히 말해 영혼이 빨리는 직장에서 여덟 시간 동안 일하고 나면 니체의 철학을 탐구하기보다는 넷플릭스를 보며 쉬는 게 훨씬 수월하다.

이는 연구자들이 '시간 기근time famine'이라 부른 현상의 한 부분으로, 할 일은 너무 많은데 그 요구를 충족시킬 시간은 부족하다는 보편적인 느낌이다. 우리는 수많은 방향으로 끌려다니고, 그러면서 역설적으로 질질 끌거나 아예 아무것도 하지 않으며 할 일을 쌓아두기만 한다.

물론 나도 이해한다! 쉴 새 없이 여기저기서 주 80시간 이상을 일하고, 아니면 연로한 부모나 어린 자녀를 돌보는 일 사이에 끼여 있다면 아마 호기심을 가질 여력이나 에너지가 거의 남아 있지 않을 것이다. 무엇보다도 깊은 호기심은 좀 더 길고 깊이 있는 대화와 관계 형성을 필요로 하기에 시간이 걸리고 인지적 비용이 든다.

살면서 깊은 호기심을 더 많이 가질 시간을 마련하거나 찾고자 한다면 몇 가지 방법이 있다. 정신과 의사이자 연구자인 저드 브루어Jud Brewer는 거의 20년 가까이 흡연 같은 나쁜 습관을 끊는 방법에 대한 임상 및 신경학 연구를 수행해왔다. 그가 내놓은 해답은 마음 챙김 실천하기였다.

그 전략은 도파민 기반 동기 부여 시스템을 강탈하려고 설계된 여러 시간 낭비 활동에 적용할 수 있다.[5] 출퇴근 시간에 목적 없이 소셜 미디어를 훑어본다든지 피로를 푼답시고 주말 내내 리얼리티 TV 쇼 전체 시즌을 몰아 보는 등의 활동 말이다. 그럴 때마다 실제로 어떤 느낌이 드는지, 가령 손가락에 쥐가 나거나 소파에 몇 시간 동안 누워 있느라 허리가 아플 때 신체 감각에 주의를 기울이면 나쁜 습관을 중단하는 데 도움이 된다.

이렇듯 무심한 행동에 마음 챙김을 더 많이 적용함으로써 우리는 '습관 고리habit loop'를 더욱 잘 관찰할 수 있다. 말하자면 신호, 루틴, 보상의 패턴을 알아차리는 것이다. 예를 들어 퇴근길에 버스에 올라타면(신호) 우리는 보통 휴대폰을 꺼내어 소셜 미디어를 훑으며(루틴) 도파민이 분비되는 것을 느낀다(보상).

브루어는 다음번 신호에서는 새로운 루틴으로 실험해보라고 권장한다. 가령 휴대폰을 꺼내어 뉴스 피드를 둘러보는 대신 가족이나 친구에게 전화하는 것이다. 아니면 휴대폰의 노트 앱에다가 당신이 그날 배운 세 가지 사실을 적고 생각해보는 것이다. 이는 일상적인 행동 유발 신호를 파악하고 그 행동들을 더 나은 행동으로 대체하기 위한 과정이다.

시간 기근을 방지하는 또 다른 한 가지 방법은 시스템과 제도상의 책임을 묻는 것이다. 우리는 다음과 같은 어려운 질문을 던져야 한다. 어떻게 하면 기업이 직원에게 생활 가능한 수준의 임금을 지급하여 애초에 부업할 필요가 없도록 할 수 있을까? 어째서 부동산은 젊은 수요자가 구매하기에 그토록 비싸진 걸까? 왜 우리 중 누군가는 업무 특성상 출근이 불필요한데도 꼭 출근해야 할까? 왜 우리에겐 더 긴 육아 휴직이라는 선택지가 없을까? 시스템과 제도에 초점을 맞춤으로써 우리는 시간 기근의 책임이 전적으로 개인에게 있고 따라서 변화를 책임질 유일한 장본인이 개인이라는 오해를 영속하지 않을 수 있다.

여러 측면에서 우리는 이러한 시스템과 제도상의 구조 때문에 시간 기근에 시달리고 있으며, 이는 우리가 호기심을 가질 여유를 더 많이 만들지 못했을 때 자기 자비self-compassion를 더 느끼도록 일깨워준다. 이러한 이유로 나는 낮잠 사역단The Nap Ministry 설립자 트리샤 허시Tricia Hersey가 하는 일을 사랑한다. 저항으로써의 휴식이라는 그녀의 비전은 돈 중심적이고 소비 지향적인 문화에서 벗어나 휴식, 가치관에 따른 삶, 돈으로 환산할 수 없는 취미, 낮잠의 힘에 초점을 맞추는 문화로 전환하도록 촉구한다. 시간을 되찾고 고되게 일하는 문화에서 스스로 탈피함으로써 우리는 기존 시스템에 대항할 수 있다.

호기심으로…

삶에서 더 의미 있는 탐구나 교류에 할애할 시간을 뺏는
당신의 습관은 무엇인가요?

네 번째 과속 방지턱: 거리

도시와 공공장소는 서로 다른 삶을 경험해온 사람들끼리의 소

통이 드물 수밖에 없도록 설계되었다. 분리의 역사와 여러 사람이 공유하는 공동 공간의 쇠퇴 때문에 우리 사이에는 말 그대로 물리적 거리가 생겼다. 가령 우리가 연령에 따라 어떻게 분리되는지 살펴보자. 지금은 미국 역사상 처음으로 노년층 인구가 젊은층 인구보다 더 많으며, 이는 의학 발전에 따라 전 세계적으로 점점 더 보편화되는 현상이다. 그런데 교회나 대가족 같은 연령 통합 공간은 점점 사라지고 있다. 이제 미국의 노령 인구는 요양원이나 은퇴자 커뮤니티 같은 공간에 거주하며 더욱 고립되고 있다. 실제로 지난 인구 조사에 따르면 가장 빠르게 성장한 대도시 지역은 뉴욕이나 로스앤젤레스가 아닌 플로리다의 부유한 은퇴자 커뮤니티인 더 빌리지스The Villages였다.

생명 보험 회사 메트라이프Metlife와 미국 주택 건설업 협회National Association of Home Builders의 연구에 따르면 55세 이상 인구의 약 3분의 1이 55세 이상의 다른 성인으로만 구성된 지역 사회에 거주하는 것으로 나타났다.[6] 또 다른 연구에서는 60세 이상 인구의 6퍼센트만이 36세 미만의 비非가족 구성원과 '중요한 문제'를 의논한다고 답했다.[7]

우리가 거주하는 마을과 도시는 우리보다 훨씬 어리거나 나이가 많은 이들과 만나거나 의미 있는 관계를 형성하는 일을 덜 하도록 설계되었다. 서로에 대한 노출 부족은 고정 관념을 낳고, 이는 무관심과 편협함을 부추겨 '꼰대' 같은 표현이라든지, 아니면 자기만 아는 밀레니얼 세대, 세상 물정 모르는 Z세대에 관한 비유가 생겨나게 만든다.

물론 이러한 거리가 연령 차이에 걸쳐서만 존재하는 건 아니다. 우리는 다른 정체성과 이념에 따라서도 분리된다. 브루킹스 연구소에 따르면 대부분 미국인은 여전히 인종적으로 구분된 지역에 거주하며[8] '빈곤으로부터의 이동성에 관한 미국 파트너십US Partnership on Mobility from Poverty'에서는 전형적인 백인이 75퍼센트가 백인이고 흑인은 8퍼센트에 불과한 지역에 거주한다는 사실을 알아냈다.[9]

정치도 마찬가지다. 한때 민주당은 농촌 지역의 정당이었으나 오늘날 대부분 민주당원은 도시에 거주한다. 반면 농촌 지역 사회에서는 공화당이 압도적으로 우세한 경향이 나타난다. 그리고 더욱 일반적인 도시-농촌 간 격차도 존재하는데, 이는 토지 소유와 관리, 식량 및 공장의 관계, 의료 서비스 접근성 등에 영향을 미친다.

어디에 살고, 어떤 공간에 머물며, 어떤 방식으로 여행을 다닐지 신중히 선택하는 것은 모두 우리가 서로를 더 가깝게 느끼는 데 도움이 되는 노력이다. 가령 우리는 의도적으로 대가족을 이루거나 여러 세대의 이웃이 거주하는 마을로 이사할 수 있다. 가능하다면 자녀를 학교 방과 후 활동에 등록시켜 보다 다양한 집단의 사람들을 접하게 할 수 있다. 해외여행을 할 만한 여건이 되지 않더라도 지역 단위로 열리는 공공 문화 축제에 참여해 다른 문화를 체험할 수도 있다. 어렸을 적 나는 본 댄스 페스티벌Bon dance festival 과 중국 설날 행사 같은 무료 행사에 참여하곤 했다.

설계에 따라 구축된 분리를 초월하기 위해서 우리는 모든 정체성과 이념을 넘어 보다 통합된 공간을 적극적으로 재구상해야 한다. 깊은 호기심을 가진 지역 사회는 덜 분리되어 있고 타인과 소통하고 관계를 구축할 만한 공공 공간을 더 많이 마련한다. 꼭 수십억 달러를 투자해 도시나 국가 전체를 재설계해야 한다는 의미가 아니다. 풀뿌리 접근법grassroots approach(시민운동 등의 방식을 통해 주민이 정치 행위에 직접 참가하는 방식—옮긴이)으로 거리를 좁히는 방법을 재구상할 수 있는데, 이를테면 다양한 사람들이 서로의 차이를 넘어 교류하도록 '제3의 공간'을 만드는 단체에 참가하는 것으로, 브레이버 에인절스Braver Angels(서로 다른 정당의 구성원 간에 소속감을 구축), 인터페이스 아메리카Interfaith America(종교 간 연결, 연대, 행동 구축), 코제너레이트CoGenerate(미래를 함께 만들기 위한 세대 간 격차 해소) 같은 단체들이 있다.

아니면 좌파와 우파, 시골 사람과 도시 사람이 함께 어울리는 또 다른 요새인 돌리 파턴Dolly Parton 콘서트에 가는 방법도 있다. 그 멋진 돌리의 공연을 좋아하지 않을 사람이 어디 있겠는가?

DIVE로 뛰어들 준비가 되었다면!

두려움, 트라우마, 시간, 거리의 방지턱이 언제 나타나는지 알아차리면 깊은 호기심을 향한 여정을 더 의도적이고 신중하게 통과할 기회가 생긴다. 이러한 어려움에 익숙해지면 어려움을 더욱 잘 헤쳐 갈 수 있고, 심지어 과속 방지턱이 나타나기도 전에 미리 예상해 꼭 불시에 맞닥뜨리지 않아도 된다.

재미있는 점은, 이러한 과속 방지턱을 염두에 두면 깊은 호기심을 실행할 준비가 될 뿐 아니라 만나는 사람, 장소, 경험 덕분에 교류와 변화의 역량을 강화할 준비가 된다는 것이다. 그 과정에서 당신을 도와줄 프레임워크와 구체적인 활동을 이제부터 소개할 테니, 무턱대고 '호기심을 품고' 최고의 결과를 바라지 않도록 하자. DIVE 모델을 개발한 이유가 바로 이것이다. 앞서 언급했듯이 각 요소는 당신이 실천해볼 수 있는 깊은 호기심의 핵심 근육 부위를 나타낸다.

- 벗어나기Detach: ABC(가정Assumptions, 편견Biases, 확신Certainty)를 버린다
- 의도하기Intend: 사고방식과 환경을 설정하고 준비한다
- 가치 있게 여기기Value: 자신을 비롯한 모든 사람의 존엄성을 인식한다
- 수용하기Embrace: 인생의 힘든 시기를 기꺼이 받아들인다

우리는 벗어나기, 의도하기, 가치 있게 여기기, 수용하기의 근육을 단련해 깊은 호기심에 접근할 수 있다. 이 근육들을 모두 동시에 사용할 필요는 없으며, 신체 근육처럼 각 근육을 따로 구분해 전용 운동으로 강화할 수 있다. 이 모델은 D-I-V-E 순서로 작

성되었지만 선형적 과정을 따를 필요는 없다는 점을 명확히 해두고 싶다. 각 요소는 깊은 호기심을 실천하는 데 똑같이 중요하며 순서와 상관없이 접근해도 된다.

네 가지 근육 부위에 관해 읽어본 다음 가장 편하게 시작할 수 있는 근육을 찾으면 도움이 된다. 가령 벗어나기가 개인적으로 어렵게 느껴져 의도하기부터 시작한다 해도 전혀 문제 될 것이 없다. 사실 네 가지 근육 중 어떤 근육을 선택하든 당신은 여전히 깊은 호기심이라는 더 큰 목표를 향해 나아가고 있을 것이다.

더군다나 깊은 호기심의 혜택을 누리기 위해 2부에 나오는 모든 활동을 사용할 필요도 없다. 그저 공감 가는 한두 가지 활동부터 시작해 어떤 효과가 있는지 살펴보자. 깊은 호기심은 더 많이 연습할수록 더 쉬워진다는 점도 기억하자. DIVE 모델로 뛰어들면 목표를 바라보는 데 도움이 될 것이다. 즉 깊은 호기심을 연습함으로써 삶에 더 많은 교류와 변화가 생겨날 것이다.

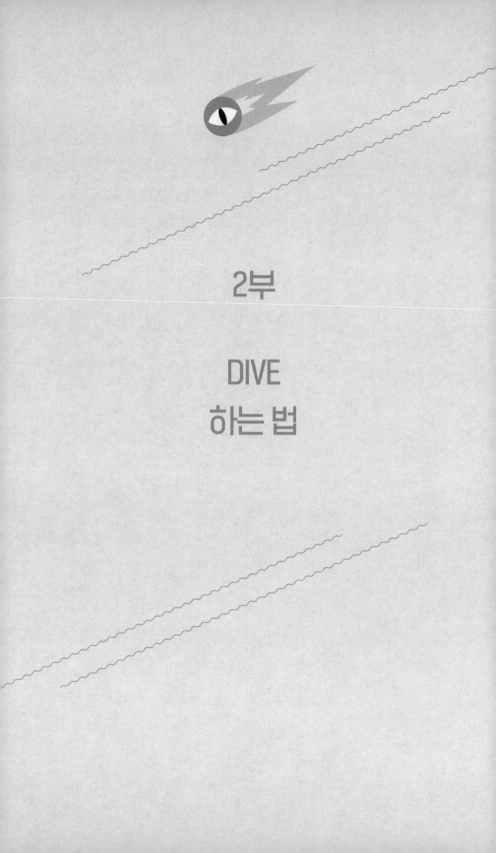

2부

DIVE
하는 법

4장

벗어나기

～～～～～～～～～ ✳ ～～～～～～～～～

세라 제인 브래들리를 만났을 때, 거의 모든 손가락에 아름다운
청록색 반지를 끼고 있는 모습이 가장 먼저 눈에 띄었다. 그녀는
긴 갈색 머리를 휘날리며 블루투스 스피커에서 흘러나오는 경쾌
한 노래에 맞춰 춤을 추고 있었다. 나는 보통 관심이 가는 낯선 이
에게 먼저 다가가는 편인데, 그녀는 내가 다가가기도 전에 춤을
추며 내게 다가와 자신을 소개했다.

　우리가 만난 곳은 흔한 홈 파티가 아니었다. 그곳은 북부 캘리
포니아에 있는 머시 센터Mercy Center로, 가톨릭 수녀들이 거주하는
피정의 집이자 수녀원이었다.

　세라는 가톨릭 신자로 자랐지만 수녀가 되려는 건 아니었다.

그녀를 비롯해 밀레니얼 세대인 다른 넷은 가톨릭 수녀들과 함께 지내려는 목적으로 그곳에 와 있었다. '수녀와 무교도Nuns and Nones'라는 단체에서 운영하는 6개월 공동 거주 프로그램의 일환이었다. 무교도라는 용어는, 점점 더 증가하는, 삶에서 영적 의미를 찾지만 전통적인 의미의 종교에 소속되지 않은 밀레니얼 세대를 설명하기 위해 만들어졌다. 일부 무교도는 기존 종교 밖에서 영성을 추구하는 것을 선호하는 반면, 세라처럼 새롭고 창의적인 방식으로 자신이 선택한 전통을 존중하는 방법을 찾는 경우도 있다. 그녀의 말에 따르면, 깔끔하게 구분 짓기를 피하고 가장자리, 즉 전통들 사이의 경계에 머무는 데에는 강력한 무언가가 있으며, 그곳에서는 '신비주의적 부적응자'가 만날 수 있고 다른 무언가가 나타날 수도 있다.

"나는 영적, 종교적 구도자예요. 주로 페미니즘, 퀴어, 신비주의 그리고 부활 유대주의와 정령 신앙의 지구 기반 전통 등 다양한 전통과 관계를 구축해왔어요." 세라가 내게 말했다. "하지만 가톨릭 신자가 완전히 아닌 것도 아니죠."

이 프로그램은 세라를 비롯한 네 명의 친구에게 호기심 추구의 여정이었고, 그들은 나를 머시 센터로 초대해 자신들의 경험을 엿보도록 해주었다. 게다가 그들은 내가 깊은 호기심에 초점을 맞추고 있다는 사실을 알고선 더 많은 부분을 알고 싶어 하리라 생각했는데, 그 생각은 옳았다. 우리 중 많은 사람들처럼 그들은 그래야만 한다는 틀에 박힌 생각에서 벗어난 삶을 영위할 방법을 찾고 있었다. 그들은 산불의 열기가 한창일 때 수녀원에 도착했다. 공동 조직 위원 중 한 명인 주디 칼 수녀가 그날을 자세히 기억하고 있었다. 수녀원 정문을 열자 각자의 가방을 짊어진 간절한 무교도들이 서 있었고, 그 뒤로는 세상의 종말이 닥치기라도 한 듯 연기가 자욱하게 피어오르고 있었다.

'여성 수도자'는 무교도들보다 두세 배 나이가 더 많았다. 미국 가톨릭 수녀의 평균 연령은 여든에 가깝고, 40세 이하는 1퍼센트 미만이다.[1] 나란히 앉은 무교도들과 수녀들은 딴 세상 사람처럼 보였다. 한쪽에는 군인처럼 아주 짧은 머리에 벨벳 셔츠를 입고 문신을 한 이들이, 반대쪽에는 흰머리에 보랏빛 꽃무늬 상의를 입고 손이 주름진 이들이 있었다. 그것은 다음과 같은 강력한 질문에서 시작된 세대 간의 교류였다. 우리가 함께 모여 공동체, 정의, 영적 실천을 탐구한다면 어떤 일이 일어날까?

벗어나기: 가정, 편견, 확신을 버린다

'수녀와 무교도'를 생각할 때마다 작가인 내 친구 리즈 트란Liz Tran이 들려준 비유가 떠오른다.

어느 학생이 희망을 가득 품고 스승의 집에 찾아가 묻는다. "저를 좀 가르쳐주시겠습니까?"

학생을 안으로 들인 스승이 되묻는다. "차 한잔하겠나?"

학생이 고개를 끄덕이자 학생 앞에 빈 잔이 놓인다.

스승은 천천히 그 잔을 채우기 시작한다. 액체가 잔 가득 차오르고 거의 넘치기 직전에 이르자 학생은 "그만, 그만, 충분해요!"라고 말한다. 그러나 스승은 계속해서 붓는다. 차가 탁자로 넘쳐흐르기 시작하더니 이내 바닥까지 흘러내린다.

학생은 뜨거운 액체에 닿을까 봐 의자를 뒤로 빼면서 "대체 왜 이러시죠?"라는 식으로 말한다.

"이게 자네라네"라고 답하며 스승은 넘쳐흐르는 잔을 가리킨다. "자네의 잔은 너무 가득 차 있어. 내게 배우고 가르침을 받으려면 우선 자네의 잔을 비워야 해."

호기심에 비유하자면 우리의 정신적, 감정적 잔을 채운 것은 차가 아닌, 내가 ABC로 요약한 가정Assumptions, 편견Biases, 확신Certainty이다. 이 요소들은 습관적 사고의 구성 요소로, 각각 우리가 세상을 보는 방식을 형성한다. 이러한 정신적 지름길은 우리 삶에서 중요한 목적을 지니며 정보를 걸러내는 데 도움을 준다. 그 덕분에 우리는 사방에서 밀려드는 시시콜콜한 소식에 끊임없이 마비되지 않을 수 있다.

하지만 시간이 지나면서 자신도 모르는 사이 잔이 꽉 차버리면, 자기 자신과 타인 그리고 주변 세계에 대한 새로운 정보를 흡수할 여지가 거의 남지 않는다. 이는 깊은 호기심을 방해한다. 예를 들어 누군가의 이야기를 알기도 전에 안다고 가정하면, 그들이 방어하거나 물러나게 만드는 결론으로 섣불리 건너뛰게 된다. 또 다른 예로 우리의 편견을 의식하지 않거나 그에 도전하지 않으면,

무의식적으로 특정 집단 사람들을 학대하거나 무관심으로 묵살할지도 모른다. 가정, 편견, 확신을 떨치지 못한다면 우리는 이해의 핵심에 도달할 수 없다. 우리는 자신의 잔에 공간을 만들어야 한다.

'수녀와 무교도'의 공동 거주 프로그램에서 가장 중요했던 순간은 여성 수도자들의 세 가지 서원vow, 즉 정결, 청빈, 순명에 초점을 맞추고 일련의 토론회를 가졌을 때였다. 모임에서 우리는 함께 둥글게 둘러앉아 몇 시간 동안 서원에 관한 생각과 개인적인 경험, 질문들을 나누었다. 대화가 공격이나 판단 혹은 방어로 흐르지 않도록 모두가 열린 마음으로 토론에 임할 책임이 있었다. 수녀들과 무교도들은 모두 자비를 바탕으로 진심에서 우러난 호기심에 전념했다.

"밀레니얼 세대는 헌신에 관해 꽤 궁금해하면서도 어쩌면 동시에 우려하는지도 모르겠어요." 칼 수녀가 말했다. "그들은 살면서 개인적으로나 가족 안에서 파탄을 너무 많이 겪었어요. 지금은 너무 많은 것이 변화하는 시대라 무언가 영구적인 것을 생각하기가 무척 어렵지요."

토론회 중 한 번은 세라가 정결이라는 단어에 일단 거부감을 드러냈다. 그녀는 그 단어가 여성에게 권력을 행사하고 신체를 통제하며 성을 억압하는 도구로써 부정적 함의와 역사를 지니고 있다고 말했다. 수녀들은 세라가 성장한 배경을 이해한다는 의미로 고개를 끄덕였다. 그때 한 수녀가 자신은 여전히 성적 충동을 느낀다고 고백하며, 서원을 한다고 해서 인간성에서 그 부분이 사라지는 건 아니라고 말했다. 오히려 이러한 욕구들 덕분에 자신의 여성성을 목격하고 인정할 수 있었다고 말이다.

다른 수녀들이 자세히 설명하는 동안 세라는 그들의 관점과 이야기를 받아들였고, 수녀들의 삶을 더 잘 이해하기 위해 호기심을 외부로 향했으며, 그들의 여성성과 신성의 관계에 대해 더 배우고자 자신의 잔에 공간을 만듦으로써 그 너머의 호기심으로 나아갔다. 토론이 계속되자 정결에 대한 그녀의 선입견이 누그러지기 시작했다.

이 수녀들에게 정결의 서원이란 단순히 섹스를 금하는 것이 아니라는 점을 세라는 깨닫기 시작했다. 그것은 제도적 권력에 순종하느라 성생활을 억압하는 것도 아니었다. 그 대신 세라는 정결의 서원을 '사랑의 탈사유화deprivatization'로 보기 시작했다. 평생의 정결을 서원하는 것은 수녀들의 사랑과 에너지가 단일한 연애 상대나 직계 가족을 넘어 뻗어나갈 수 있음을 의미했다. 그들은 많은 사람들, 특히 소외된 이들, 아니면 심지어 스바루 자동차를 타고 문 앞까지 찾아온 밀레니얼 세대에게도 마음을 쏟아부을 수 있었다.

세라는 가정과 편견에 집착하는 대신 서서히 마음을 열었다. 달리 말해 그녀는 자신의 잔에 공간을 마련했다. 이렇게 하지 않았다면 그녀는 가톨릭 수녀들의 관점을 받아들일 여유가 없었을 것이고, 정결 서약에 관한 깨달음의 순간을 맞이할 수도 없었을 것이다.

어떤 면에서 '수녀와 무교도'의 사례가 흥미로운 이유는 다채로운 등장인물 덕분이다. 그러나 우리 중 많은 이들이 힘들어하는 무언가를 그들이 해냈다는 점, 즉 안다고 생각하는 것에서 벗어나는 경험이 정말 흔치 않기 때문이기도 하다.

만약 무교인 밀레니얼 세대 참가자들이 수녀들을 향해 열을 올리며 "수녀님 세대는 잘 모르시는 것 같은데요, 정결이 가부장적인 개념인 이유랑 지금처럼 변화하는 세상에서 그 서원이 시대에 뒤떨어진 이유를 저희가 알려드리죠"라고 말했다면 수녀들은 아마 비판받고 위축되었을지도 모른다. 이 대사가 기이하게 들릴지도 모르지만, 학부모 회의나 주민 모임에 자주 참석해보면 이런 종류의 공격이 한 집단에서 다른 집단으로 가해지는 장면을 보게 된다. 이는 교류와 변화를 막을 뿐만 아니라 갈등과 파멸의 악순환을 촉발하기도 한다.

한 번에 조금씩 비워내기

우리는 가정, 편견, 확신에 집착한다. 그것은 두뇌의 자연스러운 작동 방식이다. 또한 이는 인간의 자동적인 성향으로 우리가 세상을 이해하는 데 도움이 되고 안전감을 주기도 한다. 내려놓는다는 건 우리가 통제할 수 없고, 틀릴 수도 있으며, 때로는 뭔가를 모른다는 사실을 인정한다는 의미인데, 솔직히 누가 그것을 모두 인정하고 싶을까? 말할 것도 없이 오늘날의 뒤틀린 문화에서는 올바르고 정의로워야만 사회적 지위와 권력을 가질 수 있다.

누구든 자신의 입장을 강하게 밀어붙이거나 제일 큰 소리로 외쳐야 가장 많은 좋아요, 공유 그리고 박수를 받는다. 실제로 2020년에 실시된 한 연구에서는 말을 가장 많이 하는 사람이 소규모 그룹의 리더로 부상할 가능성이 제일 높다는 점을 알아냈다.[2] 지배와 큰 소리가 보상받고 겸손이 평가 절하되는 세상에서 올바른 종류의 관계보다는 목소리 높여 입바른 소리를 하는 데 더 관심을 두는, 분열된 집단 간의 제로섬 싸움에 많은 이들이 휩쓸리는 게 당연하다.

가득 찬 잔에서 느껴지는 감정은 보드랍고 따스한 담요를 껴안듯 자신의 신념을 붙잡고자 하는 욕구에서 비롯한다. 가령 가족들과 정치적 논쟁을 벌이고 있는데 그들이 당신의 관점에 이의를 제기하며 반박할 사실이나 경험을 제시한다. 그런데 당신은 당신의 관점에 미묘한 변화를 불러올지도 모를 그 새로운 정보에 호기심을 갖고 받아들이는 대신 밀어내고, 반박하고, 심지어 당신만의 데이터를 만들어낸다.

호기심으로 향하는 길에 놓인 거대한 과속 방지턱을 기억하는가? 두려움 말이다. 이 사례에서는 변화에 대한 두려움을 볼 수 있는데, 새로운 정보를 받아들이면 세상 속에서 자신과 자신의 자리를 이해하는 방식이 손상될 수도 있기에 본질적으로 두렵다. 만일 당신이 독실한 기독교 신자이며 평생 그렇게 살아왔다면, 옆집에 사는 무신론자도 타당한 견해를 가지고 있을 거라는 생각으로 마음을 여는 게 불안정한 실존적 위기처럼 느껴질 수도 있다. 그 반대의 경우도 마찬가지다!

그러니 당신이 ABC에 근거해 반사적으로 반응하는 건 당연하다. 당신은 양손을 올리며 당신의 잔이 가득 찼다고, 당신이 옳고 그들이 틀렸다고, 해당 이슈에 관해서라면 당신 생각이나 마음을 바꿀 만한 어떠한 말과 행동도 없다고 말한다. 오히려 당신은 신념을 더 굳히고, 상대는 귀담아듣지 않는 당신의 태도에 답답해하며, 관계는 악화한다. 이는 철학자 이사야 벌린Isaiah Berlin의 다음과 같은 문장으로 완벽하게 요약된다. "누군가가 자신의 세계와 그 가치를 필사적으로 방어할 때, 어떤 것도 양보될 수 없고, 벽에 작은 금이라도 생기면 치명적일 수 있으며, 모든 지점을 죽기 살기로 방어해야 한다."[3]

벗어나기는 호기심과 인간관계에 필수적인데, 벗어나기 위해서 우리는 두뇌, 생물학, 문화에서 비롯한 가정, 편견, 확신에 집착하는 습관을 버려야 한다. 잔을 뒤집어서 한 번에 다 비우라고 제안하는 것이 아니다. 그것은 너무 무리한 요구이며, 솔직히 말해 그 누구라도, 현대 사회를 살아가면서 현실적으로 그렇게 하지 못한다.

극단적인 방법을 택하는 대신 우리는 ABC에서 서서히 벗어나 한 번에 조금씩 잔을 비우는 방법을 탐구할 것이다. 이러한 접근법은 우리가 급진적으로 변하도록 강요하지 않으면서 깊은 호기심에 마음을 열도록 한다. 전 재산을 팔거나, 산꼭대기에 앉아 며칠간 명상을 하거나, 무제한 녹즙 교환권이 포함된 일주일짜리 코스타리카 휴양지 티켓을 4000달러에 구입해야 할 필요는 없다. 그 대신 일상에서 할 수 있는 일을 통해 꼭 움켜쥔 ABC를 서서히 놓아주는 연습을 하자. 벗어나기란 자신과 타인에 관해, 그리고 더 넓게는 세상에 대해 배운 것을 잊는 평생에 걸친 여정이다.

앞서 본 사례의 학생처럼 당신도 새로이 배운 무언가를 수용할 여유 없이 잔을 계속 가득 채워두는 데 열중하고픈 유혹에 빠질 수 있다. 그러나 ABC를 내려놓기 시작하면 주변 사람들을 인식하고 기존과 다른 방식으로 상호 작용하게 된다. 이 장에서는 ABC의 개별 요소인 가정, 편견, 확신에 초점을 맞추고 세 부분으로 나누어 다루도록 하겠다.

그 안에서 네 가지 연습을 통해 더 깊은 호기심을 삶으로 불러들이는 시도를 할 것이다. 가정에 이의를 제기하는 '근거 대보기', 사람들이 우리에 대해 진짜로 어떻게 느끼는지 탐구하는 데 도움이 되는 '독심술은 프로페서 엑스Professor X(마블 코믹스 '엑스맨' 시리즈 캐릭터로, 타인의 마음을 읽고 기억을 조작하거나 정신을 망가뜨릴 수 있는 지상 최강의 텔레파시 능력자—옮긴이)에게 맡기기', 소속 집단을 근거로 타인에 대한 고정 관념을 갖지 않고 개성을 보도록 해주는 '가든 샐러드 효과', 우리가 틀리거나 모르는 순간을 받아들이는 '인정하는 사람 되기'가 포함된다.

A: 가정은 반드시 압박 면접을 거쳐야 한다

가정은 근거도 없으면서 우리가 진실 혹은 사실이라 받아들이고 붙드는 신념이다. 우리는 자신과 타인에 대해, 그리고 앞으로 맞닥뜨릴 상황에 대해 가정한다. 우리가 가정을 왜 하는지 잘 설명해주는, 진화론적으로 좋은 이유가 있다. 특정 정보를 미리 분류하지 않으면 우리 두뇌는 각 상황을 완전히 새로운 것으로 분석한다. 가정은 우리가 시간과 에너지를 아껴 보다 효율적으로 살아가도록 도와주는 정신적 지름길이다.

그러나 그렇다고 해서 가정이 늘 효과적이라는 의미는 아니다. 예를 들어 당신이 어떤 버섯을 보고 이전에 먹었던 것처럼 생겼다는 이유로 무해하다고 가정하고 먹었는데, 알고 보니 독버섯이어서 장기가 망가졌다고 생각해보자. 아니면 옆 테이블에 앉은 손님이 당신을 매력적으로 볼 리가 없다고 가정해 그들과 교류할 기회를 놓쳤는데, 사실 그들은 당신이 너무 섹시하고 완전히 자기 스타일이라고 생각했다면 어떨까.

가정이 가져오는 결과는 그저 로맨틱 코미디에서나 볼 수 있는 게 아니다. 그 결과는 실제 삶의 관계, 심지어 우리가 가장 친숙하게 느끼는 이들과의 관계에서도 독이 된다. 가령 우리는 수년간 알고 지낸 친구나 배우자에 대해 모든 걸 안다고 자동적으로 생각한다. 그래서 그들의 성장 배경, 신념, 가치관 혹은 삶의 경험에 관해 더는 질문하지 않는 바람에 그들은 자신이 소외되고 아무도 원치 않는 존재라고 느낀다. 어쩌면 그들은 다른 사람이나 다른 곳에서 결핍을 채우려고 할지도 모른다.

혹은 누군가의 성별을 근거로 가정하거나 표정만 보고 짜증 난 줄 알았던 경우를 떠올려보자. 이런 가정은 완전히 틀릴 수 있을 뿐 아니라 상대에게 오해받는다거나 불쾌한 느낌을 안길 수 있으며, 특히 가정을 바로잡지 않을 경우 노여움을 살 수도 있다.

예를 들어 친구가 술 약속에 늦으면 당신은 친구가 당신의 시간을 소중히 여기지 않는다고 가정해 열받겠지만, 사실 친구는 직장에서 특히나 길고 힘든 한 주를 보내고 마음을 다잡느라 조금 지체했을 뿐이다. 친구는 늦은 이유를 설명하려 했지만 친구가 도착하자마자 당신은 불만을 토로한다. 당신의 친구는 이미 스트레스로 울기 직전인데 이제 당신의 공격으로 벼랑 끝에 내몰리고 결국 소리를 지르며 술집에서 나가버린다. 이렇게, 만일 당신이 가정에서 벗어나 호기심에서 비롯된 행동을 했다면 두 사람의 관계에 좋은 추억이 되었을 순간을 망쳐버린다.

그 대신 우리는 지각이 마치 성격 특성인 양 자주 늦기로 악명 높은 친구에게, 행여 그들에게 '정당한' 이유가 없더라도 호기심을 가질 수 있다. 어쩌면 그들에게 지각은 문화적 특성일 수도 있고('섬사람 특유의 느긋한 시간 개념'은 실제로 존재한다) 그들이 지각을 무례함과 동일시하지 않을 수도 있다. 물론 시간 엄수에 대한 당신의 가치를 바꿀 필요는 없지만, 이런 사례에서 호기심을 가지고 알아가는 것은 서로를 조금 더 잘 이해하는 데 도움이 된다.

여기서 중요한 건 가정을 아예 묵살하는 게 아니다. 목표는 당신의 가정을 알아차리고 그것이 정확한지 압박 면접을 거치는 습관을 기르는 것이다. 그렇게 하면 독버섯에 의한 죽음이든, 관계를 망치는 짓이든, 심각한 종류의 해를 야기하는 잘못된 가정을 하는 실수를 줄일 수 있을 것이다. 동시에 자신과 타인을 훨씬 더 명확하게 바라보고 예상치 못한 상황에 대비할 여지를 확보할 수 있다. 우리가 연습할 수 있는 두 가지 방법에는 '근거 대보기'와 '독심술은 프로페서 엑스에게 맡기기'가 있다.

호기심으로…

가장 최근에 누군가가 당신에 대해 가정한 적이 언제였나요?
그때 감정적으로나 신체적으로 어떤 느낌이 들었나요?
그러한 가정이 그들과 당신의 관계에 어떤 영향을 미쳤다고 생각하나요?

근거 대보기: 당신의 가정은 정말 사실입니까?

세라를 비롯한 다른 밀레니얼 무교도들이 성장하는 과정에서 수녀들에 대해 그 나름대로 가정한 이유는 어렵지 않게 떠올릴 수 있다. 대중문화는 '여성 수도자'를 대개 보수적이고 과거에 얽매여 억압적인 제도의 통제에 갇혀 있는 존재로 묘사한다. 세라와 다른 무교도들은 이러한 가정을 사실로 믿기보다는 거기에 의문을 제기했다. 미국에만 5만 명에 가까운 여성 수도자가 있는데 그들이 모두 똑같을 리 없다고 의구심을 품은 것이다. 이 공동 거주 프로그램은 그들이 직접 여성 수도자를 만나봄으로써 자신들의 가정을 압박 면접하는 데 도움이 되었다. 새로운 대화를 나누고 관계를 맺을 때마다 그들의 기존 이해에 점점 미묘한 변화가 생겼다.

그들은 우선 광범한 '여성 수도자'의 일부인 수녀와 가톨릭 자매가 모두 서로 다르다는 사실을 알게 되었다. 많은 수녀와 가톨릭 자매가 진보적 견해를 갖고 있으며, 환경 보호나 여성 인권 지지 같은 대의를 위해 시위의 최전선에 나서고 체포되기도 한다는 사실을 배웠다. 가톨릭 자매는 또한 교육, 주택, 보건 시스템의 리더로서 상당히 많은 직원과 막대한 예산을 관리하고 있었다. 모든 여성 수도사가 〈시스터 액트〉 같은 유명한 영화에 나오는 그런 수녀복과 자세 교정용 신발을 신고 다니지는 않으며, 많은 수녀들이 다채로운 색상의 상의와 세련된 바지를 입는다.

세라를 비롯한 무교도들이 피정의 집과 그 외부에서 여성 수도자들과 함께했던 건 내가 '근거 대보기'라고 부르는 깊은 호기심 연습이었는데, 그것은 우리가 타인과 자신에 대해 그 나름대로 가정한 내용이 정확한지 압박 면접을 거치는 과정이다.

가정은 근거 없는 신념이므로, 그것을 무너뜨리는 효과적인 방법은 단순히 증거를 수집해 증명되는지 아닌지 확인하는 것이다. 이를 위해서는 가정의 대상인 사람들을 직접 만나 질문하고 주장이 입증되는지 보면 된다. 그러면 대부분의 경우 입증되지 않는다.

이 연습은 심리학자 고든 올포트Gordon Allport의 '접촉 가설contact

hypothesis'을 되새기게 한다. 자신이 속한 집단이 아니기에 오해를 부를 수도 있는 '외집단out-group'에 대해 알아야 한다는 가설이다.

이때는 개별 수준에서 접근하는 것이 중요하다. 어떤 사람에 대한 가정이 증명되었다고 해도 그들과 유사한 집단 전체에 해당하는 건 아니다. 가령 당신이 하와이에서 처음 만난 사람이 서핑을 할 줄 안다고 해서 그곳에서 태어난 모든 사람이 서핑할 줄 아는 건 아니듯 말이다.

나는 트럼프 집회와 다른 공화당 행사에 찾아다닐 때 이 방법을 많이 적용했다. 여행을 떠나기 전에 나는 보수적인 사람들에 대해 지레짐작했다. 그들이 기후 변화 같은 중요한 국제적 이슈에는 관심이 없으며, 전적으로 무지하고, 시골에 사는 백인이라고 말이다. 미국 전역을 다니며 이 대규모 유권자층과 대화하고 관계 맺은 덕분에 나는 '근거 대보기'를 연습할 수 있었다.

초반에 만나 대화를 나눈 몇몇 사람은 고학력자이거나 도시 거주자이거나 멕시코 이민자였다. 또한 기후 변화를 현실적이고도 중요한 문제로 인식하고 이에 깊이 관심을 가진 공화당원도 만났다. 태평양 북서부의 서식지 보호와 환경 관리를 위해 적극적으로 싸우는 사냥꾼, 낚시꾼, 농부 등이었다. 달리 말해 보수주의자에 대해 내가 지레짐작했던 가정들이 진실이라는 근거를 댈 수 없었다. 그 덕분에 내 잔에는 뭔가 새로운 것을 이해할 수 있는 공간이 생겼다.

다른 사람에 대해 가정한 내용의 정확성을 압박 면접하고 싶은데 멀리 떨어져 산다든가 하는 과속 방지턱 때문에 직접 관여할 기회를 얻지 못한다면, '근거 대보기' 활동을 내적인 호기심 사고 과정으로 해볼 수 있다. 다음과 같이 자문해보자. 이 가정은 어디에서 비롯한 것인가? 왜 항상 사실이 아닐 수도 있을까? 온라인에서 내 견해에 반하는 사례를 조사하는 등 누군가를 직접 만나지 않고도 가정에 대해 압박 면접할 방법은 무엇일까?

또한 반대 견해와 비교하여 당신이 가정한 내용의 정확성을 따져볼 수도 있다. 이 기법은 모의 법정, 연설 및 토론, 리더십 코칭에서 자주 사용되는데, 사람들이 자신이 원하는 것만 주장하는 대신 양쪽 입장을 모두 대변하는 기술을 개발하도록 도와준다. 이를테면 당신이 가정과 직장에서 의무를 다하느라 바빠서 나쁜 친구라고 스스로 가정한다면, 지난달 좋은 친구의 모습을 보였던 사례 세 번 정도를 떠올려보자. 대부분의 경우 당신의 가정은 근거가 없다는 사실을 알게 될 것이며, 당신의 잔에는 실제 진실에 조금 더 가까운 관점을 채울 약간의 공간이 생길 것이다.

독심술은 프로페서 엑스에게 맡기기

1997년 심리학자 로빈 던바Robin Dunbar가 이끄는 연구 팀은 다음과 같은 놀라운 사실을 확인했다. 그 누구도 당신이 추측하는 것만큼 당신에 대해 생각하거나 이야기하지 않는다는 것. 해당 연구에 따르면 우리 대화의 78퍼센트는 자기 자신과 세상을 바라보는 스스로의 관점을 다루는 내용으로 이뤄진다.[4] 그러니 당신의 셔츠에 얼룩이 묻었거나 너무 조용히 있는 것 같아 괜히 신경 쓰일 때, 다른 사람들은 크게 관심을 기울이고 있지 않을 가능성이 높다. 조금 안심이 되지 않는가?

그렇지만 대화의 나머지 22퍼센트, 즉 사람들이 실제로 타인에 관해 이야기할 때에는 어떨까? 이 부분이 아주 흥미롭다. 언젠가 파티에 갔다가 모르는 사람들에게 둘러싸인 적이 있었다. 대화 도중에 내가 생각하기에 뭔가 재미난 것을 말했는데, 단 한 명도 웃지 않았다. (개인적인 이야기지만 잠깐 옆으로 새겠다.) 그러다가 이내 대화 주제가 바뀌었다. 나는 와인을 더 마셔야겠다고 핑계를 대면서 어색함을 떨쳐내려 조용히 혼자 화장실로 갔다.

그날 밤 꽤 괜찮은 시간을 보내고 왔지만, 그 순간에 대해서만큼은 골똘히 생각하게 되었다. 내가 화장실로 자리를 피했을 때 남아 있던 사람들이 나를 얼마나 재미없고 이상하다 여겼을까 계속 짐작했다. 아마도 나의 옛날 경험이 유발한 생각이었을 것이다 (특히 유년기에는 내가 재밌게 해주려고 할 때마다 또래 아이들이 정말로 내게 "꼴사납다"라거나 "이상하다"라고 말했다).

그래서 그중 한 사람이 다른 파티에 초대했을 때 나는 가지 않기로 했다. 만일 거기 간다면 다시 스스로를 웃음거리로 만드는 꼴이 될 거라 가정하며 이렇게 생각했다. 주최자가 나를 이상하다 생각하는데 내가 그 파티에 왜 가야 하지?

몇 주 뒤, 나는 또 다른 디너파티에서 그녀를 마주쳤다.

"너무 보고 싶었어요!" 그녀가 말했다.

내가 가정한 내용을 압박 면접할 절호의 기회라고 생각한 나는 물었다. "저기, 뭐 좀 물어봐도 될까요?"

"그럼요, 무슨 일인가요?"

"제 짐작으로는, 전에 마크네 파티에서 제가 건넨 농담이 너무 불편해서 사람들이 저를 재미없고 조금 이상한 사람으로 봤을 거 같거든요."

그녀는 어리둥절한 표정을 지었다.

"솔직히, 그날 밤 당신이 농담을 건넨 기억이 없어요. 그런데 당신이 너무 재밌고, 여러 사람들을 찾아다니며 즐겁게 해주던 모습이 정말 근사했다는 기억은 나요. 당신의 에너지가 좋았고, 다시 또 볼 수 있었으면 했죠!"

알고 보니 그들은 나에 대해 이야기하고 생각하긴 했지만, 내가 짐작한 방식대로는 아니었다.

우리가 다른 사람의 말과 감정, 몸짓을 해석하는 능력인 '공감 정확도empathic accuracy'를 기를 수 있는 건 사실이지만, 인간은 '엑스맨' 시리즈의 프로페서 엑스처럼 서로의 마음을 읽도록 타고나지 않았다. 사실 우리의 독심술이 틀릴 때가 너무 잦아서 우리에 대한 타인의 말, 감정 혹은 생각을 짐작하는 방식은 크게 어긋날 수 있다. 연구에 따르면 우리는 다른 집단 사람들이 우리를 실제보다 두 배는 더 싫어한다고 짐작하는 것으로 나타났다.[5] 달리 말해 다른 사람들이 우리를 실제보다 훨씬 더 부정적인 시선으로 본다고 믿는다는 건데, 과학적 근거가 있다. 연구원 서맨사 무어-버그 Samantha Moore-Berg는 학계에서 '메타 지각meta-perception'이라고 부르는, 즉 타인이 우리를 어떻게 생각하는지 상상하는 방식을 연구한다.

지각perception은 다음과 같은 것이다. 지난밤 내 친구가 나를 나쁜 놈이라 생각했다. 오늘 아침 문자로 물어보니 그렇다고 해서 그 사실을 알았다. 반면 메타 지각은 다음과 같은 것이다. 친구가 나를 나쁜 놈이라 생각하는 듯하다. 내가 그녀의 아주 중요한 콘서트에 가지 못했기 때문이다. 물론 친구에게 물어보진 않았다. (사실: 친구는 실망하고 슬퍼했지만 내가 나쁜 놈이라고 생각하지는 않았다.)

타인이 우리에 대해 어떻게 생각하거나 느끼는지 안다고 가정하면 우리는 호기심을 차단하는 어떤 선언적 결론을 내린다. 다른 사람이 우리를 어떻게 지각하는지에 대한 가정은 실제보다 부정적인 경향이 있어, 이러한 사고방식은 자신감과 관계에 영향을 미칠 수 있다.

이 현상은 개인의 삶에만 나타나지 않으며 사회적 수준에서도 느껴진다. 무어-버그가 수행한 정치적 분열에 관한 연구를 예로 들어보자. 그녀는 과장된 메타 지각이 민주당과 공화당 사이의 적대감을 예측하는 요인이라는 점을 알아냈다. 실제로 그녀가 펜실베이니아대학교 '평화와 갈등 신경 과학 연구소Peace and Conflict Neuroscience Lab' 및 '갈등을 넘어Beyond Conflict' 협회와 함께 진행한 연구에 따르면, 공화당원과 민주당원의 70퍼센트 이상이 상대방이 자신의 집단을 얼마나 싫어하거나 비인간적으로 대하는지에 대해 과

대평가하는 것으로 나타났다.[6]

"비인간화와 반감이 실제로 있었다고 해도 양측 사람들 모두 그 심각성과 비관적 경향을 실제보다 두 배 더 나쁘다고 생각했어요." 무어-버그가 말했다.

그렇다면 잘못된 독심술에 대한 사실 확인은 어떻게 할 수 있을까? 그것은 누군가와 대화를 시작하기 전에도 할 수 있다. 가령 명절 가족 모임에 가려고 하는데 시어머니가 당신을 부정적으로 보는 것 같아서 불안하다고 치자. 시어머니와 대화하기 전에 다음의 간단한 절차를 거쳐보자.

1. 부정적인 메타 지각을 파악하자. 시어머니는 내가 취업을 못하고 있으니 무능하고 게으르다고 생각하는 것 같다.

2. 이것이 부정확하거나 과장되었을 수도 있다는 점을 스스로 상기하자(과학적 근거가 있다). 그리고 혹여 부정적 메타 지각이 사실이라 해도 지금 그렇다는 것이지 영원한 것은 아니다. 달리 말해 당신의 시어머니는 추후에 당신을 지각하는 방식을 바꿀 수 있다.

3. 그것은 상대방이 당신을 보는 방식 중 그저 한 가지에 불과하니 안심하자. 만일 정말로 시어머니가 당신을 게으르다 생각하더라도, 당신이 인정 많고 재밌는 사람이라는 점 또한 알고 있을 것이다. 이 방법은 부정적인 메타 지각과 조금 더 긍정적인 메타 지각이 동시에 존재하도록 균형을 맞추어 당신의 잔

에 공간을 만들어준다.

보조 바퀴를 떼어내고 정말 무언가를 과감하게 해보고 싶다면 시어머니에게 다가가 대화를 시작해보자. 다음과 같이 간결한 언어를 사용해 당신의 메타 지각에 관한 질문으로 자연스레 넘어갈 수 있다. "책을 읽었는데요, 우리는 자신에 대한 타인의 생각에 대해 보통 부정적인 방식으로 과장해서 생각하는 경향이 있대요. 제가 요즘 실직 상태라 그런지 괜히 다른 사람들이 저를 어떻게 생각하는지 계속 추측하게 되더라고요. 어머님은 구직이 어려운 제 상황을 어떻게 생각하시는지 알고 싶어요. 솔직하게 말씀해주시겠어요?"

때때로 사람들은 당신을 어떻게 생각하는지 이야기할 준비가 되어 있지 않을 수도 있다는 점을 기억하자. 자기 생각을 부끄러워하거나, 당신이 진실을 감당하지 못할 거라고 짐작하거나, 아니면 생각을 나눌 기분이 아닐 수도 있다. 당신은 아마 몇 개의 과속 방지턱을 맞닥뜨릴 것이다. 상대방이 당신의 질문에 정중하게 대응하더라도, 여전히 이면에 뭔가가 숨겨져 있거나 맥락에서 완전히 벗어났다고 느껴질 수도 있다. 설령 그렇다 하더라도 말해주길 강요해서는 안 된다. 상대가 당신을 어떻게 생각하는지 당신이 들을 준비가 되었다고 해서 그들에게도 생각을 공유할 의향이 생기는 건 아니다.

누군가가 우리를 어떻게 지각하는지 묻는 일은 겉으로 보기엔

사소한 요청처럼 보일 수 있지만 상대에겐 엄청난 자극일 수도 있다. 상대방이 말해주지 않기로 했다면, 당신에게 문제가 있어서가 아니라 상대방이 느끼는 편안함 정도가 다르고 선을 지키려는 욕구가 있어서다. 설령 그들이 생각을 나누지 않는다 해도, 적어도 깊은 호기심으로 향하는 문을 연 것만으로 (그들과 당신 모두) 미래의 성장을 향해 나아갈 수 있다.

B: 잘 가라, 편견

미네소타의 어느 작은 마을에서 당시 내 애인과 나는 카지노 근처 야외무대에서 열리는 포크 록 밴드 애벗 브러더스Avett Brothers의 공연 티켓을 샀다. 술잔을 들고 오프닝 곡에 맞춰 몸을 흔들던 우리는 애벗 브러더스가 등장하기 전 맥주를 나눠주는 천막 아래로 갔다. 내 남자 친구였던 섀넌이 화장실에 간 사이 나는 앞좌석에 여분의 자리를 맡아놨다는 어느 낯선 남자와 이야기를 나누게 되었다. 그가 내게 혼자인지 묻길래 나는 '애인'과 함께 왔다고 말했다.

"두 분 같이 앞쪽으로 오시죠." 그가 제안했다.

소식을 들은 섀넌은 무척 들떴다. 애벗 브러더스는 그가 가장 좋아하는 밴드였는데 한 번도 이렇게 가까이에서 본 적이 없었기 때문이다. 이런 행운이! 우리는 앞쪽 좌석으로 가서 친구들과 함께 서 있는 그 남자를 찾았다. 손을 잡고 있는 나와 섀넌을 보자 그의 눈이 휘둥그레졌다. 왜 그리 놀란 눈을 했을까? 단지 내 애인이 여성이 아니라서 놀랐던 걸까 아니면 역겨움과 동성애 혐오를 숨기지 못하고 내비친 걸까? 나는 후자일 것 같아 두려웠지만, 단순 짐작이었기에 100퍼센트 확신하진 않았다.

"여기로 오게 해줘서 고마워요." 내가 말했다. "애인이 제일 좋아하는 밴드거든요. 맨 앞줄에 온다고 정말 신났어요!"

금세 친해질 줄 알았던 남자는 고개만 끄덕일 뿐이었다.

애벗 브러더스가 무대에 올라 공연을 시작했다. 차분하고 로맨틱한 노래가 시작되자 애인이 공연장에 있던 다른 커플처럼 내게 두 팔을 두르고 가까이 끌어당겼다.

"이봐, 당장 떨어지지그래." 그 사내가 우리를 보며 조롱하듯 말했다.

나는 농담인 줄 알고 킥킥 웃었다.

그의 친구 한 명이 말했다. "못 들었어? 당장 떨어지라니까."

섀넌은 재빨리 팔을 풀었다. 애벗 브러더스가 우리에게서 몇 미터 떨어지지 않은 곳에 있었기에 공연에 방해가 되고 싶지 않았다. 옆에 있던 남자들과도 더는 말을 섞고 싶지 않아 일부러 그들의 말을 못 들은 체하고 가까이서 몸을 흔들기만 했다. 노래가 끝나고 나는 섀넌에게 입을 맞추었다.

"이런 망할." 그 남자가 쏘아붙였다. "한 번만 더 그딴 짓하면 진짜 가만히 안 있어."

살갗이 화끈거리고 아드레날린이 온몸을 타고 돌았다. 섀넌의 두 눈은 공포로 가득 차 있었다. 서로를 바라보던 우리는 이렇듯 성적 취향이나 젠더, 장애, 인종, 신앙 또는 기타 소외된 정체성으로 위협받거나 공격당할 때 많이들 하는 일종의 침묵으로 대처했다. 그러다 맨 앞줄에서 벗어나 원래 우리 좌석이 있던 뒤쪽으로 갔고 남은 공연을 즐겨보려 애썼다.

1980년 이후 전 세계적으로 성 소수자를 포용하는 수준이 개선되는 등 지난 수십 년에 걸쳐 우리 사회가 많이 진전했음에도 불구하고 동성애 혐오는 여전히 현실[7]이라는 사실을 다시금 깨달았다. 그리고 안타깝게도 성전환 혐오는 더 심하다(성 소수자 옹호 단체인 휴먼 라이츠 캠페인Human Rights Campaign에 따르면 역사적으로 봐도 높은 수준이다[8]). 한편 인종 차별, 성차별, 여성 혐오, 계급 차별, 비만 공포증 등 많은 유해한 견해들을 비롯해 사람들의 편견은 여전히 사회 전반에 만연하다.

편견과 가정은 둘 다 호기심이 결여된 판단이라는 점에서 비슷하며 서로에 반영된다. 편견에는 여러 가정이 포함되며, 우리가 서로에게 느끼거나 행동하는 데 주로 부정적인 방식으로 영향을 미친다. 가정과 달리 편견은 너무도 자동적이고 뿌리 깊어서[9] 알아차리기가 훨씬 더 힘들고 이의를 제기하기도 어렵다. 예를 들어 일본인의 얼굴 특징을 가진 누군가를 보고 그가 일본 출신이라고 짐작한다면 그것은 가정이다. 편견은 일본인의 얼굴 특징을 가진 누군가를 보고 그가 순종적이고, 수줍음이 많으며, 여성스럽고 고분고분하리라 상상하는 것이다. 우리의 많은 편견은 어린 시절 성장한 가정 환경부터 문화적인 배경에 이르기까지 깊이 자리 잡고 있다. 이러한 편견은 어릴 때부터 형성되어 평생에 걸쳐 강화되기 때문에 편견을 바꾸려면 엄청난 노력이 필요하다. 앞서 언급했듯이 벗어나기는 평생의 여정이다.

편견에는 두 가지 유형이 있는데, 바로 의식적 편견과 무의식적 편견이다. 의식적 편견은 그것을 알아차린 채로 타인을 향해 갖는 편견으로, 동성애를 혐오하는 그 남자들이 콘서트에서 당시 내 애인과 나에게 보인 행동을 들 수 있다. 토착민을 비인간화해서 상처를 주는 스포츠 마스코트 이름(예를 들어 미국 미식축구 리그NFL 팀명인 워싱턴 레드스킨스는 인디언의 호전성을 강조하거나 인디언을 경멸하는 차별적 단어다—옮긴이), 흑인 대상의 주택 차별, 직장 내 여성 권력 박탈 등이 의식적 편견의 다른 사례다. 이 책을 읽는 당신이 항상 의식적 편견에 사로잡혀 있을 가능성은 거의 없다. 하지만 우리는 모두 뚜렷하지 않지만 교묘히 숨어 있는 무의식적 편견을 지니고 있다.

무의식적 편견은 눈 맞춤, 자세, 기타 비언어적 의사소통에 영향을 미치며, 이는 상대방에게 포착되어 불편함과 괴로움, 부당한 대우를 받는다고 느끼게 한다. 가령 누군가가 잠재 고객의 기업 회의실에 찾아왔다고 가정해보자. 그곳에는 한 나이 든 남성과 훨씬 젊은 여성, 이렇게 두 사람이 앉아 있다. 회의실에 찾아온 사람은 그 젊은 여성이 여성이며 어리다는 이유로 신입 직원이라 짐작해 나이 든 남성에게만 말을 걸고 함께 일할 기회를 얼마나 기대하고 있는지 이야기한다. 이 사람은 몇 분이 지나도록 함께 있는 젊은 여성을 무시하고 오직 나이 든 남성에게만 집중하다가 여성이 자신을 회사 임원으로, 남성을 비서로 소개하고 나서야 비로소 자신이 남성에게만 집중했다는 사실을 깨닫는다.

이 시나리오에서 회의실에 들어간 사람은 두 가지 무의식적 편견을 지니고 있었다. 하나는 젊은 여성은 신입 직원일 거라는 생각이고 다른 하나는 권력을 가진 사람만이 관심을 받을 자격이 있다는 생각이다. (참고로, 실화를 바탕으로 한 이 사례에서 회사를 찾아갔던 이는 입찰에 실패했고 고객은 그들의 최대 경쟁 업체를 택했다.)

심지어 인종 차별, 연령 차별, 능력 차별, 성차별, 동성애 혐오, 성전환 혐오 및 기타 혐오에 단호히 반대하는 사람조차 무의식적 편견을 지니고 있는데 이러한 편견은 지속적으로 차단하고 이의를 제기해야 할 대상이다. 연구에 따르면 우리가 푹 빠져 있는 문화, 이를테면 소셜 미디어에서 보는 피드나 자주 접하는 뉴스의 유형들이 우리의 편견을 체계화한다. 미디어 영향력 전문가인 템플 노스업Temple Northup이 공동으로 진행한 연구에 따르면, TV에서 특정 집단 사람들이 범죄자로 더 자주 묘사될수록 시청자는 해당 집단에 대해 편견을 더 많이 갖는 것으로 나타났다. 미국의 지역 방송 뉴스는 과도하게 흑인을 범죄자로 표현하는 경향이 있으며, 이는 흑인에 대한 더 많은 편견과 연관이 있다.[10] 오스트리아의 타블로이드판 일간 신문들도 외국인을 과하게 자주 다루는데 이는 그들에 대한 편견으로 이어진다.

이 부분은 두고두고 강조해야 한다. 편견을 없애는 것은 고된 작업이다. 이 주제에 관해 다룬 책은 아주 많은데, 더 깊이 알아보고 싶다면 사회 심리학자 제니퍼 에버하트Jennifer Eberhardt의 《편견》으로 시작해보기를 권한다. 그 외에도 의도적으로 호흡에 집중하는 행위처럼 마음 챙김 연습이 우리의 무의식적 편견에 맞서는 데 도움이 된다는 연구 결과를 비롯하여 살펴볼 만한 연구가 많다.[11]

하지만 마음 챙김 연습에는 누구나 쉽게 익숙해지지 않으며, 나 역시 여전히 어색하다. 그 대신 나는 타인을 (속한 집단이 아닌) 개인으로 보고 공통점을 찾는 데 도움이 되는 연습을 제안하려고 한다. 바로 내가 '가든 샐러드 효과'라고 부르는 연습이다.

가든 샐러드 효과

때로 사람들은 미국 같은 다인종 국가를 '용광로'라고 부르지만, 이 비유는 모든 사람의 정체성이 동일함이라는 하나의 거대한 스튜에 녹아들었음을 암시한다. 그 대신 나는 '가든 샐러드'라는 비유를 선호하는데, 온갖 채소가 가득한 이 샐러드는 한데 섞어 입안에 넣으면 다채로운 맛과 식감이 역동적으로 폭발한다. 가든 샐러드 효과는 각 재료(이 경우에는 사람)의 고유성을 존중하는 동시에 모든 재료를 한데 넣으면 부분의 합보다 훨씬 더 낫다는 점을 인정한다. 그리고 공교롭게도 채소 이야기를 하는 게 실제로 편견을 버리는 데 도움이 된다는 연구 결과가 있다.

메리 휠러Mary Wheeler와 수전 피스크Susan Fiske라는 두 심리학자는 백인 참가자들이 흑인들의 얼굴을 보고 스물한 살 이상인지 아닌지 판단하여 두 그룹 중 하나로 분류하도록 하는 연구를 수행했다. 휠러와 피스크는 이 연구를 수행할 때 참가자들의 두뇌에서 두려움 및 위협감과 연관된 영역인 편도체의 활동이 급증하는 것을 확인했다.[12] 그러나 참가자들에게 사진 속 사람이 어떤 채소를 선호할지, 가령 브로콜리일지 당근일지를 상상해보라고 요청했을 때에는 편도체 활동의 급증이 나타나지 않았다.

휠러와 피스크는 참가자들이 사진 속 사람들의 채소 선호도에 관한 질문을 받으면 그 사람을 단일한 집단의 일원이 아닌 개인으로 볼 가능성이 높았기 때문이라고 주장한다. 달리 말해 누군가를 집단 정체성이라는 렌즈를 통해 보기보다는 자신만의 취향을 가진 개인으로 생각하면 두뇌의 공포 중추를 활성화하는 종류의 편견을 피해 가는 데 도움이 된다.

이것은 기본적으로 좋은 습관이다. 만일 당신과는 다른 사람을 만나거나 알게 되었다면 상대방이 어떤 채소를 좋아하는지 등의 구체적 정보를 파악해 그 사람에게 개성을 부여하려고 시도해보자. 당신은 브로콜리를 좋아하나요 당근을 좋아하나요? (나는 무조건 당근이다.) 꼭 실제 대화 상황에서 물어볼 필요는 없다. 비즈니스 회의에서 누군가에게 어떤 채소를 좋아하는지 묻는다면 어색해질 수 있다(내가 시도해봐서 안다). 상상력을 발휘해 상대방에게 개성을 부여하면 된다. 당신과 달라 보이는 누군가와 대화를 시작하기 전, 상대가 브로콜리파일지 당근파일지 떠올려보는 것이다. 당신의 추측이 맞느냐 틀리냐는 중요하지 않다. 중요한 건 그들을 고유한 개성이나 독특한 특징을 가진 개인으로 보려는 시도다.

이 정신적 책략은 내가 '가든 샐러드 효과'라 부르는 결과를 가져온다. 이 효과는 편도체의 활동 급증을 줄이고 낯설어 보이는 누군가에게 접근할 때 덜 두렵게 해준다. 그리고 당신이 어떤 사람들에게 무의식적 편견을 지니고 있는지, 아니면 누군가가 속한 집단 전체에 대해 편견이 있지는 않은지 스스로는 모를 가능성이 높기 때문에 새로운 사람을 만날 때마다 이 방법을 시도해봐도 나쁘지 않다. 어떤 채소를 좋아하는지 물었는데 상대방이 채소 자체를 아예 싫어한다면, 바다가 좋은지 산이 좋은지 같은, 아니면 다크초콜릿인지 밀크초콜릿인지 같은 다른 취향에 관해서 물어볼 수도 있다.

누군가를 자신만의 취향을 가진 개인으로 바라보는 것도 편견에 맞서 싸우는 한 가지 방법이지만, 더 포괄적이고 공유된 정체성을 형성해도 편견에 맞설 수 있다.[13] 연구에 따르면 이런 방식을 통해 서로의 다른 점을 굳이 숨기지 않고도 다른 사람들에 대한 편견에 저항할 수 있다. 우리를 서로 다른 집단으로 분류하는 '우리 대 그들' 사고방식에서 벗어나 모두를 포함하는 더 큰 '우리'로 나아갈 수 있다. 이를테면 누군가가 당신과 정치 성향이 다르다고 해도 두 사람 모두 지역 사회에 적극적으로 기여하고 있을지도 모른다. 학교 기금 사용 방법에 대한 접근법이 다르더라도 두 사람 모두 열정적이고 헌신적인 부모일 수 있다. 진부한 말처럼 들리겠지만, 우리에겐 서로 다른 점보다는 공통점이 훨씬 더 많은 게 사실이다.

한 연구에서 영국의 연구진이 맨체스터 유나이티드 팬들을 모집한 다음 배우를 섭외해 각 연구 참가자 앞에서 조깅을 하다가 다친 척하게 했다.[14] 물론 아무도 그 사람이 실험의 일부라는 사실은 알지 못했다. 배우는 맨체스터 유나이티드 유니폼을 입고 있거나 아니면 라이벌 팀인 리버풀 풋볼 클럽의 유니폼을 입고 있었다. 연구진은 배우가 맨체스터 유니폼을 입은 경우, 리버풀 유니폼을 입은 경우보다 다쳤을 때 도움받을 가능성이 높다는 점을 알아냈다. 그러나 뒤이은 연구 결과는 더욱 흥미로웠다.

연구진은 우선 새로운 연구 참가자들에게 그들의 광범한 정체성을 상기시켰다. 바로 특정 팀의 팬이 아닌 축구 팬이라는 사실이었다. 그들은 또한 축구 팬이 되는 것의 긍정적인 측면도 강조했다. 참가자들이 축구 팬이라는 사실을 상기시켜서 한 팀의 팬이라는 정체성에서 한층 더 나아가 그들 모두가 공유하는 공통의 정체성을 강조한 것이다.

물론, 축구 팬임을 자처한 참가자들은 리버풀 유니폼을 입고 조깅하던 사람이 부상을 당해도 맨체스터 유니폼을 입은 사람이 다쳤을 때만큼이나 자주 도왔다. (연구진의 주장을 입증하는 흥미로운 사실은, 그들이 축구팀 유니폼을 입지 않은 사람들은 거의 돕지 않았다는 점이다.) 이들은 축구 팬이라는 보다 광범한 정체성을 상기한 덕분에 라이벌 팀의 팬일지언정 모든 축구 팬에게 더욱 인정을 베풀고 도움을 주었다.

당연히 해당 연구 내용은 종교나 정치 등 우리가 집단으로 분류하는 사회의 다른 측면과도 연관이 있다. 공통점을 강조하는 정체성을 형성하면 우리와 다른 팀을 응원하는 사람들에게 가졌던 편견을 차단할 수 있다. 달리 말해 우리 각자가 얼마나 개별적인 채소인지에만 집중하는 게 아니라 모두가 한데 섞여 끝내주는 샐러드 전체를 만든다는 점을 기억해야 한다.

C: 확신을 확신하지 말자

내 친구이자 동료인 우마 비스와나단Uma Viswanathan은 이념을 초월한 자금 지원 협력체인 '새로운 다원주의자New Pluralists' 창립 이사인데, 언젠가 내게 '불확실성 속에서 살아가기'라는 자이나교 원리인 아네칸타바다anekantavada(자이나교는 인도에서 불교, 힌두교와 더불어 현존하는 유서 깊은 종교 중 하나이며 아네칸타바다는 비일론非一論으로 번역되기도 한다—옮긴이)에 관해 이야기해준 적이 있다. 그것은 아무것도 진정으로 확실하거나 고정되지 않았다는 생각이다. 모든 것은 변화하고 새로 생겨나며 우리의 지식은 제한적이다. 확실성에 대한 집착은 오만함의 한 형태로 간주된다.

인간의 두뇌는 미래를 예측하는 시스템으로, 아주 자연스럽게 모호함과 미지의 위협을 피하고 싶어 한다. 이를 탓할 수 있을까? 불확실성은 두뇌에 끔찍한 느낌을 주고 온갖 종류의 두려움, 걱정, 불안을 불러일으킨다. 반면 확실성은 삶에서 변화나 파열을 겪을 때 안전감이라는 환상을 준다. 우리는 정든 도시를 떠나면서 스스로 이렇게 말한다. 몇 달에 한 번씩은 꼭 돌아와서 이곳과 계속 교류해야지. 새로운 직장을 구할 때에는 이런 생각을 하기도 한다. 이번 직장이 지난번보다 훨씬 더 나을 거야. 이는 우리에게 평화의 감각을 선사할 뿐 아니라 불확실성이 일으키는 불편함이나 불안 같은 감정을 가라앉힌다.

대부분 사람들은 불확실성을 불안과 혼란 같은 부정적인 단어와 연관시켜 밀어내려고만 하며, 그것이 변화와 성장의 발원지이기도 하다는 사실을 잊고 있다. 불확실성 속에서 살아갈 때 우리는 가능성에 가까워진다. 철학자 프리드리히 니체는 이에 관해 근사한 명언을 남겼다. "춤추는 별 하나를 탄생시키기 위해서는 내면에 혼돈을 품고 있어야 한다." 종교학자이자 신화학자 조지프 캠벨Joseph Campbell은 또 다른 명언을 남겼다. "계획한 삶을 기꺼이 버려야만 우리를 기다리는 삶을 맞이할 수 있다." 두 명언이 의미하는 바는, 확실하다고 붙들고 있는 것을 놓아버리는 위험을 감수해야 진정한 삶을 시작할 수 있다는 사실이다. 아니면 래퍼 드레이크Drake의 말을 빌려 욜로YOLO(you only live once의 준말로 인생은 오직 한 번뿐이라는 뜻. 2011년 미국의 인기 래퍼 드레이크의 노래 가사에 처음 등장했다—옮긴이)라고 할 수도 있겠다.

불확실한 순간이 야기하는 불편한 감정을 피하고자 어떤 사람들은 심리학자 겸 작가인 일레인 폭스Elaine Fox가 '안전 행동safety be-havior'이라 부르는 행동을 한다. 목록을 작성하거나, 지나치게 준비하거나, 다른 사람에게 끊임없이 확인받거나, 자녀나 직원을 세세하게 관리하는 등의 행동을 예로 들 수 있다. 이를테면 파티에 가기도 전에 참석자 목록을 작성하고, 레스토랑을 고르기 전에 여러 곳의 메뉴를 훑어보고, 공항으로 가는 길에 비행 일정을 세 번이나 확인하는 것이다. 불확실성에 대한 포용 한계치가 낮은 사람들은 늘 불안을 안고 사는 전형적인 걱정꾼으로, 이러한 안전 행동은 예측 불가한 상황에 직면했을 때 통제와 안전의 감각을 제공한다.

이러한 안전 행동은 전적으로 이해 가능하며 반드시 나쁘다고만은 할 수 없다. 가령 글루텐 프리 옵션이 있는지 확인하기 위해 레스토랑 메뉴를 미리 살펴보는 건 필요에 의한 것이다. 그러나 어떤 경우에는 이러한 행동이 심신을 쇠약하게 할 수 있다.

확실성은 호기심을 방해한다. 우리의 잔에 여유 공간을 만들지 못하도록 하기 때문이다. 확실성은 어떤 것이 진실이며 앞으로도 항상 그럴 것이라는 확고한 신념으로 굳이 새로운 것을 탐색하거나 배우려 애쓸 필요가 없다고 말한다. 애써봐야 무슨 소용이겠는가? 어떤 상황이나 사람이 늘 특정한 방식으로 일정하다고 생각해 상대에게 질문하지 않거나 변화에 열린 태도를 갖지 않는다. 이는 쉽게 침체와 무관심으로 이어질 수 있다. 가령 다가오는 가족 모임에서 다툼이 일어날 것이 확실한 경우, 다툼을 피해 갈 방법을 고안하려 노력하지 않거나 아예 참석하지 않기로 한다. 배우자에 대해 모든 것을 안다고 확신하면 상대가 어떻게 변화하고 있는지에 관해 질문을 건네거나 탐구할 동기가 없다.

확실성은 이런 의미이기도 하다. '내가 옳고, 그렇기 때문에 다른 의견을 고려하는 데에는 관심이 없다.' 사회적으로 이런 태도는 건방지게 보일 수도 있다. 자신이 상대보다 훨씬 더 많이 안다고 생각하는 인상을 풍기기 때문이다. 공감 능력 역시 떨어지게 만든다. 우리는 누군가가 어떤 기분을 느낀다고 확신하면 그들의 경험에 대해 자세히 알려달라고 굳이 요청하지 않는다.

확실성은 삶의 결과에 영향을 미치는 자기 충족적 예언을 만들어내기도 한다. 만일 다시는 사랑에 빠지지 않으리라 확신하면 실제로 훌륭한 동반자이자 연인이 될 수 있는 누군가가 있더라도 모든 데이트 신청을 거절하고 말 것이다. 자신이 이 직업을 가질 자격이 없다고 확신하면 가면 증후군imposter syndrome(성공의 요인을 자신이 아닌 외부로 돌리고 자신은 자격 없는 사람 혹은 사기꾼이라 생각하기도 하는 심리 현상—옮긴이)을 겪고 종국엔 자기 파괴로 치달을 것이다. 두 상황 모두에서 확신을 버리고 호기심에 기대면 새롭고 흥미진진한 가능성이 열릴 수 있다. 하지만 오히려 우리는 이런 숨통을 틔워줄 선택지를 애초에 고갈시키고 만다.

역사적으로 우리는 사람들이 확실성에서 벗어나기가 얼마나 어려운지, 그러나 마침내 벗어났을 때 사회적 진화에 얼마나 도움이 되었는지 지켜봐왔다. 1543년 무렵 니콜라우스 코페르니쿠스는 지구가 다른 행성들과 함께 태양 주위를 돈다는 '태양 중심설'을 제기했다. 지금은 당연한 듯 보이지만, 코페르니쿠스 이전 2000년 동안 사람들은 모든 것이 지구를 중심으로 돈다고 믿었다. 가톨릭교회가 여전히 아리스토텔레스의 오래된 지구 중심설을 선전하던 시대였기에 코페르니쿠스의 주장은 대체로 무시당했다. 17세기 초 갈릴레오 갈릴레이가 망원경을 사용해 태양 중심설을 증명하자 교회는 더욱 완강하게 대처하며 갈릴레이를 이단으로 몰고 여생을 가택 연금에 처하게 했다. 그로부터 100여 년이 지나 아이작 뉴턴 경 등이 이론적 증거를 제공하고 나서야 사회는 이 낡은 생각을 버리게 되었다.

오늘날 태양 중심설이 널리 받아들여지고 있지만, 머지않아 양자 물리학이 오래 통용된 이론들을 뒤엎을 게 분명하다. 이러한 역사는 확실성에 대한 진실을 잘 보여준다. 우리 개개인이 확실성을 내려놓는 데 어려움을 겪는 것처럼 제도와 특히 권력을 가진 사람들도 어려움을 겪는다. 그들이 확실성의 안락함과 권력 유지에 도움이 되는 권위를 어느 정도는 갈망하기 때문이다. 확실성을 버리지 않으면 우리는 새로운 사고방식, 그리고 관계와 세상의 발전에 도움이 되는 올바른 변화를 위한 여유 공간을 확보하지 못한다.

인정하는 사람 되기

회의실에 있을 때부터 침실에 들어올 때까지, 스스로 뭔가 잘못됐다고 인정하는 건 참 어렵다. 많은 이들이 어떻게 해서든 인정하지 않으려 한다. 단지 모른다는 사실을 인정하는 것만으로도 불안감이나 심지어 수치심을 느낄 수 있기 때문이다. 일부 문화권에서는 모르거나 틀리는 게 약함이나 어리석음의 단서가 될 수 있기에 사람들은 옳고 확실한 것을 꼭 붙든다. 우리는 체면을 지키고자 자기 잘못이나 실수를 인정하지 않는다.

아이러니하게도 우리는 잘못을 인정하지 못하는 사람을 오만하게 보고 그들을 친구, 동료, 연인 혹은 리더로 삼지 않으려 한다. 사람들의 존경을 받는 더욱 확실한 방법은 겸손과 호기심이다. 이러한 특성이 우리를 더욱 인간적으로 보이게 해 공감대를 형성할 뿐 아니라 단 한 사람이 모든 답을 쥐고 있다는 생각 대신 협업과 팀 접근 방식을 우선시하게 만들기 때문이다.[15] 신뢰의 문화를 구축해 다른 사람도 틀리거나 실패할 수 있도록 허용하는 것은 창의성과 혁신, 성공에 주요한 요소다.

최근 몇 년간 연구자들은 '지적 겸손intellectual humility'이라는 개념의 본질과 이점을 탐구했다.[16] 이는 가장 간단하게는 "사람들이 자신의 신념이 틀릴 수 있음을 인정하는 정도"로 정의된다. 연구진은 자신이 틀렸음을 인정하는 사람이 더욱 공동체 지향적이고 친근한 사람으로 여겨지며, 덜 유능한 사람으로 보이는 경우는 드물다고 밝혔다.[17] 즉 확실성에서 벗어나는 방법은 '인정하는 사람'이 되어 "내가 틀렸다!"라고 큰 소리로 당당하게 세상에 선언하는 것이다. 당신이 지도하거나 사랑하는 사람들과 함께일 때에도 당신이 옳지 않은 순간은 많이 있을 것이다. 그럴 때 얼마나 참담한 기분이 드는지 나도 잘 안다. 하지만 그것을 받아들이고 좋은 측면으로 재구성해서 다른 이들이 우리를 더 긍정적인 관점으로 인지하도록 해야 한다.

인정하는 사람은 타인의 조언을 들으려 하고 자신의 강점과 약점을 더욱 진솔하게 바라볼 줄 안다. 이는 겸손의 두 가지 특징이다. 당신이 켄드릭 라마Kendrick Lamar의 랩 가사 "겸손해, 앉아 있어"를 선호하든 아니면 로마의 성인 아우구스티누스의 격언 "삶의 덕목은 첫째도, 둘째도, 셋째도 겸손이다"를 선호하든, 문화적 지도자들과 철학자들이 꾸준히 겸손의 중요성을 강조한 데에는 그럴 만한 이유가 있다. 2016년 〈긍정 심리학 저널Journal of Positive Psychology〉에 발표된 한 놀라운 연구 결과에 따르면, 지적 겸손은 우울증 및 불안과 반비례한 반면 행복 및 전반적인 삶의 만족도와는 정비례했다.[18]

'인정하는 사람'이 되기 위한 세 가지 원칙을 소개한다. 확실성에서 벗어나 깊은 호기심이 뿌리내릴 공간을 마련하는 데 도움이 될 것이다.

1. "좀 더 말해주세요"

누군가가 당신이 틀렸다고 말하면, 즉시 방어에 나서기보다는 왜 그렇게 말하는지 호기심을 가져보자. "좀 더 말해주세요"라고 요청하고 상대의 말을 경청하자. 이렇게 하면 상대의 피드백과 생각을 더 잘 받아들일 수 있을 뿐 아니라 어떤 주제나 문제에 관해 생각하는 방식을 확장할 수 있다. 누군가가 당신이 틀렸다고 말할 때마다 "좀 더 말해주세요"라고 말하는 습관을 들이면 다른 사람들의 견해를 궁금해하고 덜 전투적으로 접근하는 동시에 자기 자신의 확신에 대해서도 이의를 제기하게 된다.

2. 배움과 성장을 우선시하기

옳은 것을 승리로 바라보면 인정하는 사람이 되기가 더 어렵다. 패배를 좋아하는 사람은 거의 없기 때문이다. 이럴 때 배움을 승리로 재구성하면 도움이 된다. 당신이 옳거나 혹은 틀렸던 시간을 따져보기보다는 배우는 데 삶의 방향을 맞추면 된다.

심리학자 캐럴 드웩Carol Dweck과 캐리나 슈만Karina Schumann의 연구는 우리가 스스로 행동을 바꿀 수 있는 힘을 가졌다고 믿으면 자신의 실수를 책임질 가능성이 더 높다는 사실을 밝혀내 이를 뒷받침한다.[19] 즉 자신의 행동이 잘못되었더라도 추후에 바꿀 수 있으며 잘못을 인정한다고 해서 스스로 나쁜 사람이라고 말하는 건 아니라는 점을 상기하는 게 핵심이다. 마치 예전 치료사가 당시 남자 친구와의 다툼에 관해 이야기할 때마다 해준 조언과도 같다. "옳은 사람이 되고 싶나요 아니면 행복한 사람이 되고 싶나요?"

3. 인간에게는 용서의 본능이 있다는 점을 기억하기

잘못을 인정할 때 우리는 더욱 강하고 친근하게 보일 뿐 아니라 죄를 용서받을 가능성 또한 매우 높다는 사실을 기억하자. 심리학자 몰리 크로켓Molly Crockett의 연구에 따르면, 인간은 심지어 낯선 타인조차 용서하려는 기본 성향이 있는데[20] 아마 용서하지 않으면 관계를 해치고 관계를 통해 얻을 수 있는 혜택을 아예 놓칠 수도 있기 때문일 것이다. 이유가 무엇이든 간에 실수를 인정하면 그러지 않을 때보다 관계를 유지하거나 회복할 잠재력이 더 많이 생긴다.

> **호기심으로…**
> 가장 최근에 당신의 잘못을 인정한 것이 언제인가요?
> 누군가가 당신에게 자신의 잘못을 인정한 건 언제인가요?

벗어나기의 선순환

어떤 사람들은 벗어나기 위해 신념 모두를, 특히 깊이 가치를 두는 것들을 완전히 내려놓아야 한다고 착각한다. 그러나 이는 사실이 아니다. 다른 종교나 심지어 자신의 종교에 대한 가정에 이의를 제기하기 위해 기독교인, 무슬림 혹은 무신론자가 되기를 포기할 필요는 없다. 시골 마을에 사는 사람을 더 잘 이해하기 위해 도시에서의 삶을 포기해야 하는 건 아니다. 자신이 안다고 생각하는 바를 내려놓는다고 해서 견해를 완전히 버린다는 의미는 아니다. 오히려 벗어나기는 자신의 지식에 의문을 제기하게 하는데, 그렇게 해서 우리는 벗어나기 연습은 물론이고 발전도 할 수 있다.

ABC(가정, 편견, 확신)에서 벗어나는 작업은 어렵지만 낙관적인 측면이 있다. 그것들은 모두 밀접하게 관련되어 있어서 한 가지에서 벗어나려는 노력이 다른 두 가지를 내려놓는 데에도 도움이 된다. 가정에 이의를 제기할 때, 어쩌면 뭔가에 대해 한때 생각했던 것만큼 확신하고 있지 않음을 깨달을지도 모른다. 무의식적 편견을 차단하는 것도 아마 추후에 특정 집단에 대한 가정을 약화하는 데 도움이 될 것이다.

나는 내가 사랑받을 가치가 없다는 가정에서 벗어난 후에야 가족과 친구들에게 이미 받고 있는 사랑에 대해 깊은 호기심을 품기 시작했다. 이런 식으로 내려놓고 나서는 감사하는 습관이 생겼고 삶에서 내가 가진 것을 존중하게 되었다. 그 덕분에 불안은 줄고 행복은 더 커졌다. 또한 용기가 생겨 데이트 상대를 찾아보기 시작했고 마침내 처음으로 연애를 하게 되었다. 내 영적 상처에 깊이 뿌리박힌 기독교인에 대한 편견에서 벗어나자 다시금 신과 교류할 수 있었다. 내 목소리와 이야기가 중요하지 않다는 확신을 버리자 이 책을 쓸 기회가 알아서 찾아왔다.

벗어나야 비로소 우리의 관계는 꽃을 피운다. 타인에 대한 가정을 내려놓으면 상대방은 자신의 진정한 모습을 우리에게 보여줄 기회를 얻는다. 그들은 판단받는 것이 아니라 이해받는다고 느낀다. 편견을 버리면 우리는 더 이상 다른 사람이 속한 집단을 이유로 그들을 성급히 밀어내지 않는다. 그 대신 우리는 그들을 불러들여 심지어 당근이나 스포츠에 대한 선호 등 모든 종류의 공통점을 찾아낼 것이다. 사랑하는 사람을 불확실성의 감각으로 대할 때, 우리는 그들이 변화하고 뭔가 새로운 모습으로 성장할 기회를 제공한다. 용감하게 벗어나기를 수행하는 것은 가장 소중히 여기는 것과의 관계 단절을 의미하지 않는다. 오히려 그것들이 진정으로 살아 숨 쉴 더 넓은 공간을 만든다.

벗어나기 연습 요약

- 근거 대보기

내가 가정한 내용이 진실인지 아닌지 상대방과의 관계를 통해 검증해보자. 대화와 교류를 통해서 당신의 짐작이 정확하지 않다는 사실을 알게 되는 경우가 많을 것이다.

- 독심술은 프로페서 엑스에게 맡기기

메타 지각은 다른 사람들이 나를 어떻게 생각하는지를 생각하는 방식으로, 주로 부정적이거나 부정확하다. 우리는 타인의 마음을 읽을 수 없기 때문이다. 부정적인 메타 지각과 긍정적인 메타 지각의 균형을 맞추고, 더 용기가 생긴다면 상대방에게 진실인지 아닌지 물어보자.

- 가든 샐러드 효과

다른 사람의 채소 기호를 떠올려보자(브로콜리를 좋아할까 당근을 좋아할까?). 이 방법은 그 사람을 집단 정체성으로 엄격히 구분해서 보기보다 고유한 취향과 선호를 가진 한 개인으로 인정하게 해준다. 또한 샐러드에서 각기 다른 채소들이 한데 어우러지듯 당신도 다른 사람과의 공통된 정체성을 찾을 수 있다.

- 인정하는 사람 되기

자신이 틀렸다고 인정하는 것을 더 나은 소통, 관계, 리더십, 삶의 만족도로 나아가는 지적 겸손 행위로 여기자. 틀렸다는 말을 들었을 때 "좀 더 말해주세요"라고 요청하고, 배움과 성장을 우선시하며, 인간은 용서의 본능을 지닌 존재라는 점을 스스로 상기하면 가능하다.

5장

의도하기

〜〜〜〜〜〜〜〜〜〜 ✦ 〜〜〜〜〜〜〜〜〜〜

애도는 기이한 감정이다. 예기치 못한 순간에, 다양한 방식으로 우리를 사로잡는다.

아버지가 암으로 돌아가시고 8년 후, 나는 아이슬란드 최대 규모 교도소인 리흐트라-흐뢴Litla-Hraun 외부의 임시 무대에 서 있었다. 그곳에서 예술가 연수 프로그램을 주최하는 중이었는데, 원래 우리는 교도소 내부에서 공연하기로 돼 있었으나 법적으로 교도소 담벼락에서 30미터 떨어진 곳에서 공연이 가능하다는 사실을 공연 직전에 알게 되어 대혼란에 빠졌다. (어둑한 겨울 오후 무렵이라) 우리는 주차된 자동차 두 대의 헤드라이트로 무대를 밝히고 기다란 연장선을 활용해 스피커들을 어느 이웃집 코드에 연결했다. 손에 마이크를 든 나는 교도소 창문으로 비치는 남성들의 실루엣을 보았다. 심호흡을 한 다음 이제 막 쓴, 아버지의 수감 생활에 관한 시를 읽기 시작했다. 그 순간 눈발이 소용돌이쳤고, 또 다른 종류의 비통함이 나를 휘감았다.

때는 2018년, 나는 세 번째 사가 예술가 레지던시Saga Artist Residency를 준비하기 위해 아이슬란드에 도착한 참이었다. 2014년 풀브라이트-엠티비유 펠로십Fulbright-mtvU Fellowship에 참가하며 아이슬란드와 사랑에 빠진 나는 2015년에 에이라르파흐키Eyrarbakki라는 작은 마을에서 열리는 이 예술가 연수 프로그램을 공동으로 만들었다. 해마다 열 명 남짓한 예술가가 열흘 동안 자신들의 예술을 탐구하고 서로 협업하며 지역 사회와 함께하는 프로그램이었다.

우리는 늘 그랬듯 의도를 가지고 연수를 시작했다. 동그랗게 둘러앉아 각자 이곳에서 무엇을 주고 무엇을 얻고 싶은지 이야기를 나누었다. 내 순서가 되었을 때 나는 불쑥 이렇게 말했다. "이번 주가 여러분 모두에게 그리고 저에게도 치유의 시간이 되면 좋겠어요."

다음 날 오후 우리는 500여 명의 주민이 사는, 걸어서 15분이면 둘러보는 작은 해안 마을을 따라 걸었다. 오른쪽으로는 북대서양 파도가 해변에 부딪혔고, 왼쪽으로는 예스러운 주택들이 줄지어 있었다. 마을의 가장 끝자락에는 다른 집들과 달리 눈에 띄게 밋밋한 철근 건물이 하나 서 있었다. 거기에는 창문이 거의 없었다. 어둡고 거대했다. 마치 가시철조망으로 둘러싸인 공장처럼 보였다. 그 건물이 바로 리흐트라-흐뢴이었는데, 연수에 참가한 두 예술가, 로마나 카삼과 플로렌시아 소사 레이의 창의적 관심을 끌었다.

늦은 저녁 무렵, 두 사람은 교도소 수감자들에게 공연과 전시를 보여주자는 아이디어를 떠올렸다. 아이슬란드 사람들은 모두 서로 아는 사이인지 몰라도, 약간의 수소문 끝에 그곳 교도소장이 누군지 알아내 연락을 취할 수 있었다. 그는 우리의 아이디어에 흥미를 보였고 제안서를 보내달라고 요청했다. 하루 만에 우리는 아이디어를 허락한다는 좋은 소식이 담긴 답장을 받았다.

나는 이 흥미진진한 예술 협업에 의기양양해야 마땅했다. 물론 한편으로는 그렇게 느꼈지만, 다른 한편으로는 초조하기도 했다. 로마나가 왜 그러냐고 물었을 때 나는 아버지 때문이라고 답했다. 아버지는 내가 열 살 때부터 5년간 감옥에 가 있었고 출소 직후 돌아가셨다. 나는 여전히 아버지가 받은 형벌과 우리의 관계 그리고 그의 죽음에 대해 풀리지 않은 애도를 짊어지고 있었다. 아버지가 출소한 후로는 교도소에 발을 들여놓지도 않았다.

"아버지에 관한 글을 써서 교도소에서 공연해보는 건 어떨까?" 로마나가 말했다. "그러기에 완벽한 순간이잖아."

그날 밤, 나는 아버지를 생각하며 시를 쓰기 시작했다. 감동을 주려 애쓰지 않고 호기심의 관점에서 쓰고자 했다. 우선 아버지와 아버지의 수감에 관해 여전히 궁금한 질문들을 써보는 것으로 시작했다. 두 눈을 감고 나쁜 기억과 좋은 기억을 모두 마음속에 그려보았다. 그를 떠올리게 하는 음악을 틀고 휴대폰에서 그의 사진들을 열었다.

그러다 시를 쓰기 시작했다. 아버지와 우리의 관계에 대해 깊은 호기심을 품으려는 의도를 품자 기억, 이미지, 감정들이 나를 통해 흘러나왔다. 아침이 밝아올 때까지 작품에 매달린 끝에 아버지와 나의 관계를 파악하는 데 도움이 되는 시가 탄생했다.

그 후로 수년 동안 나는 '아버지에게 받은 상처'를 치유하려는 목적의 워크숍이 열릴 때마다 그때 쓴 〈아버지께Dear Father〉라는 시를 인용하며 시작한다. 프란치스코회 신부 리처드 로어Richard Rohr는 아버지에게 받은 상처를 인간의 삶에서 가장 보편적인 고통으로 묘사한 바 있다. 그 시 덕분에 내가 아버지에 대해 생각하는 방식과 그에 관해 나눌 이야기를 재구성하는 장기적 여정이 시작되었다. 이전에 나는 유기遺棄, 처음에 아버지를 감옥에 가게 만든 중독, 끝내 마주한 그의 죽음에 관해서 늘 곱씹곤 했다. 리흐트라-흐뢴에서의 경험은 내가 그 상처를 안은 채로 그가 얼마나 아름다운 사람이었는지 기억하도록 해주었다. 내가 괴롭힘을 당할 때 홀로 쉴 수 있도록 높다란 망고나무 위에 나무 집을 지어준 아버지. 수월하게 친구를 사귀고 모든 사람을 다정하고 품위 있게 대했던 아버지. 외계인을 믿고, 체스 두는 법을 가르쳐주었으며, 미니 골프 라운딩 후에는 나를 어깨에 둘러메고 다녔던 아버지. 처음으로 내가 호기심의 감각을 키울 수 있도록 도와준 아버지.

아버지가 세상을 떠난 후 수백 편의 시를 썼어도 〈아버지께〉

이전까지는 그에 관해서 쓴 적이 없었다. 내가 무엇을 발견하고 어떤 감정을 느끼게 될지 두려웠으니까. 이러한 나의 회피는 그리 특별한 일이 아니다. 시를 쓰고 나서는 두려움에 굴복하지 않고 나를 오랜 상처, 기억 그리고 아버지와의 관계로 이어지는 중요한 장소로 갈 수 있었다. 애도의 여정에서 앞으로 나아갈 수 있었고 아버지를 더욱 포괄적인 관점으로 바라보게 되었다.

이러한 순간에는 탐험에 착수하기 전 마음가짐과 환경을 준비하는 게 매우 중요하다. 스스로 성공적인 탐험에 대비하고 싶다면 말이다. 험준한 황무지 하이킹을 완주하거나 비디오 게임에서 최후에 등장하는 적의 우두머리를 물리칠 때와 마찬가지로, 이러한 어려운 내적 작업에 착수하려면 필히 계획을 세우고 알맞은 조건을 설정해야 한다. 그래야만 의도에 따라 행동할 수 있다.

의도하기: 앞으로 내뻗기

의도는 깊은 호기심을 실천할 때 되는대로 하지 않는 신중함을 의미한다. 깊은 호기심은 우리에게 주어지는 게 아닌 선택하는 (또는 선택하지 않는) 것이기에 이 점이 중요하다. 깊은 호기심을 삶으로 더 많이 들여오려는 의도를 품으면 그것이 우리가 내리는 결정에 영향을 주기 시작한다.

의도란 '기억하기 위해 기억하는 것'이라고 자주 생각한다. 어떤 행동을 취하기 전에 깊은 호기심을 사용하는 것에 대해 명시적이고 의식적으로 기억해야만 한다는 의미다. 의도는 수동적이지 않기에 저절로 삶에 흘러들길 기대해서는 안 된다. 우리가 활성화해야만 한다. 깊은 호기심은 그것이 생겨나도록 의도해야 발생한다. 말하자면 삶에 깊은 호기심을 위한 공간을 활발히 만들기로 스스로 선택한다는 뜻이다.

의도하다intend라는 단어의 어원은 '내뻗다'를 의미하는 라틴어 intendere다. 스트레칭은 훌륭한 비유이며 나는 이 정의가 정말 마음에 든다. 대부분 사람들은 운동 전 스트레칭의 중요성을 잘 안다. 스트레칭은 유연성과 체력을 향상시키고 부상 가능성도 줄여준다. 그러나 스트레칭이 아무리 중요해도 사람들은 운동 전 스트레칭을 빠뜨린다! 심지어 스트레칭의 중요성이 과학적으로 입증된 오늘날에도 일부 사람들은 여전히 이 중요한 단계를 시간이나 에너지 낭비로 여기며 건너뛴다. (이렇게 생각하면서 말이다. 아침에 20분밖에 시간을 못 내니까 그 시간을 모두 뛰는 데 할애할 거야!) 그러다 늦은 저녁이 되면 근육 경련의 통증 때문에 집 안에서도 잘 못 걷는다.

깊은 호기심을 실천할 때에도 더 안전하고 유연하게 하려면 운동 전 스트레칭을 하듯 유사한 준비 작업을 해야 한다. 곧장 호기심에 뛰어들어 가장 가까운 사람에게 질문을 퍼붓는 대신, 올바른 사고방식과 환경을 준비해야 하는 것이다.

이러한 준비는 당신의 감정적 한계를 시험할지도 모르는 상황을 마주하기 전, 긴장감과 두려움을 진정시키는 데 (좋은 방식으로)

도움을 준다. 가령 첫 데이트나 직장에서의 어려운 대화, 아니면 정치적 견해가 다른 사람을 상대해야 하는 일을 앞두고 있을 때 말이다. 개인적 고충을 미리 덜 수 있을 뿐 아니라 호기심 어린 만남을 훨씬 더 성공적으로 이끌어가도록 당신을 대비시킬 것이다.

내면 항해사에게서 얻은 교훈: 사고방식과 환경 설정

어떻게 하면 깊은 호기심에 적절하게 대비할 수 있을까? 수년간 이 벅찬 과제와 관련해 개인과 기업, 지역 사회에 조언을 해오던 나는, 호기심이 가장 많은 항해사인 내면 항해사에게서 한 가지 프레임워크를 빌려왔다.

내면 항해사psychonauts라는 용어는 독일 작가 에른스트 융거Ernst Jünger가 고안한 것으로, 그리스어($\psi v \chi o v a \dot{v} \tau \eta \varsigma$)를 문자 그대로 번역하면 '정신과 영혼의 선원'이다. 내면 항해사는 주로 실로시빈 버섯 같은 환각제를 활용한 '변성 의식 상태altered state of consciousness'를 통해 의미 있는 삶과 영적인 질문에 대해 깊은 호기심을 갖는 사람이다. 변성 의식으로의 진입은 가볍게 여길 일이 아니다. 그래서 내면 항해사는 그것을 우연에 맡기기보다는 여정에 도움이 될 알맞은 조건을 조성한다. 예를 들어 내면 항해사는 신뢰할 수 없는 낯선 사람과 있거나 소란스러운 '파티' 분위기에서 환각제를 복용하는 것을 싫어한다. 많은 내면 항해사가 부정적 결과를 초래할 수 있는 이런 종류의 환각제 사용을 무책임하게 여긴다.

요즘 내면 항해사가 모이는 지하 또는 지상 커뮤니티에 가면 환각제 LSD의 초기 지지자였던 알 허버드Al Hubbard가 널리 알린, 두 단어로 요약된 '알맞은 조건'이 자주 눈에 띈다. 바로 '태도와 환경 설정'이다.

태도 혹은 사고방식은 환각제 여정을 떠나기 전의 자세나 감정에 관한 것이다. 가령 다가오는 여행에서 얻게 될 교훈에 대해 두려움과 불안으로 채우기보다는 설렘과 궁금증을 품는 쪽을 택할 수 있을 것이다.

반면 환경 설정은 장소, 사람, 시간 그리고 기타 상황 요소 등 맥락에 관한 것이다. 이를테면 당신은 환각제를 복용하는 장소가 안전한지 확인하고자 할 것이다. 또는 당신을 지지하는, 믿을 만한 사람들과 함께 있으려고 할 것이다.

1950년대 초부터 연구자들은 누군가가 환각 경험을 하는 데 태도와 환경 설정이 지대한 영향을 미친다는 사실을 발견했다. 사실 긍정적이고 광범한 경험에 대비하는 것만으로도 환각 경험을 할 가능성이 높아진다.[1] 위약 효과의 힘, 즉 우리 마음이 '아무런 준비 없이도' 감정이나 경험을 떠올리는 능력을 갖추고 있다는 점을 감안하면, 이는 전혀 놀라운 일이 아니며 무척 유용하다는 사실을 알게 된다.

여러 측면에서 호기심 여정은 환각 여행과 다르지 않다(물론, 당신이 나무와 한 시간 동안 대화를 나눌 가능성은 낮다). 깊은 호기심은 정신과 영혼으로도 여행을 떠나게 해주는데, 굳이 실로시빈 버섯을 우적우적 씹어 먹지 않아도 된다. 하지만 사고방식과 환경 설정으로 적절히 대비하지 않으면 호기심은 어렵고 잠재적으로 괴로운 것이 될 수 있다.

호기심을 깨우기 위해 환각제를 복용하라고 권하진 않겠지만 이 장에서는 호기심에 알맞은 사고방식과 환경 설정을 조성하기 위해 시도할 수 있는 활동들을 소개할 예정이다. 준비 작업을 하면 긍정적이고 폭넓은 경험을 선사하는 여정에 나설 가능성이 높아진다. 무엇보다도 의도를 설정하는 작업을 일이 아닌 놀이처럼 느끼게 될 것이다.

사고방식 준비에 도움을 얻으려면 다음의 세 가지 연습을 해볼 수 있다. 이 장에서 자세히 알아볼 '두뇌의 문지기 불러내기', '강력한 질문 목록 작성하기', '호기심 가득한 자신의 모습 떠올리기'다. 환경 설정에 관해서도 다른 세 가지 연습을 통해 배워볼 것이다. '호기심의 캐비닛 복구하기', '호기심 약속 정하기', '호기심 파도에 올라타기'다.

호기심 가득한 사고방식을 기르는 방법

때때로 우리는 외부에서 일어나는 일에 휘둘린다고 느낀다. 그러나 다르게 생각하기로 선택하면 실제로 이러한 외부 요인에 영향을 미칠 수 있음을 뒷받침하는 여러 지식과 연구가 존재한다. 그리고 그것은 생각만큼 어렵지 않다.

만일 당신이 평소 긴장하고 자기비판적인 자세로 업무 회의에 임했던 사람이라면 그런 사고방식을 어떻게 호기심으로 대체할 수 있을까? 연구에 따르면 몇 가지 방법이 있는데, 이제부터 내가 사용해본 방법 중 가장 접근이 용이하면서도 효과적이었던 세 가지에 관해 다루도록 하겠다. 이 방법들은 호기심을 의식의 전면으로 불러와 답변보다는 질문을 탐색하도록 사고의 방향을 맞춰주고, 타고난 상상력의 힘을 발휘해 호기심을 품는 능력이 아주 중요한 여러 만남에 대비하도록 해준다.

호기심을 죽이는 것들: 중독과 수면 부족

술에 만취하면 균형 감각, 기억력, 말하기 능력, 판단력이 흐려져 부상을 입거나 기타 부정적 결과를 맞닥뜨릴 수 있다. 그리고 술은 자기 발견이나 교류, 깨달음의 여정에서 활용할 만한 대상이 되는 경우가 드물다. 오히려 술은 우리의 사고를 흐리는 주범이 되는 경향이 있다.

마찬가지로 수면이 부족할 때에도 우리의 정신 상태는 양호하지 않다. 실제로 연구에 따르면 수면 부족은 알코올 중독과 유사해 운전을 비롯한 여러 활동의 수행 능력을 저하시킨다.[2]

운동선수가 경기 전에 과음하거나 휴식을 취하지 않으면 성공하기 어렵듯이 호기심도 마찬가지다. 누군가가 가족 저녁 모임에서 깊은 호기심을 발휘하려 고군분투하다가 결국엔 고성이 오가는 소란으로 끝났다고 말할 때마다 나는 묻는다. 술이 어떤 역할을 했을까요? 전날 밤잠은 잘 잤나요?

두뇌의 문지기 불러내기

최근에 나는 자가용 한 대를 구입했다. 2018년형 스바루 크로스트랙이었다. 차에 조이Joy라는 이름을 붙였다. 왜, 물질적 소유물에 이름을 붙이는 사람들이 있잖은가. 나도 그중 하나다. 주황색이 독특해 보여서 선택했는데, 도로 위에서 흔치 않은 주황색 차를 타고 달린다는 생각만으로 내 사자자리 성향이 흥분되었다.

4년간의 할부 계약에 서명하고 5초 뒤, 기분이 아주 좋아진 중고차 영업 사원이 내게 차 열쇠를 건넸다. 조이에 올라탄 나는 주차장을 나와 첫 신호등 앞에 멈춰 섰다. 그때 옆 차선에 선 차를 본 나는 충격받았다. 또 다른 주황색 스바루 크로스트랙이 서 있었던 것이다! 이런 우연이 있을까? 나는 생각했다. 분명 하늘의 뜻이야! 나는 그 차 운전자를 향해 활짝 웃으며 손을 마구 흔들어댔는데, 그쪽은 나를 못 본 체했다.

차를 산 지 열흘째 되던 날, 나는 소름 끼치는 사실을 깨달았다. 모두가 주황색 스바루 크로스트랙을 몰고 다니는 듯 보였다. 도로 위 어디를 봐도, 여기도, 저기도, 거기도 셀 수 없이 많은 주황색 스바루 크로스트랙이 있었다. 미소 지으며 손을 흔들던 나는 괴로워하고 있었다. 이 차를 타고 다니면 특별해 보일 줄 알았는데 이제 더는 특별하게 느껴지지 않았다.

왜 수많은 사람이 갑자기 주황색 스바루 크로스트랙을 몰고 다닌 것일까? 내가 차를 사고 나서 다들 이 차를 사려고 미친 듯이 달려들기라도 한 걸까? 전혀 아니다. 사실, 판매 통계를 보면 주황색은 흔치 않은 색상이다. 실제로 변한 것은 내 마음이다. 이전에는 도로에서 주황색 스바루 크로스트랙을 알아채지 못했는데, 내가 이 차를 끌고 다니지 않았으니 내 두뇌가 그것을 중요한 정보로 분류해 의식하지 않았던 것이다. 그러나 일단 내가 주황색 조이를 장만하고 나자 내 두뇌는 이 세부 사항을 특히 주의를 기울여야 할 중요한 정보로 인식했다.

좋든 나쁘든 이 현상은 우리 모두에게 일어난다. 무언가를 사고 나면 어딜 봐도 같은 게 보인다. 우리가 어떤 인용구나 단어에 애착을 가지면 주변에서 온통 그것이 눈에 띈다. (앞으로 여기저기서 '호기심'이 눈에 띄어도 너무 놀라지 말기를!) 듣기로는 임신을 하면 거의 매시간 다른 임신부가 눈에 들어오기 시작한다고 한다. 때로 우리는 우주가 우리에게 뭔가를 말하는 거라고, 일종의 직감으로 여기기도 한다. 하지만 사실 이 현상은 척수 바로 위에 자리한 5센티미터짜리 신경 다발, 즉 망상 활성계Reticular Activating System, RAS 때문에 발생한다.

자고 있을 때 RAS는 외부 자극을 차단해 우리가 깊은 휴식을 취하도록 돕는다. 깨어 있는 동안에는 지나친 양의 감각 정보가 우리 두뇌에 쏟아지는데, RAS가 특정 데이터에 집중하고 나머지는 무시하는 필터 역할을 한다.[3] RAS는 본질적으로 다음과 같은 신호를 보내는 문지기와 같다. 이것은 중요하니 주의를 기울이세요. 이것은 중요하지 않으니 무시하세요.

RAS는 우리의 지각 나이트클럽을 지키는 문지기와 같아서 입구에 몰려든 사람들을 훑어보고 출입자가 폭발적으로 증가하는 시점에 누굴 들여보낼지 결정을 내린다. 우리에게 RAS가 없다면 너무 많이 입력되는 감각에 압도되어 제대로 기능하지 못할 것이다. 이런 식으로 RAS는 우리의 생존과 분별에 핵심 역할을 한다. 가령 트럭이나 곰이 돌진해 오면 당신의 두뇌는 그것에 집중한다. 머리 위를 날아가는 새나 바람에 바스락거리는 나뭇잎 소리, 저 멀리 보이는 꽃의 색깔에는 주의를 기울이지 않는다. 중요하지 않은 데이터이기 때문이다. 그 대신 RAS는 의식적 마음에 경고를 보내며 이렇게 말한다. 이 위험천만한 위협에 주의를 기울이고 비켜서세요!

다음은 RAS의 작동을 증명하는 활동이다. 지금 당신이 있는 공간을 잠깐 둘러보며 주황색을 띤 모든 것을 찾아보자. 가능한 한 많이 찾아보자. 이제 당신의 RAS가 주황빛을 띤 사물을 찾도록 경고했으니, 주황빛 사물들이 초점에 들어오기 시작한다. 주황빛이 없는 사물들은 배경으로 밀려난다.

그렇다고 해서 의도를 설정하면 그것이 마법처럼 나타난다는 의미가 아니다. 주황색을 띤 사물이 없다면 RAS가 그것들이 존재한다는 환각에 빠뜨리지는 않는다. 이것은 중요한 경고다. RAS의 존재가 때로 '끌어당김의 법칙law of attraction'을 잘못 뒷받침하는 데 사용되기도 하기 때문이다. 긍정적인 생각이 우리 삶에 긍정적인 것을 가져다준다는 믿음은 자기 계발서《시크릿》을 통해 대중화되었다.

끌어당김의 법칙은 당시 사이비 과학으로 여겨졌고 여전히 그렇다. 과학은 (자기 긍정 같은) 긍정적 사고로 자신감을 회복할 수 있다는 점을 보여주지만,[4] 두뇌가 주황색 사물을 느닷없이 방에 나타나게 할 수 없듯이 긍정적인 사고가 긍정적인 것을 자석처럼 삶으로 끌어당기지는 않는다. 즉 RAS를 잘 활용하면 삶에서 늘 일어나는 긍정적인 일을 더 쉽게 인식해서 더욱 잘 알아차리고 의식하는 데 도움이 될 수 있다.

주변 환경의 특정 신호에 주의를 기울이도록 RAS에 요청하는 것과 같은 방식으로 RAS를 잘 활용해 대화 도중 당신이 질문하는 횟수에 주의를 기울여 호기심을 전면으로 끌어올 수 있다. 아마 우리는 모두 상대가 당신에게 질문은 하지 않고 주구장창 자기 이야기만 하는 끔찍한 첫 데이트 경험이 있을 것이다. 질문을 통해 상대에게 관심을 보이는 행동은 관계 맺기에서 매우 중요한 부분이기 때문에 자기 이야기만 할 경우 보통 두 번째 데이트 기회를 얻지 못한다. "흥미로운 사람이 되지 말고 흥미를 보여라"라는 데이트 조언이 인기 있는 이유도 바로 이 때문이다.

혹여 긴장되더라도 상대에 대한 호기심 어린 태도를 끌어내기 위해 데이트하는 동안 당신이 질문을 얼마나 건넸는지에 주의를 기울이라고 RAS에 신호를 보내보자. 추적해야 할 중요한 행동에 관해 두뇌에 경고를 보내두면, 데이트하다가도 겨우 질문을 두 번만 건넸다는 점을 알아차리고 다음과 같이 말하며 상대방에게 관심을 옮겨 갈 가능성이 높다. "제 이야기는 충분히 한 거 같은데,

당신은 어떤 삶을 꿈꾸세요?"

RAS를 잘 활용하는 또 다른 좋은 방법은 의도적으로 호기심을 발휘할 구체적인 방법들을 시간 및 장소와 더불어 적어두는 것이다. 이를테면 나는 일요일마다 다가올 주간에 있을 회의, 점심 약속 혹은 내가 계획한 행사를 달력에서 확인한다. 달력에 기재된 각 이벤트 아래 공간에는 상황마다 어떻게 호기심을 발휘할지 잠깐씩 시간을 할애해 빠르게 쓴다. 가령 수요일 업무 점심 식사 아래에는 이렇게 적는 것이다. 나는 답변만 공유하지 않고 질문을 던질 것이다. 금요일에 잠재 고객과의 미팅이 잡혀 있다면 다음과 같이 써둔다. 나는 내가 팔아야 하는 것만 홍보하지 않고 고객의 필요와 욕구를 알고 이해할 것이다. 사적으로나 공적으로 나와 관점이 다른 고객에게도 열린 마음을 유지할 것이다.

이러한 식으로 당신의 의도를 적어두는 것의 효과는 〈영국 건강 심리학 저널British Journal of Health Psychology〉에 실린 연구에서도 증명되었다. 이 연구에 따르면, 언제 어디에서 운동할지 구체적으로 계획을 썼을 때 운동한 참가자의 91퍼센트가 자신과의 약속을 지켰다.[5]

호기심으로…

다음 주에 언제 어디에서 호기심을 더 많이 발휘하고 싶나요?
그 구체적인 상황(과 호기심을 실천할 방법)을 쪽지나
휴대폰 메모장에 적어보세요.

강력한 질문 목록 작성하기

우리가 살아가는 세상과 문화는 질문보다 답을 우선시한다. 질문은 약점으로 비치는 반면 앎은 강점으로 비친다. 특히 대기업처럼 틀에 박힌 곳에서 더욱 그렇다. 그러나 빠르게 변화하는 세상에서 가장 뛰어난 조직의 리더들을 살펴보면, 모두들 한 가지 유사한 특성을 보인다. 그들은 질문하기를 겁내지 않는다.

픽사의 최고 크리에이티브 책임자 피트 닥터Pete Docter는 일상 업무에 질문과 호기심을 끌어온다. 이 방식은 직원들을 위한 따뜻한 직장 문화를 조성할 뿐 아니라 사업에도 도움이 된다. 하버드 경영대학원의 프란체스카 지노Francesca Gino 교수에 따르면, 질문을 많이 하는 호기심 어린 리더들이 의사 결정에서 실수를 덜 한다고 한다. 그들은 창의적인 업무와 창의적이지 않은 업무 모두에서 더욱 혁신적이고 높은 팀 성과를 낸다.[6]

이러한 이점에도 불구하고 많은 기업 리더가 팀과 직원들을 관리할 때 호기심 어린 사고방식을 기르길 꺼린다. 어떤 이들은 호기심 어린 사고방식이 직원들로 하여금 그들만의 관심사를 자유로이 탐구할 수 있게 만들어 관리 감독을 더 어렵게 한다고 생각한다. 아니면 이러한 캐묻기 좋아하는 태도가 새로운 아이디어나 방향을 제시하기보다는 긴장과 갈등을 촉발하는 종류의 질문으로 이어질 거라 여기기도 한다. 하지만 지노의 연구에 따르면 호기심은 정반대되는 역할을 한다. 호기심은 직원들이 자신의 아이디어뿐 아니라 다른 사람의 아이디어에 공감하고 관심을 두도록 도와주며, 따라서 건강한 협업을 촉진한다. 갈등이 덜 촉발되기에 집단은 종종 더 나은 결과를 얻는다.[7]

한 집단 내에서 호기심을 키울 수 있는 한 가지 간단하고 명확한 방법이 있다. 바로 질문에 답하는 행위뿐 아니라 질문하기를 권장하고 보상하는 것이다.

물론 모든 질문은 좋다는 불변의 원칙이 있는 건 아니다. 어떤 질문은 공격적이거나 불쾌할 수 있다. 집요하고 고압적인 질문도 있다. 가령 비행기에서 당신이 오디오 북 듣기에 집중하려 할 때 옆 좌석에 앉은 승객이 눈치도 없이 던지는 질문처럼 말이다. 어떤 질문은 너무 단순하거나 답이 정해져 있어(폐쇄형) 한 단어로 된 대답만 끌어내거나 맥 빠지게 할 수도 있다. 어떤 질문은 특정 대답을 끌어내도록 설계된 유도형 질문이어서 약탈적 호기심의 도구다. 경계를 인식하고, 질문이 얕고 조작적이거나 파괴적이지 않으면서 강력해지도록 하는 요소들을 이해하는 것이 중요하다.

나는 저널리스트, 디자이너, 공동체 조직가로 일하는 과정에서 약한 질문과 더욱 강력한 질문을 구분하는 기준이 네 가지로 요약된다는 점을 배웠다.

- 개방형 질문. 보통 왜나 무엇으로 시작하는 개방형 질문은 '네', '아니오'와 같은 단답으로 해결할 수 없다.
  - 약: "그러니까 그 고객이 해당 프로젝트를 맘에 들어 하지 않

았다는 거죠?"

◦ 강: "왜 그 고객이 해당 프로젝트에 만족하지 않았죠? 무엇이 부족하다고, 아니면 그들과 맞지 않다고 하던가요?"

• 진정한 관심이나 염려에서 우러나온 질문. 진정성이나 배려가 부족하게 느껴지도록 질문하면 많은 이들이 눈치챈다(심지어 비언어적 신호를 통해서도 알아차린다). 그리고 상대방이 하는 이야기의 주제에 관심이 없다면 언제나 그 사람 자체에 진심 어린 관심을 표현할 수 있다.

◦ 약: "휴가는 어땠어요?"

◦ 강: "알다시피, 제가 미식가라서요. 여행 중 어떤 음식이 가장 맛있던가요?"

• 관계에 적합한 질문. 업무 회의에서 처음 만난 사람에게 곧장 "사랑하는 사람이 세상을 떠나서 마지막으로 울었던 게 언제였나요?"라고 묻는 건 부적절하다. 깊은 호기심은 취약한 부분에 관해 물을 때 만개하지만, 그 깊이가 관계의 맥락에 상응하도록 세심한 주의를 기울여야 한다.

◦ 약: "처음 뵙겠습니다. 당신을 여전히 고통스럽게 하는 인생의 가장 큰 트라우마는 무엇인가요?"

◦ 강: "살면서 힘든 경험을 통과할 때 누군가가 당신의 치유를 도운 적이 있나요? 그들에 대해 이야기해주시겠어요?"

• 독창적인 질문. 뻔한 질문이나 너무 흔한 질문은 피해야 한다. 연구에 따르면 우리는 새로운 자극에 더 오래, 더 세심한 주의

를 기울이기 때문에 신선한 질문을 던지는 것이 참여를 유도하기에 훨씬 더 흥미로운 방식이다.

- 약: "어떤 일을 해서 돈을 버시나요?"
- 강: "당신의 삶에 활기를 불어넣고 목적의식을 갖게 하는 건 무엇인가요? 왜 그런가요?"

가족 모임이나 파티 혹은 첫 데이트처럼 깊은 호기심을 발휘하고자 하는 순간에 대해 불안을 느낀다면, 미리 강력한 질문 목록을 작성해 그 상황에 대비하자. 대본처럼 줄줄 읽어 내려갈 필요는 없지만 당신이 건네고 싶은 질문들을 생각해보는 연습만으로도 더 나은 대화를 준비할 수 있다.

다음 페이지의 사례들은 모두 다른 사람과의 대화를 모델로 한 것이지만, 내적 호기심에서 비롯한 자신을 향한 강력한 질문들에 대해 생각해보는 것도 도움이 될 것이다. 상대방과 공유하기 전에 질문 목록에 추가한 질문으로 먼저 자문하면서 그 질문들이 어떤 느낌을 주는지 파악하자. 이렇게 하면 상대가 질문을 어떻게 받아들일지 더욱 잘 공감할 수 있고 묻고 답하는 게 더 편해지기도 할 것이다. 이때 중요한 점이 있다. 당신이 감당할 수 없는 것은 권하지 말자! 특정 질문에 당신이 답하고 싶지 않다면 다른 사람에게도 적절하지 않은 질문이다.

세상으로 나갈 준비가 되었다면 (당신과 타인 모두가 느끼는) 건강한 불편함에는 어느 정도 대비하자. 불편함을 느끼는 게 이 과정의 일부임을 기억하고, 늘 그렇듯 자신의 깊이를 인지하자. 강력한 질문들은 불편함을 유발한다. 우리가 불확실성의 순간에 진입하고 있기 때문이다. 당신이 맞닥뜨린 과속 방지턱을 점검하고, 벗어나기에서 배운 기술들을 활용하자. 안다고 생각하겠지만, 사람들이 어떤 반응을 보일지 우리는 정말로 알지 못한다.

내 경험상 친밀감은 강력한 질문을 던질 때 느낄 수 있는 불편함을 약화한다. 그리고 특히 대화를 시작할 때나 특정 업무 환경에서는 목록에 있는 질문으로 바로 뛰어들기가 어려워 보일 수 있는데, 편안하고 서론적인 질문이 더욱 강력한 질문의 문을 여는 도구가 되어, 깊은 호기심을 위한 사고방식을 기르는 데 도움이 될 수 있다.

초보자용 지침: 강력한 질문들

타인을 대상으로 외적 호기심을 연습하다 보면, 자동으로 "어떻게 지내세요?" 또는 "별일 없어요?" 같은 얕은 호기심의 질문으로 빠져들기 쉽다. 그 대신 스스로 목록을 작성해 깊은 호기심의 가능성을 극대화하는 강력한 질문을 던지도록 노력해보자.
하루를 보내는 동안 대화 중에 들었던 강력한 질문이 있다면 기록해두자. 단지 목록을 만드는 데서 끝내지 말고 꾸준히 업데이트하자. 이 목록을 종이쪽지에 써두거나 이동 중에도 늘 가지고 다닐 수 있도록 휴대폰 메모 앱에 입력해두자. 다음은 내 휴대폰에 저장된 몇 가지 강력한 질문들이다.

* 지금 당신에게 기쁨을 주는 것은 무엇인가요?

- 지금 당신의 마음이나 정신을 제일 많이 차지하고 있는 것은 무엇인가요? 왜 그런가요?
- 이번 주에 경험한 긍정적인 일 한 가지와 부정적인 일 한 가지는 무엇인가요?
- '집'을 떠올리게 하는 것은 무엇인가요?
- 살면서 더 많은 여유와 휴식을 누리기 위해 당신이 하는 간단한 일은 무엇인가요?
- 죽기 전에 하고 싶은 일이 있다면 무엇인가요?
- 가장 좋아하는 단어 중 하나는 무엇인가요? 그 단어를 왜 그렇게 좋아하나요?
- 살면서 지금의 당신이 되게끔 도움을 준 사람은 누구인가요?
- 어떤 질문들이 다른 사람에게서 강력한 반응을 끌어내나요?

호기심 가득한 자신의 모습 떠올리기

고등학교에 다닐 때, 크로스컨트리 스키 종목 코치가 팀원들에게 가만히 누워서 두 눈을 감으라고 했다. 그는 우리가 출전할 약 4.8킬로미터 코스를 달리는 모습을 상상하며 경기에서 좋은 성적을 내는 장면을 떠올려보라고 말하곤 했다.

"모든 오르막과 내리막 그리고 턴을 떠올려봐." 테라우치 코치가 말했다. "경기 내내, 심지어 최종 구간을 질주하며 몇 명을 추월하는 순간에도 자신의 보폭이 넓고 강하다고 상상해보는 거야."

프로 스포츠 코치들과 심리학자들은 오랜 시간 동안 '정신적 리허설'의 중요성에 대해 말해왔다(내가 고등학생이던 게 벌써 수십

년 전이니까. 헉!). 이는 경기 전에 자신이 경기를 잘 치르는 모습을 떠올리면 경기력이 향상된다는 개념이다.

다소 생소하게 들릴지도 모르지만 심리학자 앨런 리처드슨Alan Richardson은 1960년대에 이 주장을 증명하기 위해 놀라운 실험을 수행했다. 떠올려보기visualization가 농구 종목 자유투 던지기에 방해가 되는지 도움이 되는지 측정하는 실험이었다. 그는 실험에 참여한 학생들을 세 그룹으로 나누었다. 첫 번째 그룹은 20일 내내 실제로 자유투 연습을 했다. 두 번째 그룹은 첫날과 스무 번째 날에 한 번씩만 자유투 연습을 했다. 세 번째 그룹은 두 번째 그룹과 똑같이 연습했지만 날마다 20분씩 자유투에 성공하는 자신의 모습을 떠올려보며 보냈다.

마지막 날, 리처드슨은 각 그룹의 첫날 자유투 성공 횟수와 스무 번째 날 자유투 성공 횟수를 비교했다. 첫 번째 그룹의 경우 24퍼센트가 향상됐는데, 매일 연습했다는 점을 감안하면 놀라운 결과는 아니었다. 두 번째 그룹은 실력이 전혀 향상되지 않았는데, 거의 연습을 하지 않았으니 충격적인 결과는 아니었다. 하지만 진정한 통찰은 세 번째, 바로 날마다 떠올려보기 연습을 했을 뿐 실제 연습은 두 번째 그룹에 비해 전혀 더 하지 않은 그룹에서 나왔다. 그들의 성공 횟수는 첫 번째 그룹과 거의 비슷한 수준인 23퍼센트나 향상되었다.[8] 리처드슨의 실험 이후, 이러한 결과는 야구나 체조 같은 다른 여러 스포츠에서 되풀이되어 떠올려보기 연습이 운동 경기 능력을 향상시키는 데 효과적이라는 주장[9]을 뒷받침하고 있다.

떠올려보기를 통해 경기 수행 능력을 향상시킬 수 있듯이 우리는 깊은 호기심을 성공적으로 발휘하는 모습을 떠올려볼 수 있다. 강력한 질문을 던지고 주의 깊게 경청하며 상대방의 반응에 열린 자세를 취하는 등의 모습을 말이다. 머릿속으로 호기심 어린 만남을 그려보는 시간을 가지면 인간관계, 직장, 영성, 자기 자신 등 모든 방향으로 호기심을 적절히 활용할 가능성이 높아진다.

단계별로 해보는 떠올려보기 연습

이제부터 소개할 떠올려보기 조언은 친구를 대상으로 한다. 하지만 그 대상은 가족 구성원, 동료, 애인이나 배우자 혹은 당신이 깊은 호기심을 갖고자 하는 누구로든 쉽게 바꿀 수 있다. 기억해야 할 중요한 점은 상대를 만나기 전 10분 정도 눈을 감고 편안함을 느끼는 환경에서 떠올려보기 연습을 해야 한다는 것이다.

- 앉거나 누울 수 있는 편안한 장소를 찾아 눈을 감는다. 적어도 세 번의 깊은 들숨과 날숨을 의식하며 호흡에 집중한다. 이제 당신의 호기심이 필요할 만한 상황을 떠올려보자. 일단은 친구와 함께 시간을 보내기로 한 상황을 예로 들겠다.
- 먼저, 친구를 만나러 도착한 자신의 모습을 상상하자. 당신이 있는 장소를 떠올려보자. 집인가 아니면 식당인가? 앉아 있는가 서 있는가 아니면 누워 있는가? 주변에 무엇이 보이는가? 어떤 냄새가 나거나 소리가 들리는가?
- 이제 당신이 진심으로 애정을 갖고, 유대감을 느끼며, 친구에게 호기심을 품는 모습을 떠올려보자. 그들을 향해 진심 어린 관심을 보이기 위해 당신은 무엇을 하고 있는가? 어떤 종류의 질문을 건네고 있는가? 목소리 톤은 어떤가? 어떤 몸짓을 보

- 이고 있는가?
- 친구가 당신의 호기심을 잘 받아들인다고 상상하자. 그들의 반응은 어떤가? 그들이 웃거나 미소를 짓고, 아니면 다른 비언어적 표현을 하는가? 당신에게 호기심을 돌려주기 위해 그들은 어떤 행동이나 말을 하는가?
- 친구와 함께 호기심에 푹 빠진 자신을 떠올려보며 떠오르는 느낌에 집중하자. 신체 어느 부위에서 그런 느낌이 드는가? 가령 가슴에서 따스한 기운이 느껴지는가? 배에서 따끔거리는 느낌이 전해지는가?
- 그런 다음 친구가 보여준 호기심과 내어준 시간에 감사하는 자신의 모습을 떠올려보자.
- 마지막으로 잠시 호흡에 다시 집중하자. 적어도 세 번의 들숨과 날숨을 다시금 인식해보자. 부드럽게 눈을 뜨고 원래 있던 곳으로 의식을 되돌리자.

최근에 픽사 리더들을 대상으로 떠올려보기 연습을 진행하다가 그들에게 아는 동료 중 호기심을 구현하는 사람을 떠올려보라고 요청했다. 그런 다음 그 동료의 구체적인 행동이나 말을 생각해보고 그 행동과 말을 다른 사람에게 똑같이 전하는 상상을 해보라고 했다. 떠올려보기 연습 막바지에 우리는 돌아가면서 어떤 경험을 했는지 이야기를 나눴다. 한 참가자는 회사에 들어온 지 얼마 안 된 어느 날 영화 비평 자리에서 경험한 일화를 들려줬다. 한 편의 영화 클립을 보던 중, 감독이 관객에게 피드백을 요청하자 한 사람이 이렇게 대답했다. "하지만 저는 그냥 회계사라서요." 그러자 감독이 말했다. "당신의 목소리, 생각, 아이디어가 중요하기 때문에 픽사가 당신을 뽑았겠죠. 당신의 의견을 듣고 싶어요. 당신이 이 영화를 더 나은 작품으로 만들 수 있어요." 감독의 말이 연습 참가자에게 깨달음을 주었다고 했다. 어떻게 하면 피드백을 해줄 집단의 규모를 넓히고 일반적 대상 너머의 사람들로 호기심의 범위를 확장할 수 있을지 질문할 필요가 있다는 깨달음이었다.

떠올려보기 연습은 대화가 시작되기 한참 전부터 머릿속으로 깊은 호기심을 연습할 수 있도록 해준다. 마음의 눈으로 경험을 쭉 살피고 나면 대화에서 건넬 새로운 질문이나 비언어적으로 어떻게 보이고 싶은지에 대한 통찰을 얻을 수 있다. 친구의 결혼식이나 회사 행사에서 마이크를 잡기 전 말하기 연습을 몇 번 해볼 때처럼, 깊은 호기심의 순간을 정신적으로 리허설하면 도움이 된다. 실제로 실력을 발휘할 기회가 왔을 때 더 많이 준비된 기분과 자신감을 느끼게 해줄 것이다.

떠올려보기가 어렵다면

아판타시아aphantasia는 '마음의 눈'으로 이미지를 볼 수 없는 증상으로, 인구의 약 1~3퍼센트가 이 증상을 겪는다.[10] 대부분 사람들은 머릿속으로 어떤 장면, 얼굴, 대화를 떠올릴 수 있지만 그걸 못하는 사람도 있다. 아판타시아가 있는 사람은 떠올려보기 연습의 이점을 충분히 누리지 못할 가능성이 높다.

만일 그렇더라도 걱정할 필요는 없다. 머릿속으로 시나리오를 상상하는 대신, 극작가가 대본에 등장인물 두 명의 대사를 적는 것처럼 종이에 대본을 써볼 수 있다. 글쓰기나 떠올려보기는 깊은

> 호기심에 알맞은 사고방식을 기르는 데 뒷받침이 되는 유용한 준
> 비 과정이다.

호기심을 기르는 환경 조성

펜실베이니아대학교에서 강의할 때 나는 사회적 기업가 그룹을 데리고 저 멀리 코스타리카 휴양지나 버크셔 언덕 지대로 가서 교육 프로그램의 일부를 진행하곤 했다. 우리에겐 철학이 있었다. 너무 흔한 일상의 번잡한 문화에서 벗어난 자연으로 나가 그들에게 '재연결을 위한 단절'의 기회를 제공하는 것이었다.

휴양지에 머무는 동안 나는 참가자들과 함께 신발을 벗고 맨발로 걷는 활동을 가장 좋아했다. 참가자들에게 주어진 유일한 지침은 주변 자연에만 집중하되 머릿속 목소리는 최대한 조용히 낮추는 것이었다. 나는 그들에게 감각하는 모든 것에 세심한 주의를 기울여보라고 권했다. 어떤 자연의 소리가 들리세요? 어떤 종류의 동물이 보이나요? 발바닥에 느껴지는 땅의 감촉은 어때요? 햇살이 피부에 닿을 때 느낌은 어떤가요? 날카로운 질문도 던졌다. 저 나무둥치에서 갈색을 띤 부분을 몇 군데나 찾을 수 있나요? 저 구름들의 형태는 어떻게 보이나요?

활동 막바지에 이르렀을 때 어떤 이들은 눈물을 흘리기도 했다. "맨발로 잔디 위를 걸어본 게 언제인지 기억도 안 나네요." 한 참가자가 활동 보고 시간에 말했다.

아주 단순한 활동이었지만 팀을 구축하고 매출을 올리기 위해 분주히 일하던 야심 찬 사회적 기업가들이 속도를 늦추고 호기심을 품는 데 도움이 되었다. 휴대폰을 비행기 모드로 설정하고 주변에서 새소리가 들리는 새로운 환경은 끊임없이 성취와 성공을 추구하느라 짓밟힌 그들 자신의 일부를 재발견하는 데에도 도움이 되었다. 다른 환경에 머무는 동안 그들은 새로운 관점으로 사물을 바라보게 되었고, 그러자 정말로 중요한 것이 표면에 드러났다. 그들은 '행동하기'에서 '존재하기'로 나아갔다.

그러나 이런 종류의 휴양이 미치는 영향은 사고방식만 조성한다고 해서 끝어낼 수 있는 게 아니다. 무엇보다도 같은 커리큘럼을 도심에 위치한 빌딩 11층 회의실에서 진행했다면 이 참가자들은 충만한 경험을 못 했을 것이다. 잔디 대신 거친 카펫 위를 맨발로 걸었을 것이다. 자연으로 나간 덕분에 광활함의 감각뿐 아니라 사무실 건물에서는 얻을 수 없었을 다른 관점으로 업무와 삶을 들여다볼 깊은 호기심을 불러일으킬 수 있었다. 환경 설정은 그만큼 중요하다.

이러한 통찰은 조용한 곳에서만 얻어지는 게 아니다. 친구, 가족 혹은 사랑하는 이를 만날 때에도, 주변 환경과 외부 상황이 우리의 내면과 관계의 풍경에 어떤 영향을 주는지에 집중해야 한다. 호기심을 품기에 알맞은 분위기를 조성할 장소를 의도적으로 선정하는 것은 필수다. 나들이하러 나간 공원에서 연애의 다음 단계를 탐구하는 대화를 나누는 것은 꽉 막힌 도로에서 차를 타고 운전하며 대화하는 것과 다르다. 기온이나 배고픔 같은 세부 사항 역시 중요하다. 편안하게 나들이를 즐기기에 바깥이 너무 추운데 담요도 없고 옷도 얇게 입어 포근함을 느끼지 못한다면, 상대방은 너무 춥다고 생각하며 심신에 몰두하느라 당신의 말을 제대로 듣지 못할 것이다. 식사를 하지 않은 상태라면 상대는 당신의 입에서 나오는 말보다 먹고 싶은 음식 생각에 골몰하느라 당신의 호기심에 잘 대응하지 못할지도 모른다.

지난 10년간 음악 축제, 지도자 휴양, 팀원 야외 행사, 예술가 교육 연수를 개최하고 운영하는 과정에서 호기심이 왕성해지는 데 알맞은 환경을 설계하는 일이 어떤 것인지 많이 배웠다. 호기심을 축제 경험으로 엮어내는 방식이 가족과의 오후 소풍을 계획하는 방식과 다르지 않다는 사실을 알았다. 다음 섹션에서 우리는 의도적인 환경 설정이 무엇을 의미하는지, 자기 자신과 다른 사람들이 실제로 호기심에 깊이 뛰어들 수 있도록 설정하는 방법은 무엇인지에 대해 더 자세히 알아볼 것이다.

호기심으로…

당신은 어떤 환경에서 스스로에 대해 호기심을 가장 많이 느끼나요?
그 이유가 무엇이라고 생각하나요?

호기심의 캐비닛 복구하기

무언가 혹은 누군가에게 호기심을 품으려 시도할 때마다 물리적 또는 디지털 대상과 상호 작용하면 도움이 된다. 이는 정확히 내가 아이슬란드에서 〈아버지께〉라는 시를 쓸 때 했던 일이다. 나는 휴대폰에서 아버지의 옛 사진들을 찾아보며 그가 좋아했던 음악을 들었다. 이러한 대상들이 내 호기심을 불러일으켜 글쓰기를 도왔다. 나는 이러한 유용한 대상들을 '호기심의 캐비닛'이라는 은유적 공간에 모았다. 이 용어는 16세기 후반, 사람들에게 경이로움을 불러일으킨 주목할 만한 물건과 유물 수집품을 묘사하기 위해 등장했다.

여기서 언급해야 할 중요한 사항은 역사적으로 이 캐비닛은 식민지적인 방식, 즉 세계의 한 지역에서 (종종 동의 없이) 가져온 물건을 다른 어딘가(주로 유럽)의 컬렉션에 전시하기 위해 설계되었다는 점이다. 우리가 여기서 다루는 호기심의 캐비닛은 타인의 것이 아닌 자신만의 대상들을 활용해 스스로의 이야기 맥락과 관련지을 기회를 제공한다.

호기심의 캐비닛 복구하기는 내가 텍사스대학교 오스틴 캠퍼스에서 학생들에게 가르치는 내적 호기심 연습이다. 나는 학생들에게 현재의 자신을 형성하는 데 가족이 어떤 영향을 미쳤는지 생각해보라는 과제를 주면서 그 지점을 잘 보여주는 디지털 혹은 실제 물건을 가져오라고 요청한다. 친인척 사진을 출력하거나, 어머니가 물려준 목걸이를 찾거나, 조부모가 물려준 책을 가져와도 된다. 아니면 형제자매가 명절에 선물한 카드 게임을 가져오거나 장을 보다가 아빠가 가장 좋아하는 사탕을 사 와도 된다. 이러한 디지털 혹은 실제 물건은 호기심을 자극해 새로운 아이디어와 기억, 통찰을 불러일으키고 다른 학생들의 흥미도 유발해 그들이 과제를 수행하는 데 도움이 된다.

호기심의 캐비닛 복구하기가 꼭 단독 활동일 필요는 없다. 큰 행사나 규모 있는 대화를 앞두고 다른 이들의 이야기를 이해하고자 할 때 함께 구축할 수도 있다. 나는 '우리의 동심 수용하기' 워크숍을 운영하기 전, 각 참가자의 아기 때 사진을 모으고 유년 시절을 대표하는 어떤 물건(혹은 자기 사진)을 가져오라고 요청했다. 한 공간에 모인 디지털 혹은 실제 물건은 사람들이 대화하고 웃으며 서로에 대해 호기심을 갖는 데 환상적인 사회적 윤활유가 된다.

칼리드 엘-하킴Khalid el-Hakim은 '흑인 역사 101 이동식 박물관 Black History 101 Mobile Museum'의 설립자로, 이 박물관은 대서양 항로를 통한 노예 무역 시대부터 힙합 문화 시대를 아우르는 7000여 점의 흑인 유물 원본을 소장하고 있다. 공원 같은 공공장소로 유물을 가져오는 등 전통적인 박물관 공간을 벗어나 물건을 통해 흑인 역사를 보여주는 전시는 대중이 더 쉽게 접근할 수 있는 방식으로 흑인 역사와 문화에 관한 호기심과 대화에 불을 붙였다. 로렐린 크루즈Laurelin Kruse의 경우는 '미국 유물 이동식 박물관Mobile Museum of American Artifacts'을 만들었다. 미국 전역의 일반인에게서 수집한 물건으로 가득 찬 이동식 트레일러를 스테이션왜건 뒤에 연결한 것이다. 각 물건에 달린 색인 카드에는 관련 이야기가 적혀 있어 물건을 사용하던 사람과 그들의 삶에 대해 관람객의 호기심을 유발한다.

이동식 호기심의 캐비닛은 우리 모두가 일상에서 시도할 만한 것을 보여주는 대규모 사례다. 이 연습에서 우리는 수백만 달러의 갤러리 예산 없이 무언가를 수집할 수 있다. 우리의 기억, 이야기 그리고 새로운 교류의 기회를 열어줄 힘을 가진 단순한 물건 혹은 사진을 사용하기만 하면 된다.

호기심 약속 정하기

여러 날에 걸쳐 업무 관련 행사에 참가해봤거나 자녀의 교사가 활동하는 모습을 본 적이 있다면 아마 '약속' 정하기 활동이 친숙하게 들릴 것이다. 때로 규범이라 불리는 이러한 합의는 한 집단에 속한 사람들이 함께 행동하는 방식에 초점을 맞추고 기대치에서 벗어났을 때 책임을 지게 해준다. 약속은 사고방식보다는 환경 설정에 해당한다. 여럿이 함께 만들어가는 공간에서 운용할 조건을 설정하는 도구로 활용되기 때문이다. 달리 말해 약속은 깊은 호기심이 번성할 수 있는 안전하고 생산적인 그릇이 되어준다.

물론 운동 전 스트레칭을 건너뛰는 일부 사람들처럼 이런 종류의 준비 작업은 쓸데없다고 눈을 치뜨며 반박하는 이들도 있겠지만, 무대를 마련하기 전 이러한 추가 단계를 거치면 관련된 모든 사람의 경험을 개선하는 데 정말 도움이 된다. 단 몇 분이라도 할애해 약속을 정해두면 모두가 호기심을 우선순위에 두는 환경을 조성할 수 있다. 반대로, 약속 정하기를 잊거나 호기심을 갖지 않는 쪽으로 합의하면 분위기는 비생산적이고 엉망이 되거나 완전히 무너져 공격과 방어만이 난무할 것이다.

일련의 약속 정하기를 통해 한 집단을 이끌고자 한다면 다음과 같은 말로 시작할 수 있다. "본격적인 대화에 뛰어들기에 앞서 이 공간에 호기심을 불러올 방법에 대해 몇 가지 약속을 함께 만들어봅시다." 당신이 직접 정한 몇 가지 '호기심 약속'을 제안한 다음 대화에 들어가는 것도 영리한 방법이다. 다음 예시를 보자.

- 사람이 아닌 아이디어에 이의를 제기하자. 다른 사람을 인신 공격하지 말자.
- 방해 요소 없이 다른 사람의 말을 경청하자(휴대폰 보지 않기).
- 다른 사람이 자기 생각을 자유롭고 솔직하게 표현하도록 독려하자.

약속의 정의와 몇 가지 예시 목록을 공유했다면 구성원들에게 수정하고 싶은 사항이 있는지 묻자. 목록에 추가하고 싶은 새로운 약속에 관한 아이디어가 있는지 물어보는 시간이기도 하다.

참가자가 자신의 아이디어를 하나씩 공유하면 당신은 들은 내용을 반복해서 말하며 그들의 의도를 정확히 이해했는지 확인한다. 가령 다음과 같이 물을 수 있다. "필, '불편함을 받아들이기. 그래야 우리가 성장한다'를 약속하자고 제안하신 거 맞나요?"

일단 6~8가지 정도의 약속이 정해지면 다음과 같이 말하며 계속 이어 나가자. "이 약속들은 대화를 시작하기에 정말 좋은 지점 같아요. 제가 정해진 약속들을 하나씩 읽어드리겠습니다."

각 항목을 소리 내어 읽은 뒤, 모든 사람에게 이러한 합의를 기꺼이 지킬 의향이 있는지 물어보자. 만일 합의가 되지 않으면 합리적인 의견 일치가 이뤄질 때까지 언어를 계속 매만지자. 내가 합리적인이라는 표현을 쓴 이유는 때로 집단의 규모나 시간 제약 때문에 집단에 속한 모든 구성원의 동의를 얻는 게 불가능하기 때문이다. (그리고 나중에 약속을 제시했거나 어떤 식으로든 동의하지 않는 사람에게 개인적으로 후속 조치를 취하는 것을 잊지 말자.)

약속은 목록으로 끝나지 않는다. 모두가 서로에게 약속에 대한 책임을 묻는 것 역시 매우 중요하다. 예를 들어 누군가가 대화 중에 다른 사람의 관점을 듣고는 그 사람에게 "멍청하다"라느니 "촌스럽다"라느니 "자기도취가 심하다"라고 말한다면, 당신이나 집단 내 다른 사람이 대화에 앞서 작성하고 동의한 약속을 상기시켜야 한다. 다음과 같은 취지로 말할 수 있을 것이다. "지금 당신이 화가 난 건 알겠지만 인신공격은 우리 모두가 합의한 약속을 어기는 행위예요. 분노를 표현할 다른 방법은 없을까요? 사람보다는 아이디어에 초점을 맞추는 건 어떨까요?"

많은 이들이 직업적 맥락에서 규범이나 약속을 바라보는 데 익숙하며, 이것이 한 집단의 분위기를 조성하는 데 얼마나 효과적인지 잘 안다. 그러나 친구나 가족과의 대인 관계에서는 이러한 규범이나 약속이 매우 효과적일 수 있는데도 자주 적용하지 않는다. 물론 조금 더 일상적인 대화이기에 직장에서처럼 진행자 역할을 맡을 사람이 없긴 하다. 그렇다면 개인적인 대화에서도 깊은 호기심을 불러일으키는 중요한 약속을 정하려면 어떻게 해야 할까?

친구와 맥주나 커피를 마실 때와 같은 모든 상황에서 호기심 약속을 정하는 연습이 적절하다고 생각되지 않더라도, 조금 더 편안한 방식으로 호기심 약속을 언급할 수 있다. 친구에게 이렇게 말해보는 것도 괜찮겠다. 지금 당장 문제를 해결하려 들지 말고 내 이야기를 들어주면 좋겠어. 나는 그저 마음을 털어놓을 사람이 필요해. 지금 네가 그 역할을 맡아줄 수 있을까? 아니면 대화 중에 이렇게 말할 수도 있다. 글쎄, 우리가 이 문제를 호기심의 관점에서 생각해보면 어떨까? 우리에게 어떤 생각이 떠오를지 궁금하네.

가족 모임에서 저녁 식사를 하려고 하는데 정치 이야기가 나와서 불쾌해질 것 같다면 식사 전 감사 기도를 올리듯 약속을 정할 수도 있다. 이 자리에 모인 우리는 모두 다른 신념과 견해를 가지고 있어요. 다들 정말 열정적이지만, 서로 판단하거나 공격하는 대신 열린 마음으로 사람들이 나누는 내용에 호기심을 갖기로 동의해주실 수 있을까요? 만일 모두가 동의하면 다들 서로에게 책임을 물을 수 있는 힘을 갖게 됨을 상기시키자. 만일 제가 대화를 망쳐버리거나 호기심의 관점에서 말하지 않는다면 누군가가 알려주실 수 있나요? 또한 모두들 같은 수준의 책임을 받아들여주시겠어요?

호기심 파도에 올라타기

칩 콘리Chip Conley는 스물여섯 살 때 주아 드 비브르 호스피털리티Joie de Vivre Hospitality를 설립해 모텔을 부티크 호텔로 탈바꿈시켰는데, 이는 전적으로 그의 호기심이 이끈 사업이었다. 위치가 매우 좋은데도 디자인이 형편없는 모텔의 공실률이 높은 양상을 알아챈 그는 번화한 샌프란시스코 한복판에서 찾아낸 첫 번째 모텔을 인수해 리모델링했다. 디자인에 중점을 두고 개조한, 즉 부티크로 탈바꿈한 모텔은 돌풍을 일으키며 몇 주 동안 예약이 끊이지 않았다. 하나의 프로젝트가 두 번째, 세 번째로 이어지다 보니 그는 캘리포니아 전역에서 쉰두 곳의 모텔과 호텔을 운영하게 되었다.

힐튼이나 메리어트의 윗선에서 그와 그의 사업을 궁금해했더라면, 주아 드 비브르가 그만큼 큰 성공을 거두지는 못했을 거라고 콘리는 말했다. 그들의 무관심은 그에게 축복이었고, 그 덕분에 콘리는 24년 넘게, 회사를 매각할 때까지 이렇다 할 경쟁 기업 없이 회사를 운영할 수 있었다. 그러나 거울 앞에 서서 자신을 마주 보고 있는 50대 남자의 모습을 본 그는 시간이 얼마나 빠르게 흘렀는지 깨달았다. 그리고 재창조에 대한 갈증도 느꼈다.

"중년기는 사춘기와 비슷해요." 콘리는 말했다. "몸이 변하고, 경력이 변하고, 인생이 변하죠."

많은 사람이 중년의 위기를 경험하지만 콘리는 중년의 확신을 느꼈다. 그는 회사의 성공에 안주하고 매각 대금에 편승할 수도 있었다. 하지만 그는 어떻게 하면 더 성장할 수 있을지, 성장이 자신에게 어떤 충족감을 줄지에 열중했다. 그는 자신의 경력과 인생 후반기를 이끌고 갈 만한 환경을 찾고 있었다.

당시 콘리는 환대 산업을 뒤흔들고자 하는 허접한 신생 스타트업의 젊은 공동 창업자들과 커피를 마시며 대화를 나누었다. 처음에는 그들의 아이디어가 조금 이상해서 불편한 기분이 들었다. 젊은 공동 창업자들은 사람들이 돈을 지불하고 다른 사람의 집에 머물 수 있도록 하는 웹사이트를 만들었다. 그의 머릿속에 판단이 슬금슬금 기어들기 시작했다. 도대체 누가 돈을 내고 남의 집에서 잔다는 거지?

하지만 이내 그는 자신의 그런 무관심이 과거 힐튼과 메리어트가 주아 드 비브르를 두고 무관심했던 것과 다르지 않다는 사실을 깨달았다. 그들과 같은 실수를 저지르지 않고자 그는 계속해서 질문하기로 했고 공동 창업자들과 몇 번 더 만났다. 조금 더 마음을 열자 회의懷疑가 열정으로 바뀌었다. 그는 젊은이들이 기술을 활용하고, 사업의 체계를 세우며, 사회의 미래에 대해 생각하는 모습에 깊은 인상을 받았다. 그들의 모습은 그저 신선한 데에서 그치지 않고 콘리에게 영감을 주고 다시금 창의력이 솟아나도록 해주었다.

물론 어렵고 빠르게 변화하는 기술 업계로 옮기는 것이 불안했지만, 그는 자신이 마주한 이러한 어려움이 결국 자신의 성장을 도우리라는 사실을 알았다. 그래서 콘리는 젊은이들 팀에 합류했다. 몇 년 후 그는 이 허름한 스타트업이 누구나 아는, 수십억 달러 규모의 기업으로 성장하는 데 일조했다. 그 기업이 다름 아닌 에어비앤비다.

콘리는 에어비앤비의 첫 번째 비공식 '멘턴mentern'(멘토와 인턴의 합성어로, 수십 년간의 경험에서 우러나오는 지혜를 전수함과 동시에 주변의 젊은 리더들에게 새로운 기술과 관점을 배우는 사람을 의미한다)이 되었다. 그는 어느 날 갑자기 샌프란시스코의 힙한 사무실에서 자신의 상사를 비롯해 다들 나이가 자기 절반에 불과한 이들에게 둘러싸여 있었다. 그들은 콘리가 알아듣지 못하는 용어들로 말했고 그가 한 번도 사용해본 적 없는 소프트웨어를 사용했다. 그는 배울 것이 많았고, 신속히 배워야 했다.

마침내 일이 수월해졌다. 에어비앤비 근무 막바지에 이르러 콘리의 창의성, 혁신, 성장이 치솟은 것은 호기심이 번성할 수 있는 환경에 있었던 덕분이다. 초창기 에어비앤비와 함께한 날들은 그에게 값지고 인상적인 경험이었다.

콘리는 에어비앤비가 자신을 이끌고 앞으로 나아갈 환경, 즉 '호기심 파도'임을 알아볼 수 있었다. (쉰일곱 살에 서핑을 배운 그에게 완벽히 들어맞는 비유이기도 하다.)

아이슬란드에서 로마나가 내게 아버지에 대한 시를 써보라고 제안했을 때, 그녀는 내가 올라탈 수 있는 호기심 파도를 알아봤다. 나는 안전하고 수용적이면서도 도전적인 환경, 말하자면 아버지에 대한 어려운 감정을 이전에 해보지 못한 방식으로 탐구하는 데 도움이 될 만한 환경에 있었다. 교도소 및 예술가 연수라는 두 공간은 아버지의 수감 생활에 대한 창의적인 탐구를 증폭할 만한 곳이었다.

좋은 호기심 파도는 용감하게 탐구하고 실수할 수 있는 장소다. 또한 너무 어렵고, 불가능하고, 나에게 해당이 안 된다며 물러날 핑계를 대기보다는 더 멀리 뻗어나가도록 초대하기도 한다.

올라타기에 알맞은 파도를 제대로 파악하려면 연습이 필요하다. 당신에게 다가오는 첫 파도에 바로 올라타는 게 아니라 시행착오를 거쳐 최적의 파도를 찾는 방법을 배워야 한다. 물론 완벽한 파도를 찾았다면 충분히 자신감을 갖고 보드의 방향을 틀어 온 마음을 다해 속도를 내야 한다. 일단 파도에 올라타면 물결은 당신을 멀리까지 데려갈 것이다.

에어비앤비가 바로 자신이 올라타고자 하는 호기심 파도라는 것을 알아차렸을 때, 콘리는 엄청난 에너지를 쏟아부어 언어, 소프트웨어, 이 새로운 맥락에 진입하는 데 필요한 기타 지식을 배웠다. 하지만 일단 파도에 올라타자 그저 보드 위에 서서 파도타기를 즐기기만 하면 되었다. 한 번의 파도타기가 영원하지 않듯이 에어비앤비에서의 시간도 영원히 이어지지는 않았지만, 그 여정 자체가 기억에 남고 짜릿했으며 그의 삶과 주변 세상에 대해 가르쳐주었다.

그렇다면 노련한 서퍼가 되어 호기심 파도를 알아보는 방법은 무엇일까? 찾아봐야 하는 몇 가지 분명한 신호는 있다. 먼저, 환경을 평가할 때에는 내적 호기심을 가지는 것부터 시작하자. 내 몸이 어떻게 느끼는지, 어떤 감정이 따르는지 우선 파악하자. 가령 영감이 떠오르거나 활력이 넘쳐 높은 수준의 자극과 열정이 증명되면 호기심 파도라는 긍정적인 신호일 수 있다.

긴장감 같은 감정은 어떤 환경이 당신을 도전과 발전으로 이끌 장소임을 알려주기도 한다. 긴장은 불편을 암시하고, 불편은 성장의 기회를 암시하기 때문이다. 그리고 파도로 뛰어드는 서퍼에게서 배운다는 마음으로 다음과 같은 질문을 던지면 두려움의 근원을 조사하여 그 밑바닥에 닿을 수 있다. 왜 이렇게 초조할까? 이것은 진짜 두려움인가 아니면 상상의 두려움인가? 두려움을 향해 나아가면 내가 어떻게 변화할 수 있을까?

반면 완전한 공황을 느낀다면 당신이 올라타기에 파도가 너무 크고 적절하지 않다는 신호일 것이다. 가령 열렬한 민주당 지지자가 공화당 전당 대회에서 자원봉사를 하는 것은 첫 시도에서 올라탈 만한 파도가 아니다. 모든 사람의 투표권과 민주주의의 공통 가치에 기반을 두고 지역 사회에서 다양한 정치 성향을 가진 이들과 교류하는 투표소에서 봉사하는 편이 더 적절할 것이다. 스스로 격렬한 감정적 괴로움을 유발하지 않는 상황에서 부드럽게 시작하자.

3장에서 배운 것처럼 파악하기 가장 까다로운 감정이 두려움이다. 두려움은 위협이나 기회 혹은 두 가지 모두를 의미하는 과속 방지턱이기 때문이다. 호기심은 끊임없는 배움의 과정이며, 알맞은 호기심 파도를 찾거나 올라타는 데 '실패'하더라도 그때 습득한 정보는 여전히 다음에 깊은 곳으로 나아갈 때 유용하다.

호기심 파도를 알아보는 두 번째 확실한 신호는 해당 환경에서 주변 사람들을 둘러보는 것이다. 그리고 자문해보자. 저들이 당신과 비슷해 보이는가 아니면 달라 보이는가? 호기심 파도는 보통 주변에 없던 사람들로 가득 차 있는 경향이 있다. 그 차이는 나이, 젠더, 인종, 국적, 옷차림, 헤어스타일, 체형, 억양 등 다양하다. 다름을 접하면 다른 사람들의 대조적인 경험, 신념, 관점에서 무언가를 배울 기회가 많이 생긴다.

에어비앤비에서 일하던 콘리의 동료 중 상당수는 나이가 그의 절반밖에 안 됐고, 디지털 네이티브digital native였던 덕에 콘리와는 완전히 다른 세대적 맥락에서 성장했다. 4장에서 다룬 '수녀와 무교도'에게 나이, 신념 체계, 라이프 스타일의 차이는 깊은 호기심이 번성하는 최적의 조건이 되었다. 누군가에겐 아마 자녀를 인종적으로나 경제적으로 더욱 다양한 학교에 보내는 것이 차이를 암시하는 호기심 파도일지도 모른다. 차이는 호기심 어린 마음을 키우는 영양분이다.

마지막으로 살펴봐야 할 신호는 질문의 질이다. 질문들이 더 크고 두려울수록 호기심 파도일 가능성이 높다. 달리 말해 당신의 깊이를 알아야 한다. 매버릭스나 파이프라인(각각 캘리포니아 근처와 하와이의 서핑 명소―옮긴이)에서 많이들 그러듯 초보자가 괴물 같은 파도로 뛰어들면 안 된다. 치명적인 사고가 날지도 모른다.

나는 질문의 규모를 측정하는 이 방법을 '호기심 서핑 보고서'라고 부른다. 가령 어떤 문제에 대해 조처해야 할까?와 같은 잔잔한 파도의 질문은 당신이 배우는 데 도움이 된다. 반면 다음과 같은 더 크고 두려운 질문은 교류와 변화에 더욱 중점을 둔 결과로 이어질 수 있다. 우리의 다른 생각이나 행동을 방해하는 것은 무엇이며, 어떻게 해야 그것을 극복할 수 있을까? 할 거면 제대로 하는 게 낫다. 단지, 너무 과하게 하지는 말자.

호기심을 죽이는 것들: 트롤링trolling과 스크롤링scrolling

기기와 디지털 연결의 세계 역시 우리가 고려해야 할 중요한 환경 중 하나다. 소셜 미디어나 휴대폰은 제대로 사용하면 깊은 호기심에 도움이 되지만, 많은 경우 해가 된다. 예를 들어 우리는 온라인에서 다른 사람들을 더 쉽게 비인간화하고 글자 수 제한이나 미끼용 헤드라인 때문에 미묘한 맥락을 놓친다. 기술은 종종 당신을 새로운 어떤 곳으로 실제로 데려가지 않으면서도 발견의 느낌을 가장하는 알고리즘을 설계하곤 한다.

기술과 더 나은 관계를 구축하려면 '디지털 디톡스digital detoxes'를 실행하고 간단한 규칙과 습관을 설정해야 한다. 기기를 침대로 가져오지 않기, 기기 없이 식사하기, 다음 휴가 때 업무용 휴대폰은 두고 오기, 대중교통으로 이동 중에는 휴대폰을 보는 대신 주변 사람들과 주변 환경을 마주하기 등이다.

준비가 핵심이다

의도하기에서 가장 중요한 것은 바로 준비다. 아무런 준비 없이 무작정 깊은 호기심에 뛰어들면 당신에게 결코 최선의 득이 되지 않는다. 내면 항해사의 정신으로 지혜를 갖추고, 사고방식과 환경 설정을 의도적으로 미세 조정해야 한다. 완벽한 조건이 충족되도록 기다릴 순 없겠지만, 깊은 호기심을 불러일으킬 정신으로 자리를 잡고 미리 대비함으로써 최고의 기회를 움켜쥘 수 있다. 이러한 준비 작업은 목표하는 교류와 변화의 촉발 가능성을 높인다.

호기심의 탐험이 언제나 순조롭지는 않다. 때로 호기심의 항해는 폭풍우와 거친 물살을 헤쳐 가느라 치열하고 힘들다. 이 장에서 소개한 방법을 활용해 의도를 정하고 깊은 호기심으로 신중하게 행동하는 것은 그러한 어려운 시기를 잘 헤쳐 가는 데 중요하다. 기상 조건을 확인하거나 적절한 장비를 갖추지 않은 채 서핑을 하러 나가면 끔찍하게 나쁜 상황에 부닥칠 수 있다. '태도와 환경 설정'을 기억하는 중요한 작업을 간과하면 실패를 거듭하다 결국엔 낙담하고 말 것이다.

의도하기 연습 요약

· 두뇌의 문지기 불러내기

RAS를 잘 활용해 개인적 의도를 설정하고 호기심에 집중하자. 오늘 점심시간에는 묻는 말에 대답만 하지 말고 호기심을 품고 질문할 기회를 찾아봐야지라고 말하는 것만큼이나 간단하다.

· 강력한 질문 목록 작성하기

대화에 앞서 호기심에 도움이 될 만한 질문 목록을 작성하자. 강력한 질문에는 네 가지 요소가 있다. 개방적이고, 흥미로우며, 진정성 있고, 관계에 적합해야 한다.

· 호기심 가득한 자신의 모습 떠올려보기

가장 호기심 많은 자신의 모습을 상상하며 그 느낌과 질문의 유형, 당신의 호기심에 대한 상대방의 반응 등을 떠올려보자.

· 호기심의 캐비닛 복구하기

호기심을 불러일으키는 디지털 및 실제 물건을 수집하자. 꼭 혼자 하지 않아도 된다. 다른 사람도 각자의 물건들을 공유하도록 요청해 집단 대화와 스토리텔링을 유도할 수 있다.

· 호기심 약속 정하기

호기심 넘치는 분위기를 조성하기 위해 대화 참가자 모두가 기꺼이 지킬 수 있는 합의 목록을 함께 작성하자.

· 호기심 파도에 올라타기

노련한 서퍼처럼 강력한 분별력을 길러 호기심과 성장을 촉진할 환경을 알아보자. 당신의 감정을 확인하고 다양한 사람들을 탐색하면서 크고 두려운 질문을 향해 나아가자.

6장

가치 있게 여기기

존 존스John Jones는 일곱 살 때 캐나다 브리티시컬럼비아주에 있는 앨버니 인디언 기숙 학교Alberni Indian Residential School에 강제 입학했다. 나는 WBUR 라디오(미국 공영 방송 NPR의 보스턴 지부―옮긴이)의 한 프로그램에서 그의 이야기를 처음 들었다. 캐나다 선주민 자치 정부 '나누스 퍼스트 네이션Nanoose First Nation' 출신인 존스는 자신의 형들과 누나가 먼저 학교에 가는 걸 보았고, 그들이 2학년에 올라갈 무렵 뒤따라 들어갔다. 그의 부모는 지역의 다른 많은 토착민처럼 자녀를 그 학교에 보내야만 했는데, 그러지 않을 경우 감옥에 갈 수도 있다는 말을 들었다. 존스가 성인이 될 때까지 몰랐던 사실이었다. 60년이 지난 후 존스는 여전히 배신감 때문에 힘들

어하고 있다. 우선은 그의 부모에게, 그리고 학교에서 자신을 돌보았던 어른들에게 배신감을 느낀다.

자신이 겪은 끔찍한 경험에 관해 이야기하던 그는 직원들과 교사들이 신체적, 언어적으로 어떻게 학대했는지 묘사했다. 그는 "더럽고 멍청한 인디언" 같은 유해하고 인종 차별적인 별명으로 불렸다.[1] 학교에서는 오직 영어만 허용되었고, 학생들이 자신의 모어母語로 말하면 직원들은 그들을 소방 호스로 묶어버렸다. 이러한 학대를 지켜봐야 했던 존스는 보복의 공포가 자신의 마음과 성대에 스며들어서 지금껏 모어를 말하지 못한다고 생각한다. 학생들이 자다가 침대에 실수라도 하면 직원들은 학급 친구들을 시켜 실수한 학생을 혁대로 쉼 없이 채찍질하게 했다. 존스는 이를 거부하다가 불복종을 이유로 채찍질당했다.

이 학교에는 성적 학대도 만연했다. 존스 자신도 열여덟 명의 아동을 학대한 혐의로 훗날 유죄 판결을 받은 남성 감독관 아서 플린트Arthur Plint의 피해자였다. 존스는 그가 밤에 초코바 하나를 주며 침실로 유인했다고 말했다. 청결한 느낌을 되찾으려고 하루에도 몇 번씩 몸을 씻어냈지만 도움이 되지 않았다고 고백했다. 1995년 플린트의 재판을 주재한 판사는 그 사건이 45년 동안 법정에서 봐온 최악의 사건 중 하나라고 말했다.

어렸을 적 존스는 학교에서 겪는 피해와 슬픔에 관해 집에 있는 엄마에게 편지를 썼지만 엄마는 한 번도 답장을 보내지 않았다. 성인이 된 후에야 그는 학교에서 편지들을 검열했다는 사실을 알았다. 엄마에게는 편지가 전달된 적이 아예 없었다.

비극적이게도 존스의 이야기는 특별하지 않다. 그는 캐나다에서 끔찍한 기숙 학교 제도를 견뎌내야 했던 15만 명 이상의 토착민 중 한 명에 불과하다. 그동안 신체적 폭력, 성적 학대, 정서적 트라우마, 불충분한 영양 공급, 아동 노동 등 수없이 많은 끔찍한 인권 침해의 현장이 기록되어왔다. 1831년 캐나다 정부가 설립한 기숙 학교[2]는 토착민, 퍼스트 네이션, 메티스Métis, 이누이트를 약화시키려는 악의적 캠페인의 중심이었다. 기숙 학교는 지역 사회에 지속적인 영향을 미쳤다. 1907년 캐나다 일간 신문 〈몬트리올 스타The Montreal Star〉는 전체 아동의 42퍼센트가 학교에서 또는 집으로 보내진 이후 중병으로 사망했다고 보도했다.[3] 캐나다의 마지막 기숙 학교는 1998년에 폐교했다. 즉 이 모든 것은 충격적일 정도로 최근 역사다.

어떻게 이런 일이 일어났을까? 그리고 어떻게 이런 일이 전 세계에서 날마다 일어날까?

탄압, 집단 학살, 강탈이라는 잔인한 행위는 인류 역사의 중심부를 떠받치며 공통된 근원을 공유한다. 바로 비인간화다. 학대를 지속하는 사람들은 한 집단의 고유한 존엄성을 박탈한다. 그것은 기숙 학교가 아직 어린아이에 불과했던 존스를 "더럽고 멍청한 인디언"으로 전락시킬 때 한 일이다. 그는 평가 절하되었고, 온전한 사람이 아닌, 그보다 더 못한 존재로 여겨졌다. 누군가를 평가 절하하는 것은 그들의 인간성을 뺏는 일이다. 더 깊은 수준에서 상대를 보거나 이해하려 하지 않는다. 그것은 무관심을 야기한다.

그리고 그 결과는 치명적일 수 있다.

＊

누군가를 평가 절하하면 혹여 그들에게 베풀었을지도 모를 자비를 거두게 된다. 다른 누군가를 배려하지 않으면 그들에게 깊은 호기심을 갖기도 훨씬 더 힘들다. 심리학자 라사나 해리스Lasana Harris와 수전 피스크는 우리가 평가 절하하는 사람들의 감정을 고려할 가능성이 적다는 점을 발견했다. 한 연구에서 그들은 참가자들에게 노숙인, 소방관, 대학생, 이렇게 세 사람의 일상적인 하루를 묘사해보라고 요청했다. 그 결과 참가자들은 (비인간적인 대우를 자주 받는 집단인) 노숙인의 감정 상태를 소방관이나 대학생보다 덜 고려하는 경향이 있었다.[4] 우리가 누군가의 감정을 고려하지 않으면 그것은 그들을 대하는 방식으로 바뀌고 종종 더 나쁜 방향으로 흘러간다. 해리스와 피스크는 이것이 고문이나 집단 학살 같은 비인간적 행위를 정당화하는 심리적 근거가 된다고 말한다.[5]

하지만 우리가 사람들을 평가 절하하는 방식이 기숙 학교의 학대처럼 언제나 명백하거나 극단적인 것은 아니다. 우리는 타인을 사소하고 미묘한 방식으로, 때로는 무의식적으로 평가 절하한다. 이를테면 친구가 사적인 이야기를 털어놓는데 휴대폰에서 눈을 떼지 못한다. 아니면 이웃과 먼저 상의하지 않고 2미터 높이의

담장을 세우기도 한다. 식당 직원과 항공사 탑승구 직원의 가치를 낮잡아 보면 이들에게 성질을 내거나 인격적으로 모욕하는 게 훨씬 쉽다. 기관과 기업은 아무런 배려나 유의미한 재정적 지원 없이 이메일을 통해 모호하고 비인격적인 언어로 갑작스레 대량 해고를 발표해 사람들의 가치를 평가 절하한다. 비록 이러한 사례들이 존스가 경험한 수준의 학대에는 못 미치더라도 여전히 해롭고 지속적인 영향을 미친다.

평가 절하는 시간이 갈수록 우리의 정신과 관계를 손상시키고 사회를 심각한 균열 상태로 몰아간다. 우리는 평가 절하하는 사람들과 거리를 두고, 이는 우리의 가정과 편견의 토양을 비옥하게 한다. 우리가 다른 사람들과 너무도 분열되고 단절된 느낌을 받는 게 당연하지 않은가?

호기심으로…

다른 사람들이 당신을 평가 절하한다고 느낀 적이 있나요?
그들이 무엇을 했고, 그래서 당신의 기분은 어땠나요?

가치 있게 여기기: 모든 사람의 존엄성을 보기

그렇다면 어떻게 해야 변할 수 있을까? 어떻게 해야 우리는 교류와 이해를 증진해 다른 사람들을, 심지어 우리 자신을 평가 절하하는 성향을 극복할 수 있을까? '가치 있게 여기기'란 실제로 무엇을 의미하며 어떻게 이를 실천해야 할까? 그리고 깊은 호기심을 위해 왜 그것이 중요할까?

가치 있게 여기기란 자신을 포함한 모든 사람의 고유하고 형언할 수 없는 존엄성을 보는 것이다. 그들이 무엇을 했든, 당신이 그들에 대해 어떤 감정을 가졌든, 한 사람 한 사람의 인간성을 인정하는 것이다. 의문의 여지도 예외도 없다. 타인의 고유한 가치를 존중하고 그들을 자율성, 감정, 경험을 가진 복잡한 존재로 보려고 애쓰지 않는 한 우리는 깊은 호기심에 접근할 수 없다.

이 장에서 소개할 사고방식과 도구는 다른 사람의 가치뿐만 아니라 당신 자신의 가치를 인식하는 데 도움을 주는데, 언뜻 보기보다 더 까다롭다. 가치 있게 여기기 근육을 점점 더 강화하면 우리는 자연스레 더 깊은 수준의 호기심에 이끌린다. 이는 자신과 타인에 대해 더 많이 배우고 결국 한 사람의 존엄성을 보는 데 도움이 될 것이다. 그렇게 선순환이 생겨난다.

물론 상대가 어떤 식으로든 당신에게 잘못을 저지른 것 같다거나 중요한 사안에 대해 의견이 다를 경우, 호기심을 갖기가 어려울 수 있다. 예를 들어 한 친구가 저녁 파티에 당신을 초대하지 않아서 다음번에 그 친구와 같은 공간에 있게 됐을 때 그를 피했다고 가정해보자. 소외감과 상처를 느낀 당신은 마음속으로 그 친구를 '그년'이라고 부른다. 그를 형편없는 친구로 여기며 거리를 두기 시작한다. 호기심에서 비롯한 질문을 했다면 채식주의자인 당신을 바비큐 식당에서 연 파티에 초대하지 않았을 뿐이라는 사실을 알게 되었을 텐데, 그 대신 당신은 공격적인 방향으로 향한다.

당신이 이러는 이유는 나쁜 사람이어서가 아니라 고통스러워서다. 이는 무의식적인 방어 기제다. 상대를 타자화하면 무시하거나 심지어 비난하는 게 더 쉽고 거절당했을 때 느끼는 상처도 조금은 덜하다. 우리는 호기심을 끄면 고통도 사라지리라는 착각에 빠지지만, 사실은 그 역효과가 나타난다.

반대로 누군가를 가치 있게 여길 때 우리는 거리를 두기보다는 교류의 길을 택하고, 판단보다는 이해, 무관심보다는 사랑의 길을 택한다. 초대받지 못했을 때의 기분을 탐구하고 친구에게 당신의 고민을 나누며 스스로를 소중히 대한다. 친구를 '그년'이라 부르지 않고 당신의 상처받은 감정에 대응할 기회를 제공할 정도로 친구를 가치 있게 여긴다. 이런 식으로 사람들을 가치 있게 여기는 것이 조금 두렵고 불편하게 느껴질지도 모른다. 많은 이들이 어디로 흘러갈지 모르는 솔직한 대화를 꺼리기 때문이다. 그러나 가치 있게 여기기를 향해 마음을 기울이면 자기 자신뿐 아니라 타인과의 관계를 더욱 건강하고 행복하며 만족스러운 곳으로 이끌 수 있다.

지구상의 모든 사람이 누구도 빼앗을 수 없는 고유한 가치를 지니고 있다는 생각에 동의하지 않는 사람은 없다. 사실 이 책을 읽는 당신도 전적으로 동의하며 고개를 끄덕일 것이다. 우리는 우리가 사람들을 온전히 바라본다고 생각한다. 저마다 삶, 가족, 기쁨, 고난, 직업, 성격, 좋아하는 것과 싫어하는 것을 지닌 복합적인 존재로 말이다. 그러나 고속 도로에서 갑자기 끼어드는 비열한이나 직장에 돌아다니는 미세 공격microaggression을 마주할 때 혹은 육아나 배우자와의 사랑을 망쳐버렸다며 스스로 가혹해질 때면 다른 사람이나 자기 자신을 가치 있게 여기기가 훨씬 더 힘들다. 오히려 우리는 발생한 피해에 지나치게 집중하는 경향이 있다. 하지만 개개인의 고유한 존엄성에 중점을 두지 않으면 그들에게 깊은 호기심을 가질 수 없고 호기심에서 비롯하는 교류와 변화를 가능하게 할 수 없다.

이 장에서 나는 가치 있게 여기기를 실천하기 위해, 특히 일상의 힘든 순간에 할 수 있는 네 가지 실질적인 연습을 다룬다. 바로 '내면의 목소리들과 대화하기', '용감하게 잠시 멈추기', '외면하지 않고 바라보기', '올바른 역할 수행하기'다.

생명과 땅: '인간'에서 더 나아가 가치 있게 여기기

이 장에서는 자신을 비롯한 다른 사람들을 가치 있게 여기는 방식에 초점을 맞추고 있지만, 동물과 땅 역시도 존중받아 마땅한 온전한 존재임을 인식하는 것이 중요하다. 다른 사람을 폄하하거나 가치를 축소하지 않듯 동물이나 땅의 생명도 평가 절하해서는 안 된다. 지구와 주변의 다른 종을 하찮게 여기는 마음은 숲을 벌채하거나 물과 공기를 오염시키고 동물 종 전체를 멸종시키는 등의 해를 가해도 된다는 심리적 허용이 될 수 있다.

자기 자신을 가치 있게 여기기

다른 사람을 가치 있게 여기는 일은 대개 자기 자신을 가치 있게 여기는 것에서부터 시작한다. 주변 사람들에게 호기심을 확장하기 전에 먼저 스스로 호기심을 받을 만한 가치가 있다고 여겨야 한다. 달리 말해 내적 호기심은 사실상 외적 호기심의 문을 여는 열쇠가 된다.

바로 지금도 많은 이들이 이미 자기 자신을 충분히 가치 있게 여긴다고 생각하며 이를 건너뛰고 싶은 충동과 싸우고 있을지도 모른다. 물론 당연히 그럴 테지만, 자신의 전부를 가치 있게 여기는가? 당신은 도움이 필요한 친구에게 늘 저녁을 사주는 자신과 성질이 급한 자신에 대해 똑같이 호기심을 품는가? 틀리는 것을 견디지 못하는 성격이나 면접에서 말했어야 할 모든 걸 되새기며 새벽 3시에도 잠 못 들게 하는 비판적인 목소리는 어떤가?

스스로를 진정으로 가치 있게 여길 때 우리는 자신의 좋은 면과 나쁜 면을 모두 편안하게 파악할 수 있다. 내 안에는 기쁘고 호기심 넘치는 내가 있지만 겁이 많은 나도 있다. 성공한 내가 있는 반면 목표를 놓치거나 완전히 실패했다고 느끼면 가슴이 철렁 내려앉는 나도 있다. 어떤 때에는 아드레날린 중독자인 내가 나타나고 게으른 내가 나타나기도 하며, 또 어떤 때에는 매 순간 목소리를 높이며 살려는 내가, 그러다가도 일찍 일어나 남자 친구와 조용히 커피를 마시려 하는 내가 나타나기도 한다. 이러한 나의 모든 부분은 (유전과 생물학적으로) 타고나고 (양육과 경험에 의해) 길들며 형성된다. 우리는 스스로 가장 마음에 들지 않는 점에 대해 수치심을 느낄 뿐 아니라 그것을 옆으로 밀어내고 직면하거나 받아들이지 않으려는 경향이 있다.

우리는 자신이 좋아하는 점과 자랑스럽지 않은 점 등 많은 부분으로 이뤄져 있다는 사실을 상기하고 모든 부분을 가치 있게 여겨야 한다. 불안, 자비, 사교성, 자주 지각하는 습관, 충동성, 어리석음, 이상주의 같은 면들이 우리를 엉망진창이고 미묘하며 인간답게 만든다. 우리 자신의 온전한 인간성을, 특히 추하고 불완전한 면을 보려고 애쓰지 않으면 우리는 더 비판적이면서 호기심은 덜한 사람이 된다. 우리는 이렇게 생각한다. 아, 나는 항상 불안한 내가 싫어. 아니면 내가 너무 충동적이라 정말 싫어. 궁금함에서 비롯한 다음의 생각과는 대조된다. 내 불안은 어디에서 오는 걸까? 나 자신의 그런 면도 어떻게 하면 사랑할 수 있을까? 또는 충동성은 언제 내게 도움이 될까? 언제 내게 상처를 줄까?

자신의 고유한 가치를 인정하거나 칭찬하지 않을 때 우리는 스스로에게 더 가혹해져서 가면 증후군, 자기혐오, 판단, 수치심에 사로잡힌다. 자신을 평가 절하하면 마치 몸을 구부리고 팔짱을 꼭 낄 때처럼 작아진다. 개방성, 온기, 기쁨의 신호를 내보내지 않는 신체 왜곡이다. 스스로 평가 절하하는 함정에 빠지면 자신은 중요하지 않으니 호기심을 받을 만한 가치가 전혀 없다는 생각으로 빠르게 변질된다.

전 세계 사람들이 스스로 평가 절하하는 현상이 얼마나 만연한지 익히 들어왔다. 한 여성은 번잡한 런던 거리를 걸을 때 자기비판적인 내면의 목소리가 자신과 다른 여성들의 외모를 비교하는 걸 듣는다. 그녀는 자신이 날씬하지 않고, 유행에 뒤처지는 옷을 입었으며, 화장도 촌스럽다고 느낀다. 남편이 아무리 섹시하다고 말해도 본인 스스로는 믿지 않는다. 콜롬비아 보고타에서 만난, 최근에 대학을 졸업한 학생들은 동기들과 자신을 부정적으로 비교한다고 고백했다. 그들은 친구들이 더 많이 성취하고 성공했다고 말했다. 그래서 스스로 실패자라고 느꼈고 자신의 가치를 증명하려고 직장에서 과로했다. 이로 인해 그들은 행복의 원천이었던 인간관계에서 더 고립되었다. 일부 치료사들은 스스로 쓰레기라고 느끼게 만드는 이 심리를 '비교와 절망'이라고 부른다.

그러니 여기서 잠깐 직접적으로 짚고 넘어가겠다. 당신이 누구든 존엄과 존중, 타인의 호기심과 스스로의 호기심을 받을 자격이 있다. 가치 있게 여겨질 자격이 있다는 말이다. 당신의 이야기, 경험, 관점, 여정은 모두 다 중요하다.

스스로 부적절하다는 감정에 휩싸여 있으면 타인과 자신에게 호기심을 품기 어렵다. 우리가 스스로 평가 절하하는 방식은 하루 아침에 벌어진 일이 아니라 살면서 수년 혹은 평생에 걸쳐 길러진 탓이다. 자신을 소중히 여기려면 많은 노력이 필요하기 때문에 많은 이들이 치료사를 찾는다! 하지만 이 작업을 시작할 수 있는 한 가지 소소한 방법이 있다. 바로 자기 자신을 경청하는 것이다.

내면의 목소리들과 대화하기

2017년 나는 친한 친구의 생일을 축하하기 위해 캘리포니아 남부의 조슈아 트리 국립 공원Joshua Tree National Park에 갔다. 약 스무 명이 사막의 하늘 아래 모여 이 과도기적 순간을 기념했다. 나는 당시 두 곳의 직장에서 풀타임으로 일하고 있었고, 할머니는 호스피스에 계셨으며, 우울증과 불안 그리고 공황 발작의 끝자락에 있었다. 친구의 생일을 축하하며 다른 이들과 함께 모임에 참여하는 것이 내게 어떻게든 도움이 되리라 생각했다.

나는 하지 말아야 한다는 걸 직감적으로 알면서도 이 순간을 기념하려고 환각제 한 알을 먹었다. 마지막 순간을 모두와 함께 축하하고 싶었다. 약 한 시간 후 조슈아 나무 앞에 앉은 나와 친구들은 나무를 향해 각자 감사한 일을 돌아가면서 말했다. 우리는 사막을 이리저리 뛰어다녔다. 웃다가 어느 순간에는 친구 주위에 모여들어 그녀를 향해 생일 축하 노래를 불렀다. 그렇다, 우리는 캘리포니아의 비현실적이고 뻔한 사람들이었고 그 순간은 대단히 즐거웠다. 하지만 그것도 잠시뿐, 내 즐거움은 지속되지 않았다.

해가 지고 별들이 머리 위로 모습을 드러내기 시작하자 내면이 세탁기처럼 돌아가는 것 같았다. 메스꺼웠다. 어둡고 소름 끼치는 목소리들이 마음속에서 속삭이기 시작했다. 그들은 불쾌한 말을 건넸다. 너한테서 역겨운 냄새가 나. 넌 괴물이야. 대체 넌 뭐가 문제야? 넌 여기 있으면 안 돼. 나는 목소리들이 진짜가 아니라는 것을 알았고, 나쁜 여행을 하는 중이라고 계속 되뇌었는데도, 목소리들은 여전히 진짜처럼 느껴졌다. 밤새도록 그 목소리들이 머릿속을 들락날락했다. 너무 불안했다. 지난주에 잠을 많이 못 자서 몸이 내게 쉬라고 말하는 거라 생각했다. 나는 슬그머니 자리를 빠져나와 텐트로 갔고 잠을 청하며 목소리들을 차단하려 애썼다.

다음 날 두 친구와 함께 로스앤젤레스로 향하다가 중간 지점에서 인앤아웃버거In-N-Out Burger에 (당연히 더블치즈버거에 애니멀 스타일 소스를 추가해서 먹으러) 들렀다. 음식을 우적우적 먹는데 다시금 목소리들이 들려왔다. 쟤들이 진짜 친구는 맞아? 넌 왜 그렇게 반사회적이야? 햄버거 먹다가 목에 걸려라.

내게 어떤 목소리가 들리는지 말하자 친구들은 걱정스러운 마음을 표했다.

"아직 여행의 여운이 남아서 그럴 거야." 로빈이 말했다.

하지만 다음 날 아침에도 목소리들이 돌아왔다. 그리고 일주일 뒤에도 목소리들은 여전했다. 이쯤 되자 너무 괴로웠다. 맙소사, 드디어 내가 미쳐가는 건가? 하고 생각했다. 이게 영원히 계속된다면? 하는 생각에 너무나 불안했던 나는 며칠간 휴가를 내고 전문가의 도움을 구했다.

몇 주간 치료사와 상담을 했는데 그는 내게 환각제 지속성 지각 장애Hallucinogen Persisting Perception Disorder, HPPD를 겪고 있을 가능성이 가장 높다고 말했다. 흔치 않은 증상이지만, 환각 여행으로 인한 왜곡이 지속적인 영향을 미치는 경우라고 했다. 그는 아마도 내가 수면 부족, 탈진, 사랑하는 이를 잃은 슬픔, 정신 건강의 위기를 통과할 때 강력한 향정신성 약물을 복용한 것이 원인일 거라고 말해주었다.

"목소리들을 무시하려고 아무리 애써도 사라지질 않아요." 치료사에게 말했다. "이건 고문이에요."

"그것들을 밀어내는 대신 호기심을 가져보면 어때요?" 그가 물었다. "목소리들이 무엇을 말하려고, 왜 당신을 찾아온다고 생각하세요?"

누군가가 내게 목소리들을 없애려 하기보다는 들어보라고, 목소리들이 내 관심을 갈망하는 나의 일부임을 인정해보라고 권한 것은 그때가 처음이었다. 그래서 나는 그 주에 내면의 목소리들과 대화해보기로 했다. 나는 목소리들에게 물었다. 내게 무슨 말이 하고 싶은 거지? 어디에서 온 거야? 과거의 어떤 경험들 때문에 내게 이런 종류의 말을 하는 거야?

두려움과 수치심을 뚫고 목소리들과 소통하다 보니 그것들이 내가 잊었던 기억들로 통하는 관문이라는 것을 깨달았다.

나는 그 목소리들이 내게 하는 말이 어렸을 적, 특히 괴롭힘을 당할 때 듣던 말이었다는 사실을 깨달았다. 어린 시절의 장면들이 내 의식 속으로 다시 밀려들었다. 나는 다음 치료 시간에 그러한 뜻밖의 사실에 관해 쉼 없이 말했고, 치료사는 내 노력과 용기에 박수를 보냈다. 환청은 여전히 사라지지 않았지만 나는 그 목소리들을 덜 두려워하기 시작했다.

총 6개월이란 기간 동안 계속되던 환청도 결국 잠잠해져서 이제는 1년에 한두 번 정도만 들린다. 이제 목소리가 들려오면 나는 적대감이나 경멸보다는 호기심과 자비로 맞이한다. 내 기분을 상하게 한다는 이유로 비난하기보다는 목소리들의 고유한 존엄성과 가치를 본다.

환청을 듣지는 않더라도 거의 모든 사람이 어떤 종류의 부정적인 내면의 목소리를 듣는 데에는 공감할 것이다. 그것은 당신을 비하하는, 실수했을 때 '하찮은 존재'로 느끼게 만드는 내면의 비평가일 수도 있다. 아니면 삶의 모든 것에 의문을 품게 만드는 의심의 목소리일 수도 있다. 누군가는 그런 목소리들을 듣지 말라고 말할지도 모르지만, 나는 오히려 그 목소리들과 대화하는 연습을 해보라고 권하고 싶다. 그 목소리들을 제거해야 할 대상으로 치부하기보다는 친구가 되어 사랑해보자. 내적 호기심을 발휘해 다음과 같은 질문을 건네자. 살면서 이런 목소리를 들어본 적이 있는가? 무엇이 목소리들을 유발하는가? 목소리들이 특정 시간대나 특정 사람들과 함께일 때 들려오는가? 그 목소리들을 존중하고 뭔가 중요한 할 말이 있을지도 모른다고 믿으며 실제로 그 목소리에 관여하기 전까지, 우리는 그 목소리들에 짓눌려 교류와 변화로부터 스스로를 차단할 것이다.

내면의 목소리들과 대화하는 한 가지 방법은 스스로 잘 말하지 않게 되는 부분, 특히 감정에 마이크를 대는 것이다. 아마도 당신은 스스로를 행복한 사람으로 보고 싶어 화난 목소리를 자주 밀어낼 것이다. 이런 경우 다음과 같이 물어보자. 이봐, 분노, 왜 그런 감정을 느끼는지 말로 표현할 수 있다면 뭐라고 하겠어? 아니면 조용히 앉아 당신의 분노를 사람이라 상상하고 내면의 목소리를 대하는 방식으로 상호 작용할 수도 있다. 혹은 자리에 앉아 일기를 쓰면서 분노에게 펜을 쥐여 줄 수도 있다. 분노가 당신에게 편지를 쓴다면 뭐라고 쓸까?

감정과의 대화는 스스로를 잘 이해하고 가치 있게 여기는 또 다른 방법이다. 당신은 당신의 분노가 사실 버림받는 데 대한 두려움이나 누군가가 귀 기울여준 경험이 없는 데에서 비롯했다는 사실을 알게 될지도 모른다. 아니면 분노가 당신 앞에 나서서 당신을 안전하게 지키려고 하는 것일 수도 있다. 물어보기 전에는 알 수가 없다.

> ### 호기심으로…
> 당신 내면의 목소리들이 무슨 말을 하는가?
> 그것들을 밀어내는 대신 대화를 나눈다면 어떤 질문을 건넬 것인가?

용감하게 잠시 멈추기

수년 전 나는 운전자 한 명이 포함된 승객 네 명과 함께 리프트 Lyft(미국의 승차 공유 서비스 기업—옮긴이) 공유 차량에 몸을 실었다. 나는 샌프란시스코 필모어 Fillmore 거리에 있는 공연장에서 막 콘서트를 보고 나온 상황이었고, 우리는 함께 시내 도로를 빠져나오며 이런저런 잡담을 나누었다. 어디서 오셨어요? 여기서 얼마나 지내셨나요? 오늘 저녁엔 뭐 하세요? 같은 말들이 오갔다. 마침내 대화 주제는 음악으로 흘러갔다. 나를 제외하고 차에 탄 모두가 음악을 하는 사람이었다.

운전자가 자신은 기타를 연주한다고 하자 내 옆에 앉은 이가 "나도요!"라고 말했다.

조수석에 앉은 사람은 다른 음악인 스무 명과 함께 그룹 하우스에서 지내는 드럼 연주자였고(그런데도 월세로 1100달러를 지불한다고 했다. 어쩌나 샌프란시스코다운지) 마지막 승객은 가수였다. 그녀는 여러 화음을 넣어 힘차게 노래를 부르며 무척이나 열정적인 에너지를 뿜냈다. 우리는 모두 환호성을 질렀다.

그러자 운전자가 백미러를 통해 나를 보며 물었다. "그쪽은요?

"저한테 노래 시키지 마세요." 나는 자조 섞인 말투로 말했다. "할 줄 아는 악기도 없어요."

그러나 언제나 내 마음 깊은 곳에는 단 하룻밤이라도 무대에 오르고픈 꿈이 있었다. 때로 나는 무대에 오르거나 뮤직비디오에 출연하는 공상에 빠지곤 했는데, 아마 그래서 음악 저널리스트로 일하고 음악 축제를 제작하는지도 몰랐다. 직접 하지는 않더라도 그런 방식을 통해 적어도 음악이라는 행위에 가까워질 수는 있었다.

"그래도 항상 밴드에서 연주는 하고 싶었어요." 나는 불쑥 말했다.

그 말을 꺼내자 가슴이 북처럼 쿵쾅거렸다. 심박수가 빨라졌다. 목구멍에 거미줄이 쳐지는 느낌이 들면서 목이 갈라지고 바싹 타들어갔다. 진짜 열망을 구체적으로 말하자 마음이 불편하고 너무 취약해진 기분이었다. 내가 너무 드러나버렸다. 곧바로 나는 이런 말을 내뱉어서 침묵을 메우고 싶었다. "하지만 그런 일은 절대 없을 거예요." 방어와 회피의 기제였다.

침묵을 메우는 것은 서열 정리다. 이렇게 말하는 것과 같다. 나는 이미 당신이 뭐라고 말할지 아니까, 내가 대신 말하고 통제권을 되찾겠어요. 그런데 이는 상대가 무슨 말을 할지 아는 척하고 말을 막음으로써 상대를 평가 절하할 뿐 아니라, 우리 삶에서 원하는 것을 요청하지 못하게 함으로써 자신의 가치도 떨어뜨린다. 침묵을 메우면 안전한 듯 (잘못) 느끼지만, 그 행동은 사실 우리를 새로운 경험, 교류 그리고 변화의 가능성에서 차단한다.

우리는 특히 우리의 욕구와 필요를 실제로 충족시켜줄 수 있는 사람들과 솔직한 마음을 나눌 때 침묵을 메운다. 일상적인 요구를 할 때, 예를 들어 장 보러 간 배우자에게 뭔가를 사다달라고 부탁할 때, 친구들이나 가족과 함께 시간을 보내기 위해 동료에게 늦은 오후 미팅에 대신 가줄 수 있는지 확인할 때에도 마찬가지다.

행여 요청하는 것 자체에 대한 두려움을 극복하더라도 많은 이들이 다음과 같은 말로 침묵을 메워버린다. "안 해줘도 괜찮으니 걱정 마!"

직장에서 급여 인상을 요구하는 등 더 많은 것이 걸려 있을 때에도 이런 일이 일어난다. 당신은 당신이 이룬 성과와 시장에서 형성되어 있는 급여, 조직에 기여한 가치 등의 목록을 작성해 간다. 그 요구가 생계와 연관되어 있는데도 급여 조정을 요청한 다음 이렇게 말하며 침묵을 메운다. "하지만 예산이 많이 빠듯한 걸 알아요, 아마 이번 분기에는 힘들겠죠?" 상사에게 답변할 기회를 주기도 전에 말을 내뱉는 것이다.

달리 말해 우리는 다른 이들이 우리의 욕구와 필요를 가치 있게 여길 기회를 주지 않는데, 사실 그 부분이 우리 인간성의 핵심이다. 그 대신 불안감이나 두려움 등의 이유로 상대방에 대한 자신의 권력을 이용해 상대가 우리의 욕구와 필요를 충족시키고 싶은지 아닌지 결정을 못 하도록 막는다. 자기 자신을 충분히 가치 있게 여기지 않고 스스로의 욕구와 필요를 최소화하기 때문에 애초에 자신이 상대방의 지지를 받을 가치가 없다고 정해버리는 것이다. 특히 '피플 플리저people pleaser', 즉 자신을 희생하면서까지 다른 사람을 배려하는 사람들이 그렇다. 우리는 선뜻 다른 사람이 꿈을 이루거나 필요를 충족하도록 도움을 주면서, 자신에 관해서라면 완전히 다르게 행동한다.

다시 리프트 공유 차량 이야기로 돌아가자.

나는 그때 침묵을 메우는 대신 용감하게 잠시 멈추었다. 즉 질문을 던진 다음 다른 이들이 거기에 어떻게 반응하는지 호기심을 품는 연습을 한 것이다.

두 시간 후, 나는 공유 차량 승객들 모두(운전자도 포함해서!)와 함께 샌프란시스코에서 가장 지대가 높은 곳 중 하나인 코로나 하이츠Corona Heights 공원 정상에 올라 있었다. 별이 쏟아지고 저 멀리 카스트로Castro 마을에 걸린 거대한 자긍심Pride 깃발이 환하게 빛나며 흔들렸다. 연주자들의 그룹 하우스에서 하모니카를 비롯한 악기들을 챙겨 온 우리는 이제 이렇게 즉흥적인 순간에 나오는 막바보 같고 열정적인 기쁨으로 연주하고 있었다. 연주 밴드 이름은 '리프트 리그Lyft League'라고 지었다.

그날 밤 나는 자신을 가치 있게 여긴다는 건 때때로 부탁을 하거나, 꿈을 공유하거나, 누군가에게 필요한 것을 말할 때 자신의 방식에서 벗어나는 행위임을 깨달았다. 질문한 다음 용감하게 잠시 멈추는 것은, 비록 거절당하더라도 스스로가 응답과 지지를 받을 가치가 있다는 믿음을 확고하게 한다. 그리고 나처럼 외향적인 사람, 즉 카풀하며 만난 낯선 이들과도 기꺼이 이런 일을 벌이는 사람들만 할 수 있는 일도 아니다. 가족, 친구, 동료나 이웃 사이에서도 이런 일은 쉽게 일어날 수 있다. 혹여 시 쓰기를 좋아하는데 피드백을 받고 싶어도 작품을 공유하기가 민망할 수 있다. 가장 친한 친구를 만나서 "내가 쓴 시를 보여주고 싶어"라고 말한다면 그때가 용감하게 잠시 멈추기에 딱 좋은 순간이다. 다음과 같은 면책 조항을 덧붙이고 싶은 유혹을 뿌리쳐야 한다. "그런데 지금은 내 시가 쓰레기라서 조금 더 다듬은 후에 보여줄게." "그런데 안 듣고 싶거나 시간이 없으면 꼭 들어줄 필요는 없어."

그 대신 우리는 예상치 못한 곳으로 자신을 데려가 스스로를 가치 있게 여기는 데에서 오는 삶의 마법을 기념해야 한다. 그저 질문하고, 용감하게 잠시 멈추고, 그 용기가 당신을 어디로 데려가는지 지켜보자. 아마 당신만의 연주 밴드와 함께 산의 정상에 올라 있는 자신을 발견하게 될 것이다.

다른 사람을 가치 있게 여기기

많은 이들이 자신이 다른 사람을 가치 있게 여긴다고 생각하곤 한다. 마치 리프트 공유 차량의 승객들처럼 누군가의 꿈을 즉흥적으로 현실화해준 사람이라 여긴다. 우리는 마당이나 창문에 걸어둔 '다양성을 축복하자CELEBRATE DIVERSITY' 플래카드를 가리키고 자선 기부를 자주 한다는 점을 떠올린다. 그러나 우리는 우리가 다른 사람을 절대 평가 절하하지 않는다는 이 (잘못된) 신념을 극복해야 한다. 우리는 모두 의도치 않게 타인을 얕잡아 보곤 한다. 낯선 사람, 지인, 이웃의 가치를 낮잡아 본다. 소셜 미디어에서 아는 사람과 식료품점에서 만난 사람을 은근히 무시한다. 심지어 가장 사랑하는 사람의 소중함을 잊기도 한다.

우리는 자신의 모든 부분을 다 가치 있게 여기지 않는 것과 마찬가지로 다른 사람을 온전한 사람으로 보지 않음으로써 평가 절하한다. 특히 누군가와 의견이 다르거나 상대방과 다르다고 느낄 때 그렇게들 한다. 이를테면 당신은 이렇게 생각할 것이다. 이런, 똑똑한 사람들인 줄 알았는데 알고 보니 백신 접종에 반대하는구나. 혹은 이런 생각을 할 수도 있다. 금방 친구가 될 줄 알았는데 말이 너무 많네. 백신 접종에 반대한다거나 말이 너무 많다거나 하는 하나의 기준만으로 그들의 인간성 전체에 대한 판단을 내린다. 상대의 한 부분이 마음에 들지 않는다는 이유로 그 사람을 평가 절하하고, 동의하거나 공감할 수 있는 다른 모든 부분을 보지 않으려 하는 것이다.

가장 두드러지는 사례는 누군가의 정치적 견해에 근거해 우리가 사람을 대하는 방식이다. 누가 NPR 토트백을 들고 있거나 '미국을 다시 위대하게'가 적힌 모자를 쓰고 있는 등 당신과 다른 견해를 갖고 있는 듯 보이면 건설적인 대화 나누기를 어려워한다. 단지 그런 물건만으로 그 사람에 대해 알아야 할 모든 것을 안다고 판단한다. 그것을 그 사람의 존재, 가치, 관심사, 삶의 경험을 아우르는 총체라 여기고, 공영 라디오 애청자라거나 도널드 트럼프 지지자라는 사실이 한 사람의 인생과 성격의 한 부분이라는 점을 쉽사리 잊는다.

당신 앞에 있는 사람을 단순히 정치적 성향으로만 축소하기보다 우선 가치 있게 여기고 알아가다 보면 호기심과 교류의 문이 열린다. 그러면 말다툼, 좌절, 단절로 이어질 가능성이 줄어든다. 그들에게 성장 환경, 관점 형성에 영향을 준 사람, 인생에서 중요한 것 등을 물어볼 수 있다.

이 과정은 일방적이어서도 안 된다. 당신 역시 정치적 견해를 넘어 당신의 인간적 면모를 보여줄 이야기와 경험에 초점을 맞추면서 기꺼이 자신의 면면을 나누어야 한다.

트럼프 집회나 공화당 모임에 참석했을 때 대화 상대를 가치 있게 여기는 건 정말 중요했다. 여자 친구의 친구들이 계속해서 얕잡아 보고 무시한다고 말했던 남자를 기억하는가? 그는 자신에 대한 친구들의 확신 때문에 상처받았고 오직 선거철에 누구를 뽑았는지를 기준으로 평가 절하된다고 느꼈다. 그에게는 정치적 신념 외에도 더 많은 면이 있었지만 그의 인간성은 온전히 인정받거나 존중받지 못했다. 만일 나 역시 그랬더라면 대화를 나눈 이들이 나를 온전히 인정하거나 존중하지 않았을 것이다.

이런 일이 일어났을 때 우리는 내가 과거에 그랬던 것보다 더 효과적인 방법으로 서로의 말에 귀 기울이고 이해할 수 있었다(그 덕분에 고성이 오갈 뻔한 상황을 한두 번 피하기도 했다). 물론 내 입장이 변한 건 아니지만 나와 대화를 나눈 이들은 내가 미처 생각지 못했던 총기 소지 권리와 석탄 노동자에 대한 새로운 관점에 눈뜨게 해주었다. 나는 전환 치료의 끔찍함과 성 소수자 역시 영적이거나 종교적일 수 있다는 점에 대해 그들이 눈뜨도록 해주었다. 다른 사람을 가치 있게 여긴다 해서 자동적으로 관점 변화가 일어나지는 않으며, 그것이 다른 사람을 가치 있게 여기기의 목표가 되어서도 안 되지만, 역설적으로 대화에서 당신이 진정으로 상대를 가치 있게 여긴다는 것을 전달하면 상대방은 관점이나 인간성을 공격받을 때보다 당신의 관점을 받아들일 가능성이 더 높다. 만일 대화를 시작할 때 "당신은 무지하고 헤어스타일도 멍청해 보이는데요, 어떤 환경에서 자랐고 그것이 당신의 신념에 어떤 영향을 미쳤는지 여쭤봐도 될까요?"라고 묻는다면 아마 생산적인 대화가 이루어지지 않을 것이다.

(정치적으로나 다른 면에서) 당신과 무척 달라 보이는 사람을 가치 있게 여기는 가장 좋은 방법은, 연인처럼 가장 가까운 사람부터 시작하기라는 사실을 깨달았다. 예를 들어 어떤 연인들은 정치적 신념이 서로 다른데도 여전히 행복한 커플로 잘 지낸다. 서로가 상대방을 단순히 정치적 성향이나 견해 그 이상의 온전하고 복합적인 한 사람으로 보는 덕분이다. 가장 가까운 사람들을, 특히 의견 차이가 있을 때에도 가치 있게 여기는 과정을 통해 주민 모임에서 만난 사람이나 자녀의 수영 강사 등 친밀한 관계가 아닌 사람들을 대할 때를 대비한 근육을 단련할 수 있다.

가치 있게 여기기는 동의, 방어, 절교를 의미하지 않는다

타인을 가치 있게 여기는 일은 (잘못하면) "우리는 모두 인간이므로 다 똑같다"라고 선언하며 '손에 손을 맞잡자'는 사고방식과 혼동되기도 한다. 그러나 이런 식의 포괄적인 일반화는 인종 차별을 논하며 "나는 피부색이 안 보여"라고 말할 때처럼 우리의 차이를 납작하게 만든다. 누군가를 가치 있게 여기는 것은 그들의 차이를 인정하고 심지어 축복한다는 뜻이다.

마찬가지로, 상대의 신념이나 이념에 동의하지 않더라도 여전히 존경, 존엄, 호기심의 대상이 될 자격이 있는 전인적 인간으로 누군가를 가치 있게 여길 수 있다. 그렇다고 해서 그들의 관점을, 특히 정의, 소속감, 사랑에 어긋나는 관점을 옹호하거나 지지한다는 의미는 아니며, 경계를 설정할 수 없다는 뜻도 아니다.

가치 있게 여긴다는 것은 개개인을 나처럼 감정, 생각, 가치, 필요, 두려움, 욕구 같은 온전하고 복합적인 인간성을 지닌 사람으로 대한다는 것을 의미한다. 여기에는 반박의 여지가 없다.

외면하지 않고 바라보기

부부 심리학자인 존 가트먼John Gottman과 줄리 슈워츠 가트먼Julie Schwartz Gottman은 사랑을 더 잘할 수 있는 방법에 관해 수십 년 동안 탐구해왔다. 1996년에는 가트먼 연구소를 설립해 연구 기반 실천 및 프로그램을 통한 관계 강화에 전념했다. 그들이 발견한 점은, 더 오래가고 건강하며 행복한 결혼을 만드는 근본적인 해답이 배우자의 관심을 얻으려는 '노력'에 반응함으로써 배우자를 존중하는 데 있다는 사실이었다. 달리 말해 배우자를 (무시하며) 외면하기보다는 바라보는 우리의 능력이 관계를 구축하기도, 깨뜨리기도 했다. 오래 지속되는 친밀함의 비법은 부부간의 유대를 더욱 강하고 오래 유지하게 하는 근본적 통찰이 되었는데, 그것의 핵심 요소가 호기심이다.

우리가 마음을 쓰는 이들을 바라보는 행위는 그들의 가치를 확인해준다. 그것은 누군가가 우리에게 중요하다는 신념을 행동으로 옮기는 방식이다. 배우자가 당신의 관심을 얻으려 노력할 때 존중해줌으로써 당신은 그들을 향해 호기심을 품는다.

상대를 바라보면 더 강한 관계로 이어질 수 있다는 증거는 연애 관계를 대상으로 한 가트먼의 선구적인 연구에서 나왔을지 모르나, 우리 삶의 다른 관계들, 가령 동료부터 이웃 혹은 친구나 가족에게까지도 다 적용될 수 있다. 그렇다면 누군가를 바라본다는 것은 어떤 모습일까?

시애틀에 있는 워싱턴대학교 캠퍼스에서 진행된 가트먼의 연구 중 하나를 조금 더 자세히 살펴보자. 그들은 커플들을 관찰하며 무엇을 발견했을까?

가트먼은 하루 종일 배우자들이 서로의 관심을 받기 위해 노력한다는 사실을 알아냈는데, 그것은 이를테면 저녁으로 무엇을 요리할지, 무슨 책을 읽고 있는지 묻는 등의 질문 형태를 취하고 있었다. 연구 후 6년이 지난 후에도 여전히 부부 관계를 유지한 커플들은 서로의 노력을 '바라볼' 가능성이 높았다. 말하자면 그들은 앞서 언급된 질문에 다음과 같이 말하며 서로의 노력에 응답했다는 의미다. "연어는 어때?" "나 지금 리처드 파워스의 《오버스토리》 읽고 있는데 이거 정말 재밌다!"

'바라보기'의 첫 단계는 상대의 노력을 완전히 무시하고 대꾸하지 않거나 책에서 아예 눈을 떼지 않는 행동을 하지 않는 것이다. 상대의 노력을 바라봐줄 때, 그들은 배우자에게 존중받는다고 느낀다. 해당 연구에서 이러한 종류의 행동은 더 오래 지속하는 부부 관계로 이어졌다.

'관심을 받으려는 노력'의 사례

- 우와! 방금 날아가는 새 봤어?
- 나 어때 보여?
- 음식 맛이 어때?
- 이번 주에 무슨 일 있었어?
- 다음 주말에는 야외로 나가보지 않을래?
- 그릇 치우는 것 좀 도와줄래?
- 지금 나 너무 힘들어.
- 당신 무슨 생각 해?

관심을 받으려는 상대의 노력을 바라보려면 반드시 그것을 의식해야 한다. 그러려면 상대가 질문하거나 뭔가를 지적할 때 상대를 염두에 두고 주의를 기울이고 있어야 한다. 가령 배우자가 "음식 맛이 어땠어?"라고 묻는데 휴대폰에 빠져 있다면 당신의 관심을 받으려는 상대의 노력을 아예 인식하지 못할 것이다. 배우자가 "나 어때 보여?"라고 묻는데 순간적으로 상대가 불안정해 보인다거나 당신의 칭찬을 노리며 미끼를 던진다는 판단이 든다면, 당신이 상대를 바라보는 방식이 애매한 상태인지도 모른다.

흥미롭게도 어떤 노력을 거절하는 것이 외면하는 것보다는 그나마 낫다. 거절하는 건 적어도 상대를 인식하고 있다는 뜻이기 때문이다. 배우자가 "산책 가자"라고 말하는데 선을 그으며 "나 지금 이 책에 푹 빠져 있는데, 점심 먹고 나서 나가는 게 어때?"라고 말한다면 아예 못 들은 체하는 것보단 훨씬 낫다. 적어도 당신이 상대의 말을 들었다는 점을 보여주고 있기 때문이다. 물론 상대가 듣고 싶은 대답은 아닐지 몰라도 누군가의 요구를 인식하는 것은 전혀 못 들은 척하는 것보단 훨씬 훌륭하다. 거절은 상대방의 말을 존중하면서 동시에 당신 자신의 한계 역시 존중하는 것이고, 외면은 말을 무시함으로써 상대방을 비롯해 그들이 나누려 하는 것을 평가 절하하는 것이다.

앞서 언급했듯이, 이 작업은 배우자에게만 적용되는 게 아니라는 점을 기억하자. 바라보기 활동은 친구, 가족, 동료, 이웃 그리고 낯선 사람들과 소통하는 방식에도 적용할 수 있다. 친구가 패션에 관해 뭔가를 언급하며 당신의 관심을 받으려고 노력할 때, 비록 당신은 그 주제에 관심이 없더라도 친구를 바라보자. 그러고는 뭐가 그렇게 흥미로운지 물어보자. 그것을 셔츠를 바지 안에 넣었다가 뒷부분만 빼서 입는 프렌치 턱French tuck 연출법에 관한 구체적인 설명이 아니라 그들에 관해 더 알아가는 기회로 여기자. 만일 동료가 당신의 관심을 받으려고 최근 프로젝트에서 얻은 어떤 통찰을 공유한다면 그것이 당신의 업무와 관련이 없더라도 그들을 바라보자. 그들이 무엇을 배웠는지, 앞으로 업무를 이끌고 가는 데 그것이 어떤 의미인지 물어보자. 업무 자체에 관한 지식이라기라보다 그들과의 관계를 강화하는 기회로 보자. 작가 수전 스콧Susan Scott의 말에 따르면 대화는 관계를 위한 것이 아니라 관계 그 자체다.[6]

심지어 외식하는 중에 종업원이 "음식 괜찮으세요?"라고 물으며 노력을 보인다면 "다 괜찮아요, 감사합니다"라고 자동적으로 대답하고 싶은 충동을 이겨내자. 당신이 진정으로 소통한다는 걸 보여주기 위해서, 진심 어린 모습으로 다가갈 수 있다. "이 음식을 먹으니 할머니 집밥이 생각나요"라거나 "정말 좋은 시간 보냈어요, 친절하게 신경 많이 써주시는 게 느껴지네요"라는 대답이 당신을 어디로 데려갈지 지켜보자.

아직 아무런 관계가 없는 사람들을 비롯해 주위 사람들을 바라볼 때, 당신은 많은 사람들이 한 사람으로서 존중받는 기분을 느끼게 해줄 수 있다. 그들의 하루를 즐겁게 해줄 뿐 아니라 당신 역시 진정으로 그들과 가까워진 느낌을 받을 것이다. 낯선 사람들이 우리에게 말을 걸 때 단지 잡담이나 형식적인 대화(그것이 그들이 하는 일이니까)로 받아들일 수도 있지만, 그들이 호기심을 받을 만한 가치 있는 사람이라는 신호를 보냄으로써 교류할 기회를 만들 수도 있다. 중요한 것은 반응을 요구하는 것이 아니라 문을 여는 것이다.

호기심으로…

지난 한 주 동안 당신의 배우자, 가족 구성원, 친구가
관심을 받으려는 당신의 노력을 바라보지 않았던 적이 있었나요?
그때 기분이 어땠나요?
다른 누군가에게 관심을 주지 않았던 순간은 어떤가요?
그때 상대의 기분이 어땠을 것 같나요?

올바른 역할 수행하기

에밀 브루노Emile Bruneau는 세계적으로 유명한 신경 과학자가 되기 전까지 샌프란시스코만 지역의 어느 고등학교 교사였다.* 당시 그는 아주 많은 대화 계획을 지원했는데, 유색 인종과 백인 학생이 함께 모여 서로의 차이에 관해 이야기하는 프로그램이었다. 그는 백인 학생들이 가령 새로운 관점을 얻는 등의 이점을 누린다는 점을 확인했지만, 유색 인종 학생들에게는 혜택이 없었다. 유색 인종 학생들에게 부정적인 영향을 미치는 체계와 역학은 그대로였고, 그들은 대화 프로그램 이후에도 큰 차이를 느끼지 않았으며, 조금 더 지치기만 했을 뿐 달라진 건 없었다.

그는 스물네 살 때 북아일랜드 벨파스트에서 열린 가톨릭과 개신교 소년들을 위한 여름 캠프에서 자원봉사를 하며 뭔가 유사

---

* 브루노는 거의 2년간 뇌암 투병을 하다 2020년에 세상을 떠났다. 그는 신경 과학 분야에서 존경받았고 모든 면에서 훌륭한 인물이었다. 잠시나마 그를 만날 수 있었던 걸 행운으로 여긴다.

한 현상을 보았다. 미국의 한 비영리 단체가 주관한 이 캠프에서는 6세에서 14세 사이의 어린이 250명이 3주 동안 함께 지냈다.

"모두의 마음은 옳은 곳에 있었습니다. 그러나 아무도 자신이 뭘 하고 있는지 전혀 알지 못했죠." 그는 2015년 〈뉴욕 타임스 매거진〉 작가 제닌 인터랜디Jeneen Interlandi와의 인터뷰에서 말했다.[7]

자연 속을 거닐고 양질의 대화를 나누며 신뢰를 쌓는 연습을 하는 등 모든 게 잘 풀리는 듯 보였지만, 마지막 날 두 소년 사이에 싸움이 벌어졌고 그 싸움에 거의 모든 참가자가 연루되면서 대규모 폭력 사태로 번져 가톨릭 대 개신교 대결이 되었다.

학교와 캠프에서 진행된 대화 프로그램이 얼마나 잘못되었는지 지켜보면서 브루노는 의문을 품었다. 이러한 계획에는 득보다 실이 많은 게 아닐까? 자신의 질문에 답하기로 작정한 그는 다시 공부를 시작하기 위해 미시간대학교에서 신경 과학 박사 학위를 취득하고 대화 프로그램이 왜 효과가 없는지, 더욱 유익한 방식으로 평화를 구축할 방법은 없는지 등 이러한 프로그램에 관한 연구에 집중했다.

그가 얻은 큰 통찰은 다른 누군가의 경험을 경청하는 행위인 관점 취하기perspective taking에 관한 것이었다. 그는 소수자의 관점에 익숙하지 않은 다수 집단에 속한 사람에게는 경청이 더 중요한 활동이라는 사실을 발견했다. 그래서 백인 학생들은 소수 인종 학생들의 이야기를 들음으로써 배우는 게 많았다. 학생들은 자신들이 흔히 접하는 대중 매체나 문화에서 볼 수 없는 관점을 접한 덕분에 기존 가정에 의구심을 품고 때로는 신념을 바꾸기도 했다.

반대로 사회 세력이 약한 소수자 학생들이 백인 학생들의 이야기와 경험을 듣는 데에는 이점이 없었다. 그들에게는 자신의 경험과 관점을 공유하는 게 더 중요했다.

"일반적으로 대화는 모두가 모두를 동등하게 대해야 함을 전제로 하고, 저는 정말로 그 정서를 인정하지만, 두 집단 사이에 갈등이 있을 때 실제로는 그렇게 동등하지가 않습니다." 그는 내가 공동 운영한 공공 선 과학 센터 모임에서 말했다. "보통 힘의 불균형이 존재하는데, 그것을 부정하면 이 프로그램에 참여하는 아이들 중 적어도 절반은 피해를 입습니다."

브루노의 연구는 사회 세력이 더 강한 이들이 귀를 기울이고, 사회 세력이 약한 이들은 자신의 이야기를 더 많이 해야 한다는 생각을 뒷받침한다. 자신의 이론을 검증하기 위해 그는 이스라엘인과 팔레스타인인, 그리고 백인 미국인과 멕시코 이민자를 대상으로 연구를 진행했다. 그는 대화 상황을 설정하고 역할을 부여했다. 한 사람은 연사 역할을 맡아 삶에서 겪는 어려움과 지역 사회 사람들이 직면한 어려움에 관해 이야기했다. 다른 한 명은 청자 역할을 맡아 최선을 다해 상대가 전하는 내용을 이해하고자 노력하며 마지막에는 들은 내용을 되짚었다.

두 경우 모두 결과는 분명했다. 이스라엘인이 팔레스타인인의 말을 들었을 때에는 팔레스타인 사람들을 향한 그들의 태도가 개선되었지만, 이스라엘인이 말을 한 경우에는 상대에 대한 그들의 태도는 물론 팔레스타인인의 태도 역시 변하지 않았다. 백인 미국인과 멕시코 이민자의 사례에서도 마찬가지였다. 백인 미국인이 멕시코 이민자의 말을 들은 경우 상대를 향한 태도가 상당히 개선되었지만, 백인 미국인이 말을 하면 양쪽 집단 모두에 아무런 변화가 없었다.

브루노의 연구에 따르면 호기심의 흐름, 즉 누가 이야기를 나누고 누가 듣느냐는 참여자 그들 자신과 대화 내용만큼이나 중요했다. 자동차 배터리 방전으로 점프 시동을 건다고 생각해보자. 케이블을 올바른 방향으로 연결하면 자동차를 다시 움직이게 할 수 있을 것이다. 하지만 케이블을 잘못된 방향으로 연결하면 케이블과 자동차, 심지어 당신도 피해를 입을 수 있다. 상당한 권력 차이가 있을 때에도 동일한 피해가 발생할 수 있다. 당신이 마땅히 경청해야 할 때 말을 하면 아무리 긍정적인 의도로 한 말이라도 더 해로울 수 있다.

우세한 집단에 속한 사람들은 문화와 사회에서 더 많이 대표되기에 개성이 더 부여되는 반면, 소수자 집단에게는 그런 미묘한 차이가 없다고 여겨진다. 그들은 주로 캐리커처나 정형화된 이미지로 유형화되고, 그들의 이야기를 듣지 않으면 이것들은 더욱 강화된다.

누구든 당신과 당신의 관점에 호기심을 가져야 한다고 주장하며 곧장 당신의 관점을 공유하기에 앞서 우선 관계의 권력 역학에 대해 곰곰이 생각해보자. 그런 다음에 권력에 알맞게 당신의 역할을 결정하자. 사회 세력이 더 큰 집단에 속한다면 당신에겐 경청이 더욱 중요하다. 사회 세력이 약한 집단에 속한다면 당신의 관점을 나누는 역할을 맡도록 하자.

예를 들어 감독자인 당신이 직원과 일대일 대화를 나눈다고 가정해보자. 직원이 지난 몇 년간 프로젝트를 맡는 과정에서 발생한 불만 사항을 토로하고 있다. 당신은 자신의 관점, 가령 리더로서 느끼는 압박 혹은 이것이 마감 일정이나 팀 내 역학 관계에 미치는 영향 등에 관해 말하고 싶은 충동을 느끼겠지만, 우선 잠시 멈추고 자신의 지위를 생각해야 한다. 당신이 그들의 급여나 승진에 대한 결정 권한(혹은 권고 권한)을 갖고 있고 그들의 업무 성과를 평가하므로 직원에 대해 권력을 쥐고 있다는 사실을 깨닫는다. 당신은 청자 역할을 맡기로 하고, 당신의 관점을 공유하는 대신 직원에게 그들의 입장을 더욱 잘 이해하는 데 도움이 되는 이야기를 더 많이 해달라고 부탁한다.

그들이 입장을 말하는 동안 당신은 들리는 내용을 되짚으며 이해도를 표시하고 그 내용의 정확성을 테스트하는 연습을 한다. "내가 들은 바로는…" 같은 진부한 대꾸는 할 필요 없다. 이런 식으로 말해보면 어떨까. "보통 2~3주 걸리는 업무를 일주일 만에 끝내라고 하니 얼마나 막막한지 알겠어요. 다른 프로젝트 업무량은 고려하지 않고 너무 야심 차게 마감일을 잡았다고 생각하는 거죠. 제가 이해한 게 맞나요?" 이런 반응은 당신이 말을 잘 듣고 있다는 느낌을 직원에게 전달할 뿐 아니라 진전으로 이어지는 진정한 통찰을 주어 향후 다시는 같은 불만이 발생하지 않도록 해줄 것이다.

올바른 역할을 수행한다고 해서 이 시나리오 속 상사가 호기심을 받을 자격이 없는 건 아니다. 사실 팀 회의 중이나 프로젝트 및 직원 성과에 대한 피드백을 제공할 때 상사는 이 직원을 비롯해 그들이 감독하는 다른 직원들에게 의견을 말할 기회가 이미 여러 번 있었을 것이다. 오히려 이 활동은 모두의 관점이 고려되고 존중받아야 하며 사회 세력이 약한 이들은 의견을 나눌 기회가 거의 없다는 점을 인지하게 해준다.

한 가지 주의할 사실은 우리가 종종 하나 이상의 사회적 범주, 즉 일부는 소외되고 일부는 다수의 범주에 속한다는 점이다. 이를테면 당신은 흑인이면서 비장애인이고 생물학적 성별과 사회 문화적 젠더가 일치하며 부유하고 이성애자인 남성일 수 있다. 이는 맥락에 따라 화자 혹은 청자의 역할을 맡을 때 영향을 미칠 것이다.

이 활동 이야기를 하니 언젠가 CBS 뉴스 댄 레더Dan Rather 기자와 테레사 수녀의 인터뷰라고 알려진 이야기를 들은 기억이 떠오른다. 두 사람의 대화는 다음과 같이 진행되었다. 레더 기자가 테레사 수녀에게 기도할 때 하느님께 무슨 말을 했는지 물었다. 테레사 수녀는 "저는 듣습니다"라고 대답했다. 기자가 이제 질문을 바꿔 물었다. "음, 그러면 하느님은 뭐라고 말씀하시죠?" 테레사 수녀는 이렇게 대답했다. "그분은 들으시죠."

이 비유를 들을 때마다 항상 궁금하다. 바로 이런 이유로 우리

청자 역할 맡기	화자 역할 맡기
나는 사회 세력이 더 큰 집단에 속하는가?	나는 사회 세력이 더 약한 집단에 속하는가?
나의 관점들이 문화에서 자주 대표되는가?	나의 관점들이 문화에서 거의 대표되지 않는가?
이 관계에서 나는 이미 자주 존중받는가?	이 관계에서 나는 자주 존중받지 못하는가?

가 하느님께 그렇게나 많은 이야기를 하는 것일까? 하느님은 올바른 역할 수행의 과학을 잘 알고 계시니까?

비인간화에서 재인간화로

우리는 스스로의 인간성에 입각해 자기 자신과 다른 사람을 존중하길 택하는데, 이는 특히 차이가 존재하고 갈등을 겪을 때 관계를 강화하는 깊은 호기심의 문을 열어준다.

탄압 체계가 특정 집단에 속한 전체 사람들의 가치를 평가 절하할 수 있는 것처럼, 우리는 체계적인 방식으로 특정 집단 사람들을 가치 있게 여기는 법을 배울 수 있다. 예를 들어 존 존스 같은 기숙학교 생존자들은 머리 싱클레어Murray Sinclair가 주도한 진실과 화해위원회Truth and Reconciliation Commission, TRC를 통해 가치를 존중받았다. TRC는 인디언 기숙 학교 정착 합의Indian Residential Schools Settlement Agreement의 의무 사항으로, 기숙 학교 제도의 역사와 영향을 문서화했다. 이는 본질적으로 많은 비토착민 캐나다인이 향유해온 무관심의 시대가 끝났다는 공개 선언으로, 그들은 이 끔찍한 과거를 직시하고 토착민을 존중하며 치유와 진전을 위한 국가적 노력에 동참해야 했다.

나는 토착민 지도자인 라이 모란Ry Moran(레드 리버 메티스Red River Métis 출신)과 이야기를 나눈 적이 있는데, 그는 성명서 수집 시스템을 구축하고 일부는 비공개, 일부는 공개로 치른 수백 차례 대면 행사를 감독한 사람이었다.

"전국 각지에서 성명서를 모아 온 사람들이 기념식에 모였고 생존자들은 가장 개인적인 기억을 이야기했어요." 모란이 말했다. "그 성명서 수집 팀은 많은 기숙 학교 생존자들이 처음으로 자신의 이야기를 나눌 수 있을 만큼 신뢰한 최초의 사람들이었죠."

호텔방부터 커뮤니티 센터 탈의실을 개조한 공간, 그리고 수천 명이 운집한 경기장까지, 기숙 학교 생존자들은 때로 눈물을 흘리면서도 거부할 수 없는 목적을 늘 유념한 채 이러한 잔혹 행위가 다시는 일어나지 않도록 하기 위해 자신들의 진실을 나눴다. 생존자들의 힘과 용기는 의심의 여지가 없었다. 이러한 진실을 밝히는 시스템 마련은 존스 같은 생존자들의 목소리를 듣는 열쇠였고 캐나다가 화해로 나아가는 데 밑바탕이 되었다.

어떤 이들은 그 과정을 너무도 견디기 힘들어했다. 진술을 수집하는 이들과 생존자들은 이따금 감정에 압도되어 말을 잇지 못했다. 그러나 이러한 진실의 고백을 직접 목격하고 경험한 모란은 TRC 시스템에 대한 깊은 헌신으로 가득 차 있었다.

모란은 앞으로 모든 것이 눈부시고 찬란할 거라는 희망을 암시하고 싶어 하지 않는다. 안타깝게도 많은 캐나다인이 여전히 기숙 학교들에서 벌어진 현실에 대해 듣고 싶어 하지 않거나 들을 수 없다. 일부 비토착민 캐나다인에게는 무관심의 시대가 끝났지만, 다른 이들은 아직도 무지와 묵살의 악순환에 갇혀 있다. 그들은 계속해서 외면한다.

모란은 다음과 같이 말했다. "점점 더 심오한 진실이 폭넓게 드러나고 현재 전국에 걸친 기숙 학교에서 무연고 무덤들이 발견되며 더 심한 일들이 확인되었는데도, 불신과 부정을 명분으로 삼는 소수의 과격한 캐나다인들이 갈수록 늘어나고 있어요." 이 소수 과격분자들은 무관심을 더욱 강화한다.

그렇다 해도 TRC는 기숙 학교 생존자들과 비토착민 캐나다인들 사이에서 대규모 변화를 촉진할 수 있었다. 용기 있는 사람들의 집단이 기꺼이 자신들의 이야기를 공유하고 다른 용감한 집단이 기꺼이 그들의 이야기를 궁금해한 덕분에 국가 전체의 사회적 의식이 심화할 수 있었다. 그렇게 사람들은 이전에는 하지 못했던 방식으로 토착민들과 그들의 경험을 존중하게 되었다. 비인간화에서 재인간화로 옮겨 간 것이다.

이러한 가치 부여 작업이 꼭 정책이나 TRC 같은 야심 찬 프로그램을 통해 국가적 차원에서 이뤄질 필요는 없다. 사실 이 작업은 가정에서, 우리와 날마다 마주치는 사람들을 대하는 방식에서 시작된다. 가령 다음에 당신이 누군가의 정치적 견해 때문에 화가

났다면 그들을 가치 있게 여기는 것부터 시작하자. 그들의 성장 배경이나 삶의 방식을 알아볼 시간 여유가 없다면 그저 그들이 당신과 같은 감정을 지닌 사람이라는 점을 기억하자. 당신이 목격한 한순간의 행동이나 신념의 조각으로 축소하기보다는 온전한 사람으로 보도록 애써보자.

타인을 가치 있게 여기면 상처 주고 싶은 마음이 들기가 훨씬 더 어렵다. 그런 안전의 장소에서 우리는 깊은 호기심을 열어 관계와 삶에서 보다 나은 방향으로 교류하고 변화할 수 있다.

가치 있게 여기기 연습 요약

- **내면의 목소리들과 대화하기**

내면의 목소리들과 감정들, 특히 당신을 아프게 하는 것이 들리고 느껴진다면 애써 무시하지 말고 존중하자. 이를 통해 당신은 고통을 이해하고 증상이 아닌 근본 원인을 해결하는 치유의 길로 나아갈 수 있다.

- **용감하게 멈추기**

당신의 욕구와 필요를 진정으로 가치 있게 여기고, 다음 말을 내뱉을 때 부인하거나 부드럽게 말하지 말고 기꺼이 크게 표현하자. 물론 엄청난 용기가 필요하겠지만 이 연습은 다른 사람들이 당신을 이해하는 데 도움이 되고 당신의 욕구와 필요를 충족시킬 가능성을 열어준다.

- **외면하지 않고 바라보기**

당신의 관심을 받으려는 누군가의 노력을 알아차리자. 그들을 무시하지 말고 귀 기울이고 보고 있다는 확신을 주자. 그러면 연인, 친구, 가족, 공동체 구성원과의 관계가 건강하게 오래 지속되고 더욱 만족스러워질 것이다.

- **올바른 역할 수행하기**

언제 듣고 언제 말해야 할지를 당신의 역할과 지위를 바탕으로 인식하자. 당신의 사회 세력이 더 강하다면 당신은 더 많이 들어야 한다. 사회 세력이 약하다면 화자 역할을 맡자.

7장

수용하기

―――――――――✳――――――――――

릴리 클라크Lily Clarke의 영역은 불이다.

　　그녀는 다른 산불 진화 대원들과 함께 차에 올라타 몬태나의 스완 밸리로 향한다. 기대감, 흥분, 긴장감이 고조된다. 그녀가 들고 있는 무전기에서 잡음과 목소리들이 들렸다 끊겼다 한다. 이내 공중으로 치솟는 연기가 보이고 대원들이 탄 차가 멈춘다. 차에서 뛰어내린 그들은 장비를 내려놓고 방화복을 입은 뒤 물 배낭을 메고 산불과 싸울 준비를 한다. 초기 진화를 하는 것이다. 그들의 목표는 불길을 잠재우고 인명을 구해 다른 쪽으로 이동하는 것이다. 릴리가 대원들에게 지시 사항을 외치는 동안 도구들이 바위에 부딪히고 마른 수풀을 헤집는 소리가 들린다. 그곳에서 몇 시간, 며칠, 심지어 몇 주 동안이나 머무를지 대원들은 알지 못한다.

산불 한가운데에서는 곧바로 극도의 열기가 느껴진다. 짙은 유독성 연기 탓에 선글라스를 끼고 있어도 잘 보이지 않는다. 습기라곤 거의 없고 사막처럼 건조하다. 트윈 커맨더 항공기가 머리 위를 날며 하늘에서 수천 톤의 물을 쏟는다. 지상의 숲에서는 나무가 '타오르며' 화염 속에서 분출하는, 잊기 힘든 고음의 휘파람 소리가 울려 퍼진다. 죽음을 맞이하는 나무가 내는 최후의 비명이다.

그리고 그 소리에 릴리의 목덜미 털이 매번 곤두선다.

*

릴리는 몬태나주 시골에서 자랐다. 그곳 작은 마을에서 정기적으로 발생한 산불이 그녀의 유년기 하늘을 재와 연기로 가득 채우곤 했다. 오랜 세월 떠나 있다가 성인이 되어 처음으로 산불 시즌을 겪던 릴리는 고향 마을에 관해 무언가를 알아챘다. 산불이 일어나면, 불과 함께 분노가 마을 전체로 퍼지고, 주민 300여 명이 모두들 다른 방식으로 이글거린다는 사실이다.

릴리는 주민 모임과 슈퍼마켓 뒷담화에서 소방대원들이 심술궂은 공격의 대상이 되는 것을 들었다. 이웃들은 이 지역의 토지 관리 방식을 마음에 들어 하지 않았다. 그들은 소방대원들이 더 많은 일을 할 수 있었다고 생각했다. 대원들 뒤에서 사람들은 "숲의 서커스단"이라 수군댔다. 소방대원들 편에 선 다른 이웃들은 사람들이 감사할 줄 모른다고 분노했다. "적어도 대원들은 마을을 구하려고 뭔가를 하잖아요"라고 그들은 말했다. 마을 공공의 적은 숲에 난 불이어야 했지만, 산불 시즌마다 그들은 오히려 자기들끼리 싸웠다.

그러나 산불 시즌에 아무리 사납게 서로를 외면해도, 그때가 지나가면 사람들은 불에 탄 나무줄기와 쓰러진 통나무가 있는 황량한 광경으로 한데 모인다. 그곳에는 마치 아무것도 없었던 것만 같고, 한때 살아 있던 숲이 이제는 죽어서 시커멓게 변한 유령이 되었다. 그런데 화재로 황폐해진 숲을 자세히 들여다보면 수많은 생명체가 살고 있고, 스완 밸리 사람들 역시 그것을 본다. 비록 생명체라곤 없는 달 표면처럼 보일지 몰라도, 변화 중인 광경이다.

생명력의 섬들이 숲 지면 전체에 걸쳐 발견되고, 동그랗게 말린 녹색 양치식물과 이끼가 뿌리들을 덮으며 퍼져 나간다. 그러나 가장 많은 이들이 찾는 '개척자 종'은 바로 곰보버섯으로, 파멸의 기간이 지날 때마다 모든 주민이 숲에 모이는 이유다. 곰보버섯은 맛이 좋아 요리사들이 탐내는 버섯이며 산불이 지나간 후에 가장 많이 보인다.

균류학자들은 곰보버섯이 갑자기 자라는 이유와 방식을 여전히 잘 모른다. 한 가지 가설은 죽어가는 나무가 마지막 남은 자원을 새로운 형태로 전환하기 위해 최후의 숨을 내몰아 쉰 결과가 곰보버섯이라는 것이다. 또 다른 가설은 불이 토양 화학적으로 풍부한 영양분을 공급해 곰보버섯이 자랄 수 있는 비옥한 땅이 되었다는 것이다. 그러나 화염이 없었더라면 곰보버섯도 없었을 것이고, 그러므로 곰보버섯은 산불 이후 생명이 숲으로 돌아온 첫 번째 신호 중 하나라는 사실에는 대부분 균류학자들이 동의한다.

산불이 발생하고 몇 달 후 스완 밸리의 성장 시즌이 시작될 무렵, 릴리는 곰보버섯을 찾아 불에 탄 언덕을 오르다가 같은 것을 찾고 있는 이웃을 만난다. 릴리는 그들을 향해 미소 짓는다. 그들도 고개를 끄덕인다.

"정말 미친 듯한 산불 시즌이었어." 누군가가 한숨을 내쉬며 릴리에게 말한다.

릴리는 어릴 적부터 이 이웃과 알고 지냈고, 이 사람이 소방대원들을 향해 비판의 목소리를 높였던 사람 중 하나라는 사실을 두 사람 모두 안다.

"정말 힘들었지." 릴리가 말한다.

스완 밸리 사람들은 자신의 감정에 대해 쉬이 이야기하는 법이 없지만, 그녀는 버섯을 캐러 다니는 이 시기에 어떤 일이 정말로 일어나고 있는지 안다. 그들이 이전의 상처, 분노, 두려움을 인정하며 내려놓기 때문에 한숨을 내쉬는 거라고 그녀는 말한다. 산불 시즌이 끝나고 열기는 식었으며, 잔해 속에서 무언가 영양가 있는 것을 찾을지도 모른다는 모두의 희망에서 비롯한 안도의 표현인 것이다.

인생의 산불 시즌 수용하기

화재가 막대한 피해를 일으키는 곳에 살지 않더라도 개인적 재난의 시즌은 우리 모두에게 닥친다. 인생의 산불은 갑작스레 불쑥 튀어나와 우리의 균형을 무너뜨리고 순식간에 통제 불능 상태로 내몬다. 부모의 암 진단, 사랑하는 사람의 죽음, 새로운 도시로의 이사, 실직, 별거와 이혼 등을 예로 들 수 있을 것이다.

몇 차례 산불 시즌을 겪은 뒤 많은 사람들은 재난이 새롭고 예기치 못한 길로 이어질 수 있다는 사실을 알게 된다. 그러나 당장 그 순간에는 불안정하고 힘들며, 두려움, 불안, 분노, 혼란, 슬픔, 절망감에 휩싸인다. 명확한 것을 찾기 어렵고 두려움에 마비되어 앞으로 나아가지 못한다. 해고를 당하거나 연인과 헤어지면 우리는 확실성으로 스스로를 보호한다. 두려움과 변화에 직면하면 우리 두뇌는 안정감과 통제력을 되찾기 위해 무엇이든 붙들려고 한다. 그래서 우리는 진실이라 느끼는 것들을 공표하지만, 미래는 예측할 수 없기에 그것들은 단지 지어낸 이야기에 불과하다. 나는 다시는 이렇게 좋은 직장을 구하지 못할 거야! 나는 어쨌든 내 배우자를 사랑하지 않았어!

하지만 이런 확실한 진술들은 실제 진실을 가린다. 이런 순간들은 매우 고통스럽고, 피하는 게 불가능하다. 다시는 실직이나 실연의 아픔을 겪지 않으리라 아무리 다짐한들 정말로 그것들을 통제할 수는 없다. 이런 종류의 힘든 순간들도 삶의 일부다. 오히려 보다 실용적이고 현실적인 사람이 되기 위해 인생의 힘든 일들과 나란히 앉아 있는 그대로를 볼 수 있도록 스스로 단련해야 한다. 좋은 일이든 나쁜 일이든 그 자체를 모두 볼 수 있어야 한다. 우리는 이러한 어려운 시기를 헤쳐 나갈 수 있는 대역폭과 회복 탄력성resilience을 확보하고 어려운 일들 때문에 길을 잃거나 휘청거리지 않도록 해야 한다.

소방관으로서 릴리는 불을 두려워할 것이 아니라 불과 함께하는 법을 배워야 한다는 점을 알게 되었다. 릴리가 내게 공유해준 일기의 도입부에는 불에 관해 이렇게 쓰여 있다. "불길에 다가가서 불을 볼 때 나는 사랑에 빠진다. 전율한다. 불에 사로잡힌 기분이 든다. 겁날 때 동료가 괜찮을 거라고 격려해준 적도 있었다. 불은 우리가 두려워해야 할 대상이 아니다. 심지어 불이 났을 때에도 불은 단지 파괴가 아닌 변화이기도 하며 (중략) '화재와 싸운다'라는 표현보다는 화재와 함께한다는 표현이 내겐 더 와닿는다."

인생에서 가장 힘든 시기를 통과할 때 우리는 스스로를 깊은 호기심에서 차단하기 쉽다. 그러므로 이러한 순간들을 수용하는 것은 우리가 단련해야 할 매우 중요한 근육이다. 사랑하는 사람이 죽어갈 때, 우리는 극도의 고통에 압도되어 병문안을 가지 않는 식으로 도망칠지도 모른다. 하지만 그렇게 하면 우리는 사랑하는 이가 여전히 우리와 함께 이 땅에 머무르는 귀중한 순간을, 당신과 상대방이 모두 원하거나 필요로 하는 시간을 놓치고 만다. 그 대신 당신이 이 순간을 수용한다면 그 순간을 잘 마무리하고 사랑을 더욱 깊게 만들어 임종을 앞둔 사람의 소망과 필요에 더 많은 위안을 가져다줄 수 있다.

배우자와의 관계에서 어려움을 겪을 때 모든 게 괜찮은 척 아무렇지 않게 행동하는 게 쉬울지도 모른다. 그러나 그 긴장과 파열을 수용한다면 커플 상담이나 어려운 대화를 통해 관계를 강화하거나 앞으로 나아갈 방법을 찾는 문을 열 수도 있고, 어떤 결정을 내리든 삶에 더 많은 성취감과 행복을 얻을 것이다.

직장에서 해고당했을 때 분노나 슬픔을 느끼는 건 괜찮지만, 상황을 받아들이지 않고 거부하면 이러한 감정을 너무 오래 붙들고 있느라 감정에 갇혀버릴 수도 있다. 그러면 기분과 활기에 부정적 영향이 생기고 새로운 기회를 찾기가 더 어려워진다. 오히려 이 순간을 수용해서 희망적인 면을 볼 수 있을지도 모른다. 해고된 덕분에 경력이나 인생의 방향을 바꾸거나 이전보다 더 잘 맞는 듯한 길을 가는 데 도움이 될 수도 있는 것이다.

물론 수용하는 작업이 쉽진 않지만, 수용하지 않으면 변화의 과정이 결코 쉽지 않다. 다행히도 이러한 어려움을 수용하는 데 도움을 줄 두 가지 내적 자원을 육성하고 촉구할 수 있다.

- 단단히 중심 잡기: 속도를 늦춤으로써 안정감과 편안함을 느끼고 현재에 집중한다.
- 용기 기르기: 두려운 것을 향해 기꺼이 나아간다.

이 장에서는 특히 힘든 시기에 수용하기를 실행하는 데 활용할 수 있도록 세 가지 실질적인 연습을 소개한다. 바로 '퀵샌딩 Quicksanding', '스스로에게 용기의 서약 쓰기', '용기 도우미Doula 되기'다. 이 근육을 기를 때에는 인생의 산불을 멈추거나 통제할 수 없다는 사실을 기억하는 게 중요하다. 삶에서 겪는 어려움이나 부정적인 경험을 보지 않으려는 마술적 사고(자신의 생각 혹은 욕망이 외부 세계에 영향을 미칠 수 있다는 믿음—옮긴이)에서 반드시 벗어나야 한다. 그 대신 힘든 시기를 더 잘 수용하는 방법을 배운다면, 우리는 깊이 들어가, 질문을 던지고, 상상하지 못했던 방식으로 이어져, 목적을 가지고 변화할 공간을 만들 수 있다.

호기심으로…

인생의 산불 중 하나에 접근할 때 보통 어떻게 대응하나요?
이런 시기를 오히려 수용한다고 생각하면 어떤 감정이 드나요?

단단히 중심 잡기

우리는 인생의 힘든 순간들을 바라보지 않으려고 주의를 분산시키곤 한다. 때로 그것은 책임 회피일 수도 있고, 가장 급박한 위기의 순간을 피하고 자신을 보호하는 데 필요한 대처일 수도 있다. 이별 후 신경 쇠약에 걸리기 직전이라면 그 관계가 서로에게 어땠는지, 추후에 어떤 관계를 원하게 될지 탐구하기에 적절한 시기가 아니다. 그래서 안정을 취하고 중심을 잡는 게 중요하다. 그래야만 신체가 안정되고 머릿속이 더욱 명료해진다. 공처럼 몸을 웅크리고 앉아 나쁜 TV 프로그램을 몰아 보며 휴식을 취하는 것도 나쁘지 않다. 문제는 이러한 주의 분산이 언제 도움이 되는지, 그리고 언제 고통을 연장시키는지를 알아야 한다는 것이다.

인생의 산불 시즌을 통과 중일 때에는 스스로를 다잡아서, 완전히 지쳐버리거나 TV 몰아 보기로 후퇴하지 않도록 하는 기술을 갖춰야 한다. 단단히 중심을 잡지 않으면 케이티 페리Katy Perry의 노래 가사처럼 바람에 이리저리 떠다니는 비닐봉지처럼 되고 말 것이다. 중심을 잡으면 더욱 편안하고 안정적으로 느껴 결정을 내리거나 앞으로 나아가려 할 때 명료하게 생각하는 데 도움이 된다. 이는 깊은 호기심을 활용하기 위한 기본 구성 요소다. 그리고 중심을 잡는 데 언제나 효과가 있는 한 가지 방법은, 바로 속도 늦추기다.

퀵샌딩

2010년 당시 문화와 정치를 다루는 온라인 매거진 〈슬레이트 Slate〉 작가였던 대니얼 엥버Daniel Engber는 여러 영화 속 퀵샌드(올라서면 빠져버리는 젖은 진흙탕—옮긴이)의 부상과 몰락에 관한 칼럼을 발표했다.[1] 뜬금없는 칼럼 주제로 보이는가? 물론 조금은 그렇게 보일지도 모르지만 동시에 그는 꽤 날카로운 관찰 결과를 내놓았다.

퀵샌드 비유가 인기의 절정에 이르렀던 1960년대만 해도 영화 서른다섯 편 중 한 편이 가라앉는 진흙탕을 소재로 삼았다. 그는 "뉴욕 브루클린의 P.S. 29 초등학교에 다니는 아홉 살이나 열 살 난 학생이라면 더욱 시급한 걱정거리를 안고 있을 것이다. 드래건, 괴물, 소녀를 엄마에게서 떼어놓는 해변의 거대한 파도 말이다."(만일 2023년을 기준으로 한다면 아이들은 기후 변화, 팬데믹, 학교 총격 사건 등 슬프지만 이 시대가 감당해야 하는 모든 걱정거리를 안고 있을 것이다.) 하지만 이 책을 읽는 어르신들에게는 영화에 나오는 퀵샌드의 그 비옥한 특성이 자신도 언젠가 그 속에 갇혀서 아래로 가라앉다가 질식해 죽을지도 모른다는 공포를 심어주었다.

"퀵샌드에서 살아남는 방법은 무엇인가요?"라는 구글 검색 결과의 제일 상단에는 생물학자이자 야생 생존 가이드인 헤이즌 아델Hazen Audel의 동영상이 있었다.[2] 그의 제안은? 바로 당황하지 않기다. 말처럼 쉽지 않다는 건 나도 알지만, 퀵샌드에서 겁에 질려 허둥대면 더 깊이 더 빠르게 가라앉는다.

두 번째로 해야 할 일은 마음이 아닌 몸에 집중하기다. 아마 퀵샌드에 통째로 삼켜질 것 같아 마음이 다급하겠지만, 물리 법칙 덕분에 (머리부터 빠지지 않았다면) 그럴 일은 없다. 퀵샌드에 포함된 점토, 염분, 수분의 밀도는 인체의 밀도를 초과한다. 그러니 허둥대는 대신 심호흡을 하며 가슴이 오르락내리락하는 것을 지켜보자. 속도를 늦추고 마음보다 몸에 집중하면 감정을 더 잘 통제해 탈출에 성공할 수 있을 것이다.

마지막 단계는 반직관적이면서도 무섭게 들릴 수 있다. 바로 몸을 뒤로 젖히기다. 머리를 표면 위에 가만히 올리면서 몸을 뒤로 젖히고 천천히 두 다리를 앞뒤로 차면 지면이 흔들리며 다리를 더 자유롭게 움직일 수 있는 공간이 생긴다. 마침내 부력이라는 좋은 친구 덕분에 두 다리가 표면 바로 위로 떠오를 것이다. 이렇게 하면 단단한 땅과 안전지대로 흘러갈 수 있다.

대체 왜 내가 퀵샌드 이야기를 하는지 의아할지도 모르겠다. 야생에서 퀵샌드를 마주치는 사람은 거의 없겠지만 비이성적 공포를 야기하는 이 인터넷 토끼 굴은 사실 호기심에 대한 통찰로 이어진다. 우리는 위기 상황에 처했을 때, 가령 업무 강도에 짓눌리거나 자녀 혹은 노부모를 돌봐야 하는 책임으로 스트레스받을 때, 막막하고 두려워 포기하거나 아니면 압도적인 상황을 헤쳐 나가려고 허둥대며 반응적이거나 충동적인 결정을 내리는 경향이 있다. 퀵샌드에 빠진 상황과 마찬가지로 그럴 땐 어떤 반응을 해도 상황을 악화시켜 스트레스, 마비 혹은 두려움에 더욱 빠져들 뿐이다.

삶이 우리를 지치게 하는 순간, 우리의 몸은 투쟁하거나 도피하거나 얼어붙는다. 포기하거나 허둥대는 대신 내가 '퀵샌딩'이라 부르는 연습을 통해 속도를 늦춰보자. 말 그대로 퀵샌드에 빠졌을 때 하는 것처럼 차분하게 호흡에 집중하며 가능한 한 몸이 뜨는 데 집중하자. 그런 다음 햇살 아래서 여유로이 산책을 하거나 좋아하는 노래에 맞춰 온몸으로 천천히 춤을 추는 등 느리고 신중하게 움직일 방법을 찾아보자. 어떤 동작을 하든 서두르지 말자. 서두르면 더 깊이 가라앉는다. 천천히, 신중하게, 의도를 품고 움직여보자.

내 친구 루이사는 엄마, 간병인, 아내, 친구, 이웃 그리고 스타트업 임원으로서 그 모든 책임에 압도될 때 삶에 퀵샌딩을 접목한다. 예를 들어 연이은 회의로 스트레스가 점점 더 심해진다고 느끼는 날 그녀는 몇 분간 천천히 주변을 산책하며 나무, 태양, 하늘에 뜬 구름, 길에서 마주친 이웃들에 대해 호기심을 품는다. 몇 분간 바깥에 있던 그녀는 자신감이 조금 더 차오르는 듯 느낀다. 그 덕분에 그녀는 마음보다는 몸에 집중한다. 메일함에 쌓인 이메일과 계획 중인 업무 행사에 대해 내내 고민하느라 갇히거나 가라앉는 대신 더욱 힘을 빼고 중심을 잡는다.

신체 활동은 치료사들과 코치들이 많이들 추천하는 방법인데도 스트레스나 부담을 느끼는 순간에 몸을 움직이는 사람은 극히 드물다. 오히려 우리는 서둘러 집안일을 하고, 더 열심히 더 늦게까지 일하며, 연이은 통화로 일정을 잡는 방식으로 감정의 강도에 맞추는 경향이 있다. 우리 두뇌는 화재가 발생하면 자신의 의지로 더 많은 불을 피워 그것을 이겨내는 게 승리라고 믿도록 설정되어 있다. 그러나 이는 스트레스에 기름을 붓고 우리를 더욱 지치게 할 뿐이다. 우리는 지배하고 싸우는 것이 곧 이기는 것과 동일시되는 문화에 살고 있기에 많은 사람들이 이런 성향을 가지고 있는 것은 아주 당연하다. 하지만 진정한 승리를 위해서는 일시적 후퇴를 성공의 전략으로 봐야 한다.

체스를 둘 때 가끔은 퀸을 안전한 곳에 끌어다 놓아야 할 때가 있다. 그래야만 다시 정신을 가다듬고 임박한 위협 없이 다음 수를 볼 수 있다. 사랑하는 사람을 돌볼 때에도 마찬가지다. 당신은 그들과 함께 TV를 보거나 병상 옆에서 함께 자면서도 정작 자신을 위해 햇살 아래서 산책하는 것은 잊는다. 미취학 자녀를 댄스 수업에 데려가면서도 자신은 춤출 생각을 않는다. 이렇게 힘든 순간에 몸을 움직여 호기심을 발휘하는 것은 마음속 불안 소음에서 벗어나 속도를 늦추고 뒤로 물러서는 데 도움이 되기에 매우 중요하다.

연구 결과 역시 이를 뒷받침한다. 속도를 늦추면 코르티솔과 스트레스 수치가 낮아지고 위기 상황에서조차 마음이 편안해진다.[3] 또한 연구 결과에 따르면 속도를 늦추면 의사 결정을 더 명료하게 내릴 수 있고, 현재에 더 집중하고, 경험에서 더 많은 의미를 찾으며, 다른 이들과 더 깊이 교류할 수 있다. 속도를 늦춤으로써 우리는 스스로 압도감의 퀵샌드에 더 깊고 빠르게 빠지는 것을 방지하고, 더욱 견고하고 안전한 지반으로 이동할 수 있는 능력을 지니고 있음을 발견한다.

여전히 믿기지 않는가? 이것을 도전 과제로 삼아보자. 앞으로, 앞으로, 앞으로 나아가는 대신 속도를 늦추고 휴식을 취해도 모든 것이 무너져 내리지 않는다는 것을 스스로 증명해보자.

나는 학생, 기업 리더 그리고 산불 시즌의 열기 한가운데 있다고 느끼는 많은 이들처럼 다양한 연령대와 계층의 사람들에게 이 조언을 전했다. 물론 나 또한 이 조언을 활용한다. 인생의 어려운 순간들을 수용하기 위해서 우리는 반직관적으로 느껴지더라도 반드시 잠시 멈춰 서야 한다. 작가 바요 아코몰라페Bayo Akomolafe가 듣고 자란 명언처럼 "시대가 급하니, 우리는 속도를 늦추자."

호기심으로…

음악에 맞춰 천천히 춤추기, 야외에서 가볍게 산책하기, 호흡에 집중하기 외에 신체에 집중하며 속도를 늦출 수 있는 다른 방법에는 무엇이 있을까요?

용기 기르기

연구자 겸 작가인 브레네 브라운Brené Brown에 따르면 용기는 "마음의 단어"다. 그녀는 용기가 내면의 힘, 그리고 좋고 나쁨에 대해 정직하고 공개적으로 말할 수 있는 수준의 헌신을 요구한다고 말한다. 결과를 모르는 상황에서의 위험을 비롯해 다가올 불확실성, 불편함, 고통을 감수하길 요구한다. 또한 용기는 두려움이나 불안에 갇히지 않고 앞으로 나아가도록 영감을 준다. 이를 통해 우리는 삶에서 더 많은 교류와 변화의 길로 나아간다.

특히 힘든 순간에 우리는 깊은 호기심을 품을 수 있는 용기를 가져야 한다. 그러지 않으면 우리가 정말 아플 때 자신의 몸에 주의를 기울이지 않거나, 법적 또는 재정적 문제가 발생했을 때 상황을 파악하지 않거나, 자연재해로 집을 잃은 후에 또 어떤 일이 기다리는지 궁금해하지 않을 것이다.

그러나 우리에게는 용기를 기르고 잘 모르거나 불편한 무언가를 향해 나아가는 데 도움이 되는 도구들이 필요하다. 내가 결혼 서약과 임종 도우미의 접근 방식에서 영감을 받은 이유다. 결혼 서약은 명료성, 내면의 힘, 공유된 비전을 제공함으로써 결혼 후에 우리를 기다리는 것을 향해 나아갈 수 있도록 도와준다. 임종 도우미는 자비의 힘에 초점을 맞추고 바로잡기보다는 지켜봄으로써 의뢰인이 죽음을 향해 나아가도록 도와준다. 이제부터는 서약의 힘과 임종 도우미의 지혜에서 영감을 받은 두 가지 사례를 다루며, 우리를 치유하고 지원하는 호기심의 공간을 열어 힘든 시기를 헤쳐 나갈 용기를 기르는 방법에 관해 알아볼 것이다.

스스로에게 용기의 서약 쓰기

내가 세상에서 가장 좋아하는 일 중 하나는 결혼식 사회다. 가장 친한 친구 몇 명의 결혼식에서 사회를 볼 기회가 있었는데, 살면서 가장 영광스러운 순간이었다. 결혼을 향한 한 커플의 여정에 동행해 그들의 지인들이 지켜보는 가운데 두 사람의 사랑을 인가하는 예식을 함께 연출하는 것은 내게 진정한 기쁨이다. 결혼식은 두 사람의 관계가 얼마나 깊고 튼튼한지와 별개로 당사자들에게 긴장되는 순간이기도 하다. 결혼은 서로와 관계에 대한 새로운 종류의 헌신을 의미하며 큰 변화로 이어지는 인생의 중요한 순간이기에, 사람들이 거창한 감정을 품는 게 당연하다.

사람들은 인생의 중대한 순간들을 헤쳐 나갈 때 공동의 비전을 조정하기 위해 서약 같은 의식ritual을 활용한다. 결혼식에는 종종 서약 절차가 있으며, 이때 커플들은 서로의 배우자, 관계, 사랑 그 자체를 위해 어떤 모습을 보일 것인지 솔직한 마음을 나눈다.

물론 결혼식은 우리 자신과 타인과의 관계에 생기는 변화를 기념하려고 모이는 하나의 사례일 뿐이다. 의식은 출생과 시작, 축하, 심지어 죽음을 기념하기 위해 수천 년 동안 존재해왔다. 마오리족은 인생을 축복하고, 손님을 환영하며, 성과나 행사를 인정하고, 자연 현상을 기리기 위해 하카 댄스를 춘다. 성인식 축하 행사로는 유대교에서 소년의 열세 번째 생일을 축하하는 바르 미츠바bar mitzvah나 많은 라틴 아메리카 문화권에서 소녀의 열다섯 번째 생일을 축하하는 성인식인 퀸세네라Quinceañera가 있다.

최근 연구에 따르면 의식은 우리가 서로 더 이어져 있다고 느끼게 해주고 불안을 줄여준다고 한다.[4] 2019년 노트르담 대성당에 화재가 발생했을 때 파리 시민이 함께 모여 노래를 부른 이유나, 코로나19 팬데믹 초반 상황이 급격히 나빠졌을 때 이탈리아 사람들이 창문을 열고 텅 빈 거리를 향해 노래를 불렀던 이유도 바로 이 때문일 것이다. 의식은 우리가 속도를 늦추고 성찰하는 데 도움을 주며 이미 일어나고 있는 일이나 다가올 일에 대해서도 용기를 심어준다.

특히 결혼식을 올리는 순간, 큰 행사를 치르는 결혼식 당일과 이어지는 결혼 생활에 대해 부부가 느끼는 감정들을 잘 헤쳐 나가도록 도와주려고 내가 찾아낸 한 가지 접근법은 양쪽 모두 스스로에게 서약을 쓰도록 권하는 것이다. 결혼식 중에 꼭 공유해야 할 필요는 없지만, 자기 자신을 대하고 지지하는 방식이 배우자와의 관계에도 역시 영향을 미친다는 점을 기억할 수 있는 방법이다. 자신에게 서약을 작성하면 스스로를 어떻게 사랑할지에 관해 정말 명확히 이해할 수 있다.

자기 자신에 대한 서약은 다음과 같은 질문으로 시작한다. 이 여정에서 나는 나 자신을 어떻게 대할 것인가? 나 자신의 필요와 요구에 어떻게 적절히 대응할 것인가? 나는 어떻게 사랑을 주고받고 싶은가? 힘들고 고통스러운 시간 동안 나 자신을 어떻게 돌볼 것인가? 이러한 질문에 답하며 자신만의 서약을 작성함으로써, 성찰의 과정을 통해, 우리는 앞으로의 여정에서 어떤 모습을 드러낼지 더욱 명확히 알 수 있다. 이는 우리를 안심시키고 더 깊은 용기를 안겨준다. 우리는 외부 자원에만 의존할 필요가 없다. 우리에게는 미래에 우리를 기다리는 어떤 일이라도 헤쳐 나갈 때 활용할 수 있는 내적 자원도 있다.

용기의 서약은 결혼식 때만 하는 것이 아니다. 우리는 인생의 어떤 전환기나 어려운 순간에 서약을 쓸 수 있다. 가령 새로운 직장에서 일을 시작한다면 업무 시작 전 며칠 혹은 몇 주 동안 '카운트다운' 기간에 시간을 내어 직장에서 스스로를 어떻게 지지할지,

어떤 경계를 설정할지 작성하고, 사무실에 출근했을 때 어떤 모습을 보일지에 대해 브레인스토밍을 해볼 수 있다.

특히 빈 모니터 화면이나 종이를 눈앞에 펼쳐두고 있을 때에는 어디서부터 시작해야 할지 막막할 수 있으므로 다음 길잡이 중 몇 가지를 참고해 시작해보자. 서약은 당신의 필요와 스스로에게 하고픈 약속을 반영해야 하므로 시간을 갖고 창의력을 발휘해 자신만의 스타일로 작성하자.

용기의 서약을 위한 길잡이

- 나는 …함으로써 나 자신을 사랑할 것이다.
- 나는 …함으로써 나의 필요와 욕구에 계속 관심을 가질 것이다.
- 나는 …함으로써 나의 안녕감을 지원할 것이다.
- 즐거운 시기에 나는 …할 것이다.
- 어려운 순간에 나는 …할 것이다.
- 고통스러운 순간에 나는 …함으로써 스스로를 돌볼 수 있다.
- 나는 어서 …하고 싶어 견딜 수가 없다.
- 나는 …라는 교훈에 마음을 열어둘 것이다.

용기 도우미 되기

그녀는 쿠바에 죽으러 간 게 아니었다. 하지만 알루아 아서Alua Arthur는 하마터면 죽을 뻔했다.

쿠바 수도 아바나를 방문한 그녀가 길을 건너려고 연석 아래로 발을 내딛는데 그 순간 차 한 대가 그녀를 거의 들이받을 뻔했다. 2톤짜리 강철 덩어리가 불과 몇 센티미터 차이로 그녀를 비껴갔다. 순식간에 그녀의 모든 것이 끝장날 수도 있었다. 아서는 심장이 너무 쿵쾅거리는 바람에 잠시 가던 길을 멈추고 마음을 가다듬은 뒤 목적지인 버스 정류장으로 향했다.

버스표를 사려고 줄을 선 아서는 깃펜 문신을 한 어느 여성을 만났고 자연스럽게 대화를 나누게 되었다. 마침 두 사람은 같은 버스의 표를 끊었고, 그 여성은 아서를 위해 자리를 맡아주었다.

"근사한 문신이에요." 아서가 말했다.

"제가 글 쓰는 걸 좋아해서요." 그 여성이 답했다.

"쿠바에는 어떻게 오셨어요?" 아서가 물었다. 여행 중에 만난 사람에게 건네는 전형적인 질문 중 하나였다.

"저는 자궁암에 걸렸어요." 갑작스러운 대답이었다.

아서의 눈이 휘둥그레졌다. 평범한 질문에 그런 대답이 나오리라고는 예상치 못한 탓이었다. 아서는 제시카라는 이름의 그 여성에게 더 많은 이야기를 기꺼이 나눠줄 수 있는지 물었다.

알고 보니 제시카는 전 세계에서 죽기 전에 가보고 싶은 여섯 곳을 표시해두었는데, 쿠바도 그중 하나였다. 두 사람 다 30대에다 제시카는 아서보다 겨우 두 살 많았기 때문에 아서 자신도 언젠가는 반드시 죽게 된다는 사실을 실감했다.

아서는 암에 관해, 죽음에 관한 제시카의 생각에 대해, 시한부

판정을 받은 기분이 어떤지에 관해 물었다.

제시카는 자신의 생각, 느낌, 경험을 나누게 되어 기뻤다. 이전에는 누구도 감히 그런 질문을 하지 않았기 때문이다. 사람들은 보통 제시카에게 "젊으니까 곧 좋아질 거야"라든가 "걱정하지 마, 괜찮을 거야" 같은 뻔한 말들만 건넸다. 아마도 제시카가 받은 진단에 대한 불편한 마음을 감당할 수 없었으리라.

그러나 아서는 다른 방식으로 대화에 접근했다. 그녀는 다소 두렵고 불편해도 제시카의 현실을 받아들였다. 제시카는 죽어가고 있었지만 또한 그녀는 죽을 만큼 이해받고 싶었다.

아서와 제시카는 이후 열네 시간 동안 암, 여행, 가족, 인생 그리고 죽음에 대해 이야기를 나눴다. 아서 역시 자신의 이야기와 고충을 나누었다. 훌륭한 대화를 이어가던 두 사람은 계속 친구로 지내기로 했다.

그날 밤 제시카는 충격적인 폭로를 했다.

"알루아, 이상하게 듣지 말고요, 혹시 하마터면 당신을 칠 뻔했던 그 차 기억해요? 내가 그 차에 타고 있었어요."

그 버스에 오른 일은 아서의 인생에서 중요한 순간이 되었다. 그녀는 제시카처럼 죽음에 대해 이야기할 자리가 없는 이들이 많다는 사실을 깨달았다. 죽어가는 사람 곁에 사랑하는 이들이 있다 해도 그들은 때때로 너무 불편해 용기 있게 죽음을 마주하지 못한다. 하지만 죽어가는 사람도 여전히 사람이다. 그들 각자는 여전히 무척 생생하게 살아 있기 때문에 진정한 자기 자신을 상대가 알아봐주고 이해하며 존엄한 인간으로 대우해주길 원한다.

쿠바 여행을 다녀온 후 아서는 변호사 일을 그만두고 임종 도우미로서의 여정을 시작했다. 조산사나 산파의 반대 역할인 임종 도우미는 죽음을 앞둔 누군가를 지원하며 그 사람과 그가 사랑하는 사람들이 죽음의 경험을 잘 헤쳐 나가도록 돕는 일을 한다. 사전 연명 의료 의향서나 유언 작성을 돕는 등 세부 계획을 세우는 일을 지원하기도 하지만, 가장 중요한 역할은 죽어가는 사람의 말을 경청하고 들은 말을 되풀이함으로써 그 사람을 지켜보고 함께해주는 것이라고 아서는 말한다.

본질적으로 임종 도우미는 죽음을 앞둔 사람의 거울 역할을 하고 호기심과 대화의 조력자 역할을 한다. 호스피스 병동 간호사나 의사와 달리 이들의 목표는 병을 치료하거나 신체 건강을 돌보는 게 아니라 삶의 마지막에 동행하는 것이다. 죽음을 앞둔 시점에는 더는 숨길 게 없기 때문에 있는 그대로의 모습을 기꺼이 봐줄 사람과 함께하는 것이 매우 중요하다. 자신이 아닌 것처럼 행동하거나 다른 사람이 될 이유가 전혀 없다.

어떤 이들은 스스로 되어야 한다고 생각하는 사람으로 남기를 여전히 고집하지만, 대부분 사람들은 자신에게 주어진 기대에 맞추려는 노력을 내려놓는다고 아서는 말한다.

"저는 죽어가는 사람들에게서 최고와 최악의 모습을 봐요." 아서가 덧붙인다. "그러나 죽음에 가까워진 사람들은 대개 자기 자신에 더 가까워지죠."

나는 아서가 임종 도우미 일을 수행할 때 사용하는 원칙들이 우리가 인생의 어려운 시기를 수용할 때 필요한 용기를 기르는 데에도 유용하다는 사실을 발견했다. 가령 연애가 끝장났다든가 친구 관계에서 혼란을 겪을 때, 직장에서 정체된 기분이 들거나 정체성 상실을 경험할 때, 아니면 새로운 곳으로 이사했을 때처럼 말이다. 우리는 다가올 일에 대해 두려움과 불안을 느끼는 대신 깊은 호기심으로 다가갈 수 있다.

나는 이것을 '용기 도우미'라고 부르는데, 이 활동에는 두 가지 중요한 요소가 있다.

1. 힘든 순간들이 자연스러운 삶의 일부임을 인정하고 자비를 가지고 접근한다.
2. 치료하고 바로잡기보다는 지켜보고 경청하는 데 집중한다.

우선, 판단보다는 자비의 관점에서 시작하는 게 핵심이다. 무언가 고통스러운 일이 일어나고 있으며 그것이 자연스러운 삶의 일부라는 것을 인정하면서 말이다. 크리스틴 네프Kristin Neff 같은 자기 자비 연구자들에게 배운 바에 따르면, 힘든 때야말로 우리가 스스로에게 가장 친절해야 하는 순간이다. 이것은 특히 많은 사람이 스트레스받을 때 자책하면서 힘든 일을 심지어 더 어렵게 만들고 마는 기본 충동에 비해 더욱 건강한 대응이다. 고통을 인정하면 내면의 힘이 강해져 다가오는 고난을 견디게 해준다. 이는 역경의 시기에 용기를 내어 꿋꿋하게 행동하는 것이다.

둘째, 우리는 치료하거나 바로잡기보다는 지켜보고 경청하는 연습을 해야 한다. 인생의 산불 시기를 통과할 때 당신은 자연스레 주의를 딴 데로 돌리거나 현실을 외면하려 할 것이다. 그러나 이는 고통스러운 순간에 경험하는 부정적 감정을 피하는 것을 의미한다.

오로지 좋은 것에만 집중하며 우리에게 나쁜 것과 현실적인 것을 짓밟는다면 그것은 독이 되는 긍정주의toxic positivity다. 이러한 선별과 선택적 처리는 인간적이지 않다. 우리 삶의 '그늘진 면'을 느끼고 표현하는 게 중요하다. 그것은 뭐든 혼자 감당해야 하는 부담을 덜어주고 더욱 진정한 삶의 방식에 부합한다.

심지어 산불 시즌을 견디고 있는 타인을 도울 때에도 마찬가지다. 죽음을 향해 가는 제시카에게 많은 이들이 그랬던 것처럼, 중병에 걸린 친구에게 모든 것이 마법처럼 나아질 거라고 말하는 등 잘못된 희망을 심어주려 하지 말자. 때로는 나아지지 않는 일도 있다. 힘든 시기를 겪고 있는 사람들은 공허한 안도감을 얻으려고 당신을 찾는 게 아니다. 그들은 귀 기울여주고 알아봐주길 원한다. 비록 그들에게는 고통스럽고 아마 당신에게는 불편한 순간일지 몰라도 그것이야말로 우리 모두가 진정으로 원하는 것이다.

경청하고 지켜보는 일은 본질적인 인간의 일이다. 누군가를 바로잡으려 하지 말고 힘든 일을 겪는 사람과 그저 함께하려고 사고방식을 바꾼다면 우리 모두가 잘 해낼 수 있을 것이다.

이는 여러모로 릴리가 쓴 일기의 도입부를 되새기게 한다. 일기에서 그녀는 불을 두려워하거나 불과 싸우지 않고 오히려 불과 함께하는 법을 배웠다고 썼다. 처음에는 두려움과 불편함을 불러일으킬지도 모르는 일을 향해 나아가며 용기를 기르면 마침내 깊은 호기심을 발휘하는 데 도움이 된다.

내면의 버섯 수용하기

수용하기란 두려워하는 것을 향해 나아가도록 상기시키는 행위로, 보통 경력 전환, 새집 마련, 가족 확대, 상실감 극복 등과 같은 변화의 순간에 일어난다. 단단히 중심 잡기와 용기 기르기를 통해 우리는 불편함, 두려움, 불안, 고통을 느끼면서도 어려움을 수용할 준비를 더욱 잘 갖추게 된다. 알루아 아서가 죽음을, 릴리가 불을 수용하듯 당신 역시 어려운 상황과 변화의 순간에 당신을 드러내기 위한 내적 자원을 키울 수 있다.

우리는 산불이 지나간 자리에 자라난 버섯에서 영감을 얻는다. 버섯은 자연의 분해자로, 독소를 토양과 버섯 자신 그리고 버섯과 이어진 나무 등 주변 숲 생태계에 공급할 영양분으로 전환한다. 나는 사람들에게 내면의 버섯을 수용하라고 말하길 좋아한다. 그러면 불편한 감정들로 가득한 삶의 순간들을 취해 무언가 유용한 것으로 바꿀 수 있다.

부정적인 감정을 억누르거나 모든 게 "괜찮아요, 정말 감사합니다!"라고 가장하라는 뜻이 아니다. 우리는 좋은 일이든 나쁜 일이든 모든 것을 수용하고 이어질 변화의 가능성에 여지를 남겨두는 방식으로 이를 수행한다. 릴리와 그녀의 대원들이 몇 시간, 며칠, 심지어 몇 주에 걸쳐 산불을 진화한 것과 마찬가지로 인생의 산불 시즌을 극복하는 여정도 시간이 걸린다. 물론 고통스러울 수 있지만 불을 수용하면 침체가 아닌 변화로 이어지는 방식으로 이러한 경험들을 헤쳐 갈 수 있다. 잘 알려진 속담처럼, 빠져나가는 유일한 방법은 통과하는 것뿐이다.

모든 비극적인 사건의 여파가 검게 불타버린 숲처럼 보일지 몰라도 그 안에는 여전히 수많은 생명이 존재한다는 사실을 떠올리자. 숲은 화재에 의해 변화하며, 당신도 마찬가지다.

수용하기는 일어난 일을 바꾸려고 애쓰는 것이 아니다. 심리학자 카를 구스타프 융이 썼듯이 "무언가 다른 것이 보이는 게 아니라 다르게 보는 것이다." 수용하기는 당신에게 일어나고 있는 일을 변화시키는 게 아니라 당신을 변화시킨다.

호기심으로…

당신을 변화시킬 잠재력을 가진 인생의 불은 무엇인가요?
어떻게 하면 이 힘든 시기를 절망이나 압도감의 관점에서 보기보다
기회로 볼 수 있을까요?

이 책의 2부에서는 깊은 호기심을 위한 역량을 기르고 깊은 호기심이 우리 삶에서 더 큰 힘을 발휘하도록 해주는 학습 도구들에 관해 다루었다. 그러나 이 지식을 실행에 옮기기 전에 먼저 깊은 호기심을 위해 DIVE 모델을 가장 효율적으로 활용하는 방법을 상기하는 것이 중요하다.

DIVE의 네 가지 요소인 벗어나기, 의도하기, 가치 있게 여기기, 수용하기는 저마다 서로를 지원한다. 어떤 근육을 단련하든 당신의 연습은 더 깊은 호기심을 품는다는 좀 더 넓은 목표에 도움이 될 것이다. 올바른 사고방식으로 협력하면 다른 사람들을 더 가치 있게 여기는 데에도 도움이 된다. 스스로 가치 있게 여기면 ABC(가정, 편견, 확신)에서 더 잘 벗어날 수 있으며 그 밖에도 여러 가지가 가능하다. 선순환이 생겨나는 것이다. DIVE를 더 많이 적용하면 할수록 호기심에 더 깊이 들어갈 수 있다.

자신에게 가장 적합한 활동으로 계속 실험해보자. 물론 내가 일련의 활동을 소개했지만, 영감이 떠오른다면 각 DIVE 근육에 적합한 자신만의 활동을 만들 수 있다. 아니면 호기심을 배우는 다른 친구들과 이야기를 나누며 그들만의 방법을 알아내 새로운 활동을 시도할 수도 있다. 호기심 초능력을 활용하겠답시고 이 책에서 소개하는 모든 통찰이나 활동을 적용할 필요는 없다. 우선 첫걸음을 내딛는 데 도움이 될 만한 한두 가지로 시작하자. DIVE

모델은 선형적이지 않다는 점을 상기하자. 지금 당장 힘든 순간을 통과하는 와중에 수용하기 부분이 정말 마음에 와닿는다면 그것부터 시작할 수 있다. 혹은 코로나19 팬데믹처럼 전례가 없는 시기에 확실성에 대한 욕구를 내려놓는 데 집중하고 싶다면 벗어나기부터 시작해도 좋다.

당신의 인생에서나 세상에 나가서 DIVE 모델을 활용할 때에는 고려해야 할 사항이 많이 생길 것이다. 언제 호기심을 가져야 할까? 언제 물러서도 괜찮을까? 모든 사람이 항상 호기심의 대상이 될 자격이 있을까? 너무 빠르게 너무 깊이 들어가지 않으려면 어떻게 자신만의 속도에 맞춰 나아가야 할까? 릴리가 적절한 타이밍과 속도가 아니거나 중요한 대원들이 없을 때에는 화재 현장에 접근하지 않듯, 우리도 위험을 최소화하고 안전감을 높이기 위해 언제 깊은 호기심에 빠져들어야 하는지(또는 빠져서는 안 되는지) 반드시 분별해야 한다. 그렇기 때문에 이 책 마지막 부분에서는 호기심의 한계에 관해 이야기할 것이다.

깊은 호기심을 점점 더 많이 연습하면 할수록 호기심의 한계를 능숙하게 헤쳐 나가는 방법뿐 아니라 다른 사람들까지도 깊은 호기심에 뛰어들게 영감을 주는 방법을 배울 수 있다. 그에 관해서도 이 책 마지막 부분에서 다룰 것이다. 부모, 교사, 기업 임원, 지역 사회 리더, 친구, 배우자 등 당신이 어떤 정체성을 갖고 있든 상관없이 DIVE 모델의 혜택을 받을 수 있는 사람들에 둘러싸여 있다. 그래서 다른 사람들을 깊은 호기심으로 초대하는 방법을 이해하는 일이 중요하다.

그리고 이 작업에는 고된 교육도, 심지어 당신의 시간도 더 필요하지 않다. 그저 공개적인 방식으로 DIVE 요소들을 실천하다 보면 주변 사람 모두가 변화의 동인動因이 될 수 있다. 호기심은 전염성이 있기 때문이다.

수용하기 연습 요약

- 퀵샌딩
의도적인 호흡이나 신중한 움직임을 통해 몸의 속도를 늦추자. 이 연습은 안정감, 편안함, 존재감을 느끼고 중심을 잡는 데 도움이 된다.

- 스스로에게 용기의 서약 쓰기
자신과 약속하면 힘든 시기를 맞닥뜨렸을 때 더욱 명료해지고 용기가 생긴다. 스스로에게 한 서약들은 변화나 어려움의 순간을 헤쳐 나갈 자기애를 찾고 표현하는 데 도움이 된다.

- 용기 도우미 되기
임종 도우미의 원리에서 영감을 얻어 상실의 순간에 자비의 마음으로 접근하자. 바로잡기보다는 지켜보는 자세로 임하자. 이렇게 하면 인생에서 가장 힘든 순간이라 해도 내면의 용기로 수용하는 데 도움이 될 것이다.

3부

깊은 호기심과 함께
살아가려면

8장

호기심의 한계와 경계

───────────── ✳ ─────────────

나는 10대 때 처음으로 아주 중요한 절벽 다이빙을 했다. 하와이에는 뛰어내릴 만한 바위 절벽이 셀 수 없이 많았고, 다른 많은 아이들처럼 나 역시 겁 없는 사람처럼 보이고 싶었다. 물론 이 모든 것은 내가 짝사랑하던 어느 고등학생 소년의 눈에 띄고 싶어서였다. 어느 한갓진 토요일, 우리 일행은 거대한 바위가 튀어나온 해안 부근 섬의 북쪽으로 향했다. 수위가 충분히 높으면 바위에서 뛰어내려 바닷속 6미터 아래로 들어갈 수 있었다.

우리는 수건, 슬리퍼, 선글라스, 가방 그리고 울렁증을 해변에 놓아두고 바위를 오르기 시작했다. 나는 맨발로 한 걸음씩 에릭이라는 친구 뒤에 바짝 붙어 따라갔다.

정상에 다다르니 다른 고등학생 무리가 놀고 있었다. 나는 사람들 사이를 헤집고 가면서 가끔씩 "안녕" 하고 인사를 건넸고, 마침내 뛰어내리는 다이버를 지켜보는 구경꾼들이 모여 있는 바위 가장자리에 도착했다. 그곳에서 나는 절벽 끝자락 너머를 내다보았다.

이런 젠장 하고 생각했다. 예상했던 것보다 훨씬 더 높았다. 아래에서는 그렇게 높아 보이지 않았는데 막상 올라가보니 상상과 현실이 만나는 순간은 훨씬 더 무서웠다.

나는 호기심도 있었지만 주로 경외심으로 한 사람씩 절벽 아래로 뛰어내리는 모습을 지켜보았다. 어떤 사람들은 화려하게 뒤로 몸을 젖히거나 공중 돌기를 하기도 했는데, 대부분은 꼿꼿하게 서서 발부터 물에 닿게 떨어졌다.

다음은 내 차례였다.

"뛰어들 때 바위에 안 부딪힐 정도로 충분히 멀리 뛰어야 해." 에릭이 말했다.

나는 조심스레 발끝을 가장자리로 내밀고 절벽으로 밀려와 부서지는 파도를 내려다보았다. 아래에서 헤엄치는 사람들이 흐릿한 작은 공처럼, 너무 멀리 있는 듯 보였다. 내 뒤에 있던 한 무리의 아이들이 뛰어보라고 격려해주었다.

"준비됐지, 친구." 한 사내가 말했다. "그냥 한번 뛰어봐."

나는 두 눈을 감고 이제껏 배운 모든 것을 기억해냈다. 등이나 배로 떨어지지 말 것, 바위에서 멀리, 빠르게 뛸 것, 잘난 체 말고 꼿꼿하게 선 채로 떨어질 것, 생각을 비우기 위해 심호흡할 것, 파도가 다가오는 순간에 맞춰서 뛸 것.

머릿속에는 모든 전략이 있었다. 나는 내가 무엇을 해야 할지 정확히 알고 있었다. 이제 남은 것은 뛰어내리는 것뿐이었다.

*

무엇이 내게 정말로 뛰어내릴 용기를 주었을까? 당시에 이런 질문을 받았다면 나는 다른 10대들처럼 어깨를 한번 으쓱했을 것이다. 그러나 돌이켜 보면 이유가 더욱 명확히 보인다.

이전에도 수영장 다이빙 보드에서 뛰어내린 적이 있었고 아이 적에는 더 낮은 절벽에서 뛰어내린 경험도 있었다. 물론 물에서 불과 몇 미터 안 떨어진 높이였으니 이번 바위 절벽만큼 높지는 않았지만, 내 몸은 뛰어내릴 때의 감각을 알고 있었다. 그런 경험이 말 그대로 몸과 기억 속에 남아 있었기에 나는 더 높은 곳에서도 뛰어내릴 용기를 낼 수 있었다.

바위가 많은 해안가에서 성장한 내겐 해안 절벽이 낯설지 않기도 했다. 그 익숙한 환경 덕분에 내면의 극심한 두려움과 불안에도 불구하고 조금 더 편안하게 느낄 수 있었다.

친구 에릭도 언제든 너무 겁나면 물러나도 된다고 상기시켜주었다. 이렇듯 서로의 한계에 대한 건강한 존중 덕분에 언제든지 내가 좋아, 다음에 도전하자라고 말하고 해안으로 내려올 수 있다는 점을 깨달을 수 있었다.

그리고 뒤로 공중제비 돌기나 몸 젖히기처럼 더 위험하고 기술적인 다이빙이면 몰라도 꼿꼿하게 뛰어내리기는 간단히 해볼 만한 다이빙이다.

그 점을 몰랐어도 나는 다음의 세 가지 중요한 질문을 검토한 덕분에 뛰어내릴 자신감을 얻었다.

내가 이 일의 적임자인가?

지금이 적기인가?

멈추거나 속도를 줄여야 할 때를 아는가?

이러한 질문을 탐구하면서 나는 안전감, 편안함, 뛰어내릴 용기를 주는 명료함을 얻었다. 나는 적임자였다. 지금이 적기였다. 나는 멈춰야 할 때와 속도를 줄여야 할 때를 알았다.

DIVE로 뛰어들기 전에

지금까지 호기심이 더 많은 사람이 되기 위해 필요한 연구와 통찰 그리고 활동들을 알아보았다. 그뿐만 아니라 깊은 호기심의 이점도 살펴보았다. 깊은 호기심이 자신과 타인을 더 잘 이해하게 해주고, 관계를 강화하며, 삶에 행복과 성취를 가져다주는 방식에 관해서 말이다. 깊은 호기심은 속도를 늦추고, 좀 더 현재에 머무르며, 삶에서 힘든 시기를 극복하게 해주는 관문이다. 이 모든 사실은 여전히 변함이 없으며… 더불어 깊은 호기심은 오직 우리의 한계와 경계를 이해할 때에만 효과적이다.

한계는 당신이 무엇을 감당할 수 있는지 아는 것으로 위험과 피해를 줄여준다. 반면 경계는 당신을 안전하고 편안한 상태로 지켜주는 것이다. 두 가지를 알지 못하면 깊은 호기심의 여정에서 당황하거나, 압도되거나, 안전하지 않거나, 통제 불가한 곳으로 갈 수 있다. 예를 들어 당신은 호기심 여정 첫날부터 관계가 소원해진 부모에게 전화해 당신이 받은 상처에 대한 이야기를 꺼내며 시비를 걸고 싶지 않을 것이다. 마찬가지로 너무 빠른 속도로 나아가려다 사실상 사람들을 끌어들이기보다는 오히려 밀어내길 원치도 않을 것이다. 이 장에서는 안전하게 DIVE에 뛰어들 수 있도록 한계를 파악하고 경계를 설정하는 기술을 공유하고자 한다.

한계와 경계를 파악하려면 깊은 호기심을 수행하기 전 스스로 '세 가지 질문'을 하는 게 좋다. 집을 나서기 전 '휴대폰, 열쇠, 지갑'을 챙겼는지 확인하는 것과 같다고 생각하자.

세 가지 질문

1. 내가 적임자인가?
2. 지금이 적기인가?
3. 멈추거나 속도를 줄여야 할 때를 아는가?

때로 이 질문들에 대한 대답은 부분적으로 겹친다. 적기이지만 적임자가 아닐 수도 있다. 아니면 적기이고 적임자인데 갑자기 멈춰야 할 수도 있다. 질문의 목표는 당신의 한계와 경계를 분명히 밝혀 더욱 안정적이고 편안하게 자신감을 갖고 호기심 여정에 임하는 것이다.

답변들이 명확할수록 당신이나 주변 사람들이 상처받을 가능성이 최소화된다. 호기심은 선한 쪽으로 작용하는 힘이지만, 감당할 준비가 안 된 상황으로 흘러가면 해가 될 수도 있다.

호기심으로…

호기심이 당신을 한계나 경계 너머로 밀어붙인 때를 떠올려봅시다.
어떤 일이 있었고, 그때 당신의 기분은 어땠나요?

질문 1: 내가 적임자인가?

7장에서 소개했던 임종 도우미 알루아 아서는 언젠가 내게 자신의 예비 의뢰인이 극단적 인종주의자였다고 말한 적이 있다. 아서가 흑인 여성이었으니 인종주의는 두 사람을 해로운 역학 관계에 내던졌을 것이고, 임종을 앞둔 의뢰인의 경험이나 아서의 안녕감에 전혀 이득이 되지 못할 터였다. 물론 모든 인간이 존엄하게 임종을 맞고 지원받을 자격이 있지만, 아서는 아무리 가치 있는 의뢰인일지라도 자신이 그의 도우미가 되는 데에는 적임자가 아니었다고 회고했다. 그녀는 정중하게 그 일에서 물러났다.

우리 각자에게도 비슷한 순간이 있을 것이다. 특정한 호기심 여정에서 우리가 적임자가 아니라는 점을 깨닫는 순간 말이다. 이를테면 당신이 차별당하거나 당신의 사회 세력이 거부되는 상황이라면 사실상 역효과를 낳을 수 있다. 근본적으로 당신의 생존권을 부정하거나 폭력으로 위협하는 누군가에게 호기심을 가지려 시도하는 것은 신체적, 심리적으로 안전에 위험할 수 있다.

또한 이전에는 그 경계가 드러나지 않았을지 몰라도 당신이 그 관계에 관여했던 적이 없다면 적임자가 아닐 수 있다. 가령 배우자가 최근 당신이 모르는 동료 때문에 힘들어했고 동료가 자신을 대하는 태도에 화가 난 채로 귀가했다고 가정해보자. 배우자와 함께 참석한 행사에서 그 동료를 마주쳤다면, 그 사람이 당신의 배우자에게 왜 그렇게 못되게 구는지 궁금하고 배우자 편을 들어주고 싶더라도 당신은 개입할 입장이 아니다. 당신이 설 자리가 아닌 것이다. 아무리 의도가 좋아도 개입했다가는 더 많은 스트레스와 불화를 야기할 수 있다.

다른 사람들이 설정한 한계 역시 마땅히 존중해야 한다. 만일 누군가가 당신이 그들에 대해 호기심 갖는 걸 원치 않는다고 표현한다면 당신이 적임자가 아니라는 엄격한 경계를 세운 것이다. 상대의 동의 여부가 가장 중요하며 당신은 절대 그 선을 넘어서는 안 된다. 예를 들어 친구가 유산을 했다면, 당신은 힘든 시기를 겪고 있는 친구를 돕고 싶고 친구의 기분이 어떤지도 궁금하겠지만 그들은 배우자, 어머니 혹은 치료사에게만 편하게 이야기할 수 있을지도 모른다. 그 경계를 존중하고 해당 사례에서는 당신이 적임자가 아님을 인지하자.

호기심이 당신의 사회 세력을 오용하는 문화적 전용인지, 아니면 상황에 알맞은 것인지 구분하는 일 역시 중요하다. 무엇보다도 우리는 사실상 무척 곤란한 방식으로 호기심을 품도록 타고났다. 나는 이것을 아메리칸대학교의 호기심 연구자이자 《호기심과 권력: 질문의 정치학Curiosity and Power: The Politics of Inquiry》의 저자인 페리 주른Perry Zurn에게서 배웠다.

그는 우리에게 이를테면 차이에 집착하는 식민지 관행에 대해 생각해보라고 요청한다. 행여 직장에서 모호하게 인종 차별을 당하는 '타자'에게 가족의 출신 국가에 관해 물어보고 싶더라도 꼭 물어봐야 하는 건 아니다.

주른은 의족을 한 소녀에게 집착하는 친구의 아홉 살짜리 아들 이야기를 들려주었다. 아이는 그저 의족을 한 소녀를 만나 그 다리를 만져보고 싶다는 생각뿐이었다. 주른은 아이의 호기심이 장애를 그가 탐험하고 즐길 수 있는 무언가로 여기는 능력주의에서 비롯한 것이라고 말했다.

누군가는 토착민 문화에 호기심을 가질 수도 있지만, 진실과 화해 위원회 행사에 참여해 토착민의 이야기를 듣는 것과 신성한 머리 장식을 쓰고 그들의 영적인 춤을 따라 추는 것 사이에는 차이가 있다. 개인과 문화권의 동의를 얻었는지가 가장 중요하며 이를 반드시 존중해야 한다. 우리는 타인과 우리 문화에서 물려받은 나쁜 기법에 대해 스스로 책임을 지고, 호기심을 충족하려는 목적으로 누군가의 사생활을 침해하거나 존엄성을 박탈하지 않도록 해야 한다.

당신이 적임자든 아니든, 특히 다른 사람이나 당신에게 해를 입히려는 견해를 가진 사람과 소통하려 할 때에는 호기심이 신념을 승인하는 도장이 아니라는 점을 반드시 기억하자. 그들에게 호기심을 품는다고 해서 당신이 그들의 견해를 격려하거나 옹호하거나 지지한다는 뜻은 아니다. 또한 호기심이 그들의 신념이나 해를 끼친 방식에 대한 책임을 면제하지도 않는다. 호기심의 핵심은 상대와 그 견해가 어디서 비롯되었는지 이해하려 시도하고, 동시에 암묵적으로든 명시적으로든 그들이 자신의 견해를 돌아보도록 권장하는 것이다.

모든 사람, 심지어 끔찍한 고통을 야기한 사람도 호기심을 받을 자격이 있지만, 그 호기심이 모든 경우에 당신에게서 비롯해야 하는 건 아니다. 당신의 한계를 현실적으로 인식해 곧장 너무 깊이 파고들지 말자. 깊은 호기심은 우리가 감당할 수 있는 깊이까지 '뛰어들DIVE' 때라야 도움이 된다. 자동차 사고 현장을 당신이 가장 먼저 목격했다고 해서 당신이 심폐 소생술을 실시하기에 적합한 사람인 것은 아니다. (교육을 받았는가? 그들이 동의했는가? 그것이 정말 필요한 조치인가?) 당신이 할 수 있는 최고의 역할은 직접 뛰어들기보다는 119에 전화하는 것이며, 이는 호기심에 있어서도 마찬가지다!

미묘하고 극단적인 형태의 호기심 수행은 대릴 데이비스Daryl Davis처럼 독특한 사람이 한다. 흑인 남성인 그는 큐 클럭스 클랜Ku Klux Klan 회원들과 우정을 쌓았다. 백인 우월주의자에게 호기심을 품은 그의 작업은, 호기심에 대한 대응으로 자신에 대해서도 그들이 호기심을 품게 했고, 수백 명이 흰 의복을 벗고 그 혐오 단체를 떠나게 만들었다.

뉴욕대학교에서 소년기와 소년들 사이의 관계 위기를 연구하는 나이오비 웨이Niobe Way 같은 경우, 학교 총격범의 선언문을 분석하는 고통스러운 작업을 수행하며 근본 원인을 해결해 이러한 잔혹 행위를 예방할 방법을 모색한다.

모두가 대릴 데이비스나 나이오비 웨이가 될 수 있는 것은 아니고, 되어야 하는 것도 아니다. 이러한 종류의 호기심을 성공적으로 수행하려면 고도의 호기심과 대인 관계 기술뿐 아니라 극도의 위험 내성risk tolerance이 필요하다. 다행히 큰 문제가 될 건 전혀 없다. 우리 중 대다수는 이러한 깊은 호기심에 접근할 필요가 없기 때문이다. 우리는 이보다 훨씬 덜 위험한 방식의 깊은 호기심으로도 의미 있는 교류와 변화를 불러올 수 있다.

- 나는 호기심을 가지려는 대상에게서 위협을 받거나 해를 당하고 있는가?
- 호기심을 효과적으로 발휘하기 위해 나는 이 사람과 올바른 관계를 맺고 있는가?
- 내가 호기심을 품는 게 특정 법이나 윤리에 위배되는가?
- 상대방이 내 호기심을 요청했거나 동의했는가?
- 조금 더 고도의 호기심이 요구되는 극단적 사례인가? 그렇다면 내가 수행할 수 있을까?
- 내가 호기심을 품기에 적임자가 아니라면 누가 할 수 있을까? 그들이 어떻게 도울 수 있을까?

질문 2: 지금이 적기인가?

20대 중반이었을 때 한 고객사의 워크숍 진행자로 일했다. 친목을 도모하며 한 해를 여는 행사였기 때문에 나는 관계 구축을 촉진할 만한 활동부터 시작하고 싶었다. 그 당시 나는 많은 연수들을 한꺼번에 준비하며 이러한 활동을 용이하게 진행하는 방법을 배웠다. 그러나 언제 활동을 할지, 시기에 따른 미묘한 차이는 여전히 이해하지 못한 상태였다. 직장에서 취약성을 내보이면 빠르게 관계를 맺을 수 있지만, 이를 위해서는 먼저 신뢰와 동의의 토대가 필요하다는 점을 깨닫지 못했다.

이 워크숍에는 그러한 기본 토대가 마련되어 있지 않았고, 나 역시 사람들이 안전하게 참여할 수 있는 근본 규칙들을 명확히 하지 않았다. 그래서 내가 다른 워크숍에서 아주 효과가 좋았던 문장을 말하며 살면서 가장 가슴 아팠던 역경을 나눠달라고 부탁한 순간, 모든 것이 무너지기 시작했다. 몇몇 참가자는 이미 지나온 일이 아닌 현재 적극적으로 겪고 있는 고통을 공유했고, 그렇기 때문에 그들과 다른 이들은 정서적 불안을 느꼈다. 나는 루터교 목사이자 작가인 나디아 볼츠-베버Nadia Bolz-Weber가 말한 "벌어진 상처가 아닌, 상흔에 대해 나누기"를 하자고 참가자들에게 당부하지 못했다.

'상흔'을 나눌 때 우리는 이미 상당한 시간과 노력을 들여 이해하고 치유한 경험에 관해 이야기한다. 이는 더 이상 그 일로 인해 고통스럽지 않다거나 다시는 그런 일이 재발하지 않는다는 뜻이 아니다. 그러나 상흔에 대해 나누면서 대처 기술을 기르고 지원의 공동체를 만들었을 가능성이 높다.

반면 '벌어진 상처'는 우리가 사실상 시간이나 에너지를 들여 겪어내지 않은 것이다. 여전히 깊은 통증을 느낀다. 벌어진 상처를 나눌 때 우리는 재외상화retraumatization(과거에 견뎌야 했던 고통을 되새기는 과정—옮긴이)로 인해 스스로를 해치거나 심지어 간접 외상으로 다른 사람에게 해를 끼칠 위험이 있다. 가령 오랜 시간 함께한 당신의 배우자가 최근 바람을 피웠다고 해보자. 그런데 (당신의 상황을 모르는) 친한 친구가 자신의 배우자를 두고 바람을 피웠다고 털어놓는다. 물론 친구가 죄책감을 느끼고는 있지만, 당신은 당신의 고통 탓에 비판적이고 공격적인 태도를 취하게 된다. 이런 경우에는 상대에게 다음과 같이 말해도 괜찮다. "네가 이 문제에 대해 도움을 받길 바라지만, 지금은 너와 내가 이 문제에 대해 이야기하기에 적절한 시기가 아니야."

내가 그 워크숍 모임을 시작할 때 고려하지 못한 또 다른 한 가지는 권력의 역학 관계였다. 워크숍에는 직원들과 상사들이 함께 참여했기에 그렇게 취약한 방식으로 자신을 드러내는 것은 양쪽 모두에게 극도의 불편함을 초래했다. 워크숍이 끝날 무렵 상급 리더 중 한 명이 내게 와서는 또 다른 비난을 퍼부었다. 그동안 참석했던 워크숍 중에 이번이 최악 중 하나였으며 내가 모두를 낯 뜨거운 입장으로 몰아갔다는 것이다.

나는 결국 이런 종류의 활동을 이끌기에 적임자였을지도 모르지만, 당시엔 시기에 관해 충분히 생각하지 않았다. 아마 이 활동을 하기에는 신뢰와 관계를 이미 구축하고 한 해를 마무리하는 시점이 더 적합했을 것이다. 아니면 직원들과 그의 상사들이 짝을 이루지 않게 소규모 그룹으로 진행할 수도 있었을 것이다.

운전을 한다고 생각해보자. 도로에 나서기에 적절치 않은 특정 순간들이 있다. 면허증이 있다고 해도 음주 상태이거나 연료통에 기름이 다 떨어졌다면 차를 몰고 나가서는 안 된다. 깊은 호기심에서도 마찬가지다. 호기심에 너무 도취된, 여과되지 않고 사려 깊지 않은 행동은 득보다는 해가 될 수 있다.

만일 한 친구가 당신이 평소라면 호기심을 품을 수도 있는 문제를 들고 다가왔지만 당신이 정말 힘든 하루를 보낸 탓에 감정적 여유가 없다면, 친구에게 싫은 소리를 하거나 경청의 과정을 서둘러 끝내버릴 수 있다. 이런 경우에는 경계를 긋고 다음과 같이 말해도 괜찮다. "너를 돕고 싶지만 지금은 안 되겠어."

만일 동료가 스트레스를 주는 업무 프로젝트에 관해 이야기하고 싶다고 문자를 보냈는데, 토요일이고 근무 시간이 아니라면 당신이 도와줄 수 있더라도 적기가 아닐 수 있다. 근무일이라고 하더라도 배우자와 함께 집에 있는 아이가 아프거나 과도한 업무로 마음이 흐려져 동료에게 깊은 호기심을 가질 여력이 없을 수도 있다. 이러한 모든 상황에서는 호기심을 나중으로 미루거나 다른 사람에게 맡기자. 아니면 아예 거절해도 괜찮다.

때로는 우리에게 적기가 아니더라도 호기심을 발휘해야 할 도덕적 의무가 생기는 경우가 있다. 당신이 카페에 가려고 걸어가는 중 낯선 사람이 도움을 청하며 소리를 지르거나 공공장소에서 길을 잃은 듯한 어린아이가 혼자 서 있는 등 누군가가 급박한 위험에 처해 있을 때 말이다. 가장 명백한 사례는 자살 생각이다. 당신이 아는 누군가가 "내가 없으면 세상이 더 나아지겠지"라고 말하거나 절망감 혹은 죽고 싶은 욕망을 표현한다면 이는 긴급 상황이므로 즉시 관심을 기울여야 한다.

대부분 자살 예방 전문가들은 자살을 생각해본 적이 있어요?라거나 어떻게 자살할지 계획을 세워봤나요? 등의 질문을 건네는 등 상대의 안전을 지키는 데 도움이 될 수 있는 직접적이고 명확한 개입을 권장한다. 그리고 누군가가 긴박한 위험에 처해 있다고 생각하면 119에 전화해 전문가에게 도움을 요청해야 한다.

> ### 탐구 길잡이: 지금이 적기인가?
>
> - 내게 감정적 여유가 있는가?
> - 내 에너지 수준이 어느 정도인가?
> - 내 시간과 호기심을 필요로 하는 다른 우선순위가 있는가?
> - 인내심을 갖고 온전히 집중할 수 있는가?
> - 이 문제를 논의하기에 더 좋은 시기가 있을까?
> - 관계를 진전시키기에 충분한 신뢰가 있는가?

질문 3: 멈추거나 속도를 줄여야 할 때를 아는가?

혹여 당신이 적임자이고 적기라고 해도 적정 속도로 나아가야 함을 잊지 말자. 내가 멈추거나 속도를 줄여야 할 시기를 인지할 때 사용하는 도구 중 하나는 신호등 시스템으로, 다른 치료 양식과 교육에서도 활용되는 방식이다. 언제 멈추거나 속도를 줄일지 알기 위해서는 호기심을 수행하기 전에 무엇이 적색 신호와 황색 신호인지 명확히 해둘 필요가 있다.

대부분 사람들이 깊은 호기심이 주는 교류와 변화의 이점을 간절히 원하는 바람에 호기심의 여정에서 앞으로, 앞으로, 앞으로 나아가려고만 한다. 그러나 멈춰 서야 할 때를 알아야 한다. 나는 이런 순간을 호기심에 제동을 걸어야 하는 신호라는 의미에서 '적색 신호'라고 부른다. 언제 멈춰야 할지 스스로에게 솔직하지 않으면 우리는 번아웃, 자기희생, 의존적 관계 등 안녕감과 관계에서 다른 부정적 결과를 경험할 수 있다. 적색 신호를 파악하는 좋은 방법은 다음과 같이 자문하는 것이다. 호기심을 지속하면 부정적인 결과를 초래할지도 모르는 상황은 무엇일까?

예를 들어 애벗 브러더스 콘서트에 갔을 때 나는 호기심으로 당시 파트너와 함께 맨 앞줄에 앉았다. 우리는 우리에게 자리를 내준 사내들을 알아가고자 했다. 그러나 그들이 우리에게 공격적으로 나오며 위협하기 시작하자마자 적색 신호를 확인하고 원래 자리로 돌아갔다. 시작은 좋았을지 몰라도 극적으로 나빠지는 상황에 처했을 때 제동을 거는 것은 매우 중요하다. "이런 위협은 못 참아요"라고 말하거나 그 상황에서 아예 벗어나는 것도 괜찮다.

정서적 고통을 유발하는 경우에도 마찬가지다. 가령 당신이 저녁 식사 모임에서 친인척과 즐거운 대화를 나누고 있는데 한 시간쯤 지나자 어느 친척이 당신이 몰랐던 가족의 비밀, 말하자면 당신이 듣고 싶지 않은 어두운 이야기를 꺼내기 시작했다고 가정해보자. 물론 처음에는 대화와 교류에 집중했더라도 "지금은 정말로 이런 이야기 안 듣고 싶어요"라고 말해도 된다. 만약 그들이 계속 이야기하려 한다면 물리적으로 자리를 피해도 괜찮다.

조금 더 미묘하지만 잘 살펴야 할 똑같이 중요한 적색 신호는 오랜 기간 호기심을 품었는데 관계에 어떤 진전도 없는 경우, 특히 당신의 안녕감을 희생하면서까지 호기심을 갖는 경우다. 예를 들어 (평생 정신 건강 문제로 고충을 겪어온) 어머니와 관계가 좋지 않았던 한 친구는 수년간의 관계를 지켜내기 위해 호기심을 확장하고 어머니를 향해 자비를 품었다. 그녀는 어머니에게 가서 질문하고 경청하고 공감하며 어머니의 여정에 동행하기 위해 최선을 다했다. 그러나 아무리 노력을 기울여도 상황은 더욱 나빠졌다. 그녀의 어머니는 끊임없이 그녀를 맹비난했고 그녀는 더 큰 고통을 느꼈다. 그녀 앞에 적색 신호가 켜진 것이다.

때로는 우리가 관계를 끝내야만 하는 순간이 있을지도 모른다. 호기심을 유지하고자 최선을 다했지만 관계가 잘 풀리지 않는다. 슬프고 인정하기 어렵지만 모든 관계가 회복될 수 있는 것은 아니며, 관계를 끝내는 것이 때로는 당신의 안녕감을 위해, 심지어 상대의 치유 측면에서도 최고의 이득일 때가 있다.

마음을 쓰던 사람에게서 문을 닫는 것은 고통스러운 일이지만, 그로 인해 새로운 문이 활짝 열릴 수도 있다는 점을 알아야 한다. 예를 들어 내 친구는 어머니와의 관계를 끝낸 후 마침내 자신의 고통에 관해 호기심을 갖게 되었고 한때는 찾을 수 없던 평화를 얻었다. 그녀는 더 많은 시간과 에너지를 갖게 된 덕에 자신의 배우자와 자녀, 그리고 인생의 다른 의미 있는 관계에 더 적절히 대응하고 깊은 호기심을 가질 수 있었다. 적색 신호를 존중하는 것은 호기심에 완전히 '아니오'라고 말하며 거부하는 게 아니라 당신에게 가장 중요한 사람이나 대상을 향해 '네'라고 말하는 것이다.

> **호기심으로…**
> 깊은 호기심을 실천할 때 주의를 기울여야 할 당신의
> 개인적인 적색 신호 사례에는 어떤 것이 있나요?

황색 신호: 속도를 늦추고 재평가하기

'황색 신호'는 속도를 늦추고 호기심을 사용하는 방식을 잠시 되돌아보라는 신호다. 가장 중요한 황색 신호인 약탈적 호기심에 관해서는 이미 잘 알고 있을 것이다. 만일 그런 의도로 대화를 시작하지 않았더라도 자신이 누군가의 마음을 설득하거나 바꾸려 한다는 것을 알아차렸다면 잠시 멈춰 다음 단계를 신중하게 고려해야 할 때다. 호기심은 항상 상대가 누구인지, 어떻게 그렇게 되었는지 알고자 하는 진심 어린 열망에서 비롯되어야지, 당신과 같은 편으로 만들려는 의도에 기인해서는 안 된다.

나와는 견해가 아주 다른 사람들, 가령 성 소수자에 대한 법적 보호를 지지하지 않는 사람들을 만날 때 내 목표는 왜 그들이 우리가 그들과 똑같은 보호를 받을 자격이 없다고 생각하는지 이해하는 것이다. 내가 그들의 견해를 더 잘 이해하고 그 관점이 어떻

게 발전되었는지 이해할 수 있다면 아마 그들도 내 견해와 그것을 계발해온 방식에 더욱 관심을 가지려 할지도 모른다. 그러나 만일 상대가 틀렸고 내가 옳다는 점을 보여주려는 인상을 풍기면 그들은 자신이 조종당하고 있다고 느낄 것이고 그러면 관계가 깨질 것이다.

황색 신호를 마주할 때 나는 하고 싶은 질문에 관해 더욱 신중하게 생각한다. 내 경험과 이야기를 전달하는 방식을 다시금 떠올려본다. 설득하기보다는 이해하려는 의도에 다시 집중한다. 상대가 전하는 이야기에 정말로 귀 기울이고 있는지 자문한다. 7장에서 설명한 바 있는 퀵샌딩을 실천한다. 내 견해보다는 상대의 관점에 다시 집중하는 등 상황을 전환할 방법이 보이면 조심스레 그 방식으로 진행하려 노력한다.

다른 황색 신호는 우리가 3장에서 배웠던 과속 방지턱이다. 이를테면 당신이 급박한 위험에 처할지도 모른다는 '공황 지대 공포panic-zone fear'를 느끼고 있는지, 아니면 단순히 '용감 지대 공포brave-zone fear', 즉 뭔가 도전적이거나 두려운 일을 하기 전에 느끼는 일종의 긴장감이라 성장에 도움이 되는 공포를 느끼고 있는지 구분하는 게 중요하다.

용감 지대 공포의 두 가지 사례는 퀴어로 커밍아웃했을 때와 환청을 들은 뒤 조슈아 트리 국립 공원으로 돌아갔을 때다. 물론 두렵긴 했지만 내 안녕감을 위태롭게 하는 수준의 위협을 받지는 않았다. 그것은 완전히 그만두라는 신호가 아니었다. 그 대신 나는 가능한 한 신중하고 조심스럽게 나아갔다. 이러한 공포에 주의를 기울이는 것은 중요하다. 어떤 경험을 완전히 피하는 게 아니라 스스로 속도를 늦추고 무모한 행동을 하지 말자고 상기하는 것이다. 나는 절벽 다이빙을 하기 전에 황색 신호를 느꼈고, 그 덕분에 내 두려움을 살피며 호흡에 집중하는 등 뛰어내리기 전의 모든 발걸음을 충분히 생각했다.

적색 신호와 황색 신호 외에도 계속 나아가라고 말해주는 명백한 청색 신호가 있다. 그러나 실제로 차를 몰고 다닐 때와 마찬가지로, 무한정 청색 신호만 받을 수는 없다. 어느 시점에는 휴게소에 잠깐 들러 기름을 넣어야 하고, 타이어도 갈아야 하며, 전기차는 충전해야 한다. 여정이 너무 순조로워서 그럴 필요가 없는 듯 '느껴진다' 해도 말이다. 깊은 호기심 안에 엄격한 자기 돌봄과 휴식 체계를 구축하는 것은 평생 이러한 노력을 지속하는 데 필수적이다. 마지막으로 한 가지 중요한 점을 상기하고자 한다. 만일 그 어떤 적색 신호나 황색 신호도 맞닥뜨리지 않았거나 마주한 지 한참 지났다면 신호가 있는지도 모르고 빠르게 지나쳤을 수 있다는 것이다.

80 대 20 법칙

호기심을 향해 나아가기 위해 청색 신호를 선택할 때마다 기회비용이 발생한다. 인생의 시간과 에너지의 양은 한정되어 있기에

한 가지를 향해 '네'라고 말하면 실질적으로 다른 것들을 향해서는 '아니오'라고 말하는 셈이다. 우리는 모든 것에 호기심을 가질 수 없으며, 그랬다가는 어느 시점에 호기심 과부하로 너무 압도되고 지쳐서 안녕감에 위협이 될 것이다.

이를테면 업무나 독한 상사에게 호기심을 갖는 데 내적 자원을 다 써버리고 나서 자녀, 부모, 형제자매 혹은 배우자에게 남은 자원만 주고 싶지는 않을 것이다. 또한 단 몇 사람에게 너무 많이 투자하느라 이웃, 친구, 동료, 지역 사회 구성원, 심지어 그날 만난 낯선 이에게 호기심의 범위를 확장해 관계를 강화할 기회를 놓치고 싶지도 않을 것이다.

그래서 나는 80 대 20 법칙을 적용한다. 시간의 80퍼센트는 자기 자신과 가까이 있는 사랑하는 이들에게 투자하고, 나머지 20퍼센트를 그 집단에 속하지 않은 사람에게 쓰는 것이다.

자기 자비와 호의의 중요성

우리가 선한 의도로 호기심을 품는다 해도 때로 그것은 어디로도 이어지지 않는다. 적어도 처음에는 그렇다. 호기심은 때로 엉망이고 불완전한, 지극히 인간적인 과정이다. 그 과정에서 우리는 서툴게 행동하고 실수를 저지른다. 호기심을 실천할 때에는 스스로 자비를 가져야 할 뿐 아니라 다른 사람들에게도 호의를 베풀어야 한다. 매번 대화를 나눈 후 모두가 더욱 지극한 이해로 깊이 이어져서 돌아가는 시나리오를 무척 원하겠지만 현실은 그렇지 않을 것이다. 부부 상담을 받으러 가는 부부들을 생각해보자. 두 사람은 아마 호기심으로 상담을 받으러 가서 최선의 한 시간이나 한 시간 반을 보내길 간절히 원하겠지만, 두 사람 모두 해결되지 않은 문제를 품고 혹은 심지어 더한 고통을 안은 채 돌아가기도 할 것이다. 모든 부부 상담이 절대적으로 굉장하리라 기대할 수는 없기 때문이다.

어떨 때 우리는 두려운 느낌이 들어 황색 신호를 맞닥뜨렸다고 생각하지만 사실은 착각이다. 아니면 성장에 도움이 되는 건강한 종류의 용감한 공포라고 믿었다가 나중에 그것이 사실은 극심한 공황의 형태였다는 사실을 깨닫기도 한다. 이를 더 빨리 깨닫지 못한 것을 자책하기도 하겠지만, 그러면 더 고통스럽고 수치스러울 뿐이다.

나는 무언가를 망쳐버린 순간마다 자기 자비 영웅들이 알려준 연습들을 떠올린다. 가령 심리학자 겸 작가인 크리스틴 네프는 우리에게 '자기 자비 휴식self-compassion break'을 취하라고 권장한다. 우리가 겪은 일이 고통의 순간이었고 고통은 삶의 일부임을 인정하며, 힘든 순간을 통과하기 위해 자기 자신에게 친절을 베풀라는 것이다.[1] 자기 자비를 더 많이 연습할수록 일을 망쳐버렸을 때 자신을 더욱 잘 돌볼 수 있을 것이다.

자기 자비는 호기심을 가지고 더 큰 위험을 감수하도록 용기를 키워주기도 한다. 가장 친한 친구들에게 실수했을 때 자기 자비를 발휘하는 법을 배워두면 이웃이나 낯선 사람에게 깊은 호기심으로 다가갈 때 도움이 된다. 가장 친한 친구에게 호기심을 품을 때 연습한 그 모든 자기 자비가 이웃이나 낯선 이처럼 가깝지 않은 사람들에 대한 실망을 극복하는 데에도 도움이 된다.

자기 자비와 더불어, 깊은 호기심을 실천할 때 우리는 다른 사람들에게 호의도 베풀 수 있다. 때로 어떤 사람들은 우리의 질문이나 상대를 이해하려는 열망에 수용적이지 않을 것이다. 특히 까다로운 정치적 또는 사회적 분열을 헤쳐 나가려 애쓸 때 내가 이런 느낌을 받아봐서 잘 안다. 나는 호기심을 가지려 최선을 다하는데도 같은 수준의 관심이 내게 향하지 않는다. 모두가 호기심을 받을 자격이 있지만, 그 누구도 당연히 내게 호기심을 가져야 할 의무가 있는 건 아니라는 사실을 상기하자. 누군가의 호기심이 당신의 기대를 반도 충족시키지 못한다면 당신의 기대만큼 호기심을 가져줄 다른 사람이 있다는 점을 기억하자.

'세 가지 질문'으로 자문하면서 자신의 한계와 경계에 대한 지식을 가지고 깊은 호기심에 뛰어들면 이 혁신적인 기술을 더욱 미묘하고 정교한 방식으로 활용할 수 있을 것이다. 더 많은 경험이 쌓일수록 더 멀리 내다보일 것이다. 갑작스러운 적색 신호에 브레이크를 밟는 대신, 훨씬 더 멀리서부터 당신에게 경고를 보내는 황색 신호를 보기 시작할 것이다.

다른 사람들의 한계나 경계에 대한 직관력이 길러지더라도, 가정이 확고하게 굳어지지 않도록 충동을 '압박 면접'하는 과정이 늘 중요하다. 그리고 당신의 한계와 경계를 비롯해 DIVE 방법론을 잘 이해하면 다른 이들과 호기심의 복음을 나눌 준비가 될 것이다. 삶에 변화를 일으킬 무언가를 발견하면 우리는 자연스레 그것을 주위 사람들, 특히 우리가 사랑하고 아끼는 이들과 나누고 싶어 하기 때문이다. 모두가 호기심을 받을 자격이 있고, 모두가 호기심을 실천하며 살아갈 자격이 있다.

호기심으로…

당신이 규칙적으로 자기 자비를 실천할 수 있는 방법은 무엇인가요?
어떻게 하면 다른 이들에게도 호의를 베풀 수 있을까요?

9장

호기심은 전염된다

---✦---

사람들은 그것을 '문 샷MOON SHOT'이라 불렀다. 마치 그 일은 일어나지 않으리라는 듯 말이다. 그러나 1962년 9월 12일, 텍사스 휴스턴의 라이스대학교Rice University 강단에 올랐던 존 F. 케네디 대통령은 미국이 달에 착륙하리라는 걸 알았다.

케네디는 청중에게 로켓의 높이는 90미터로, 그들이 모여 있는 축구장 길이와 맞먹으며 텍사스 휴스턴의 미션 컨트롤 센터에서 출발해 38만 6200킬로미터를 비행하고 시속 4만 킬로미터 이상의 속도를 낼 것이라 말했다.[1] 하지만 당시 이 모든 것은 현실적으로 상상 불가였다. 달 착륙 후에 우주선이 대기권에 재진입할 때의 온도가 태양 온도의 절반 수준에 이르지만, 우주선은 이 자극을 견뎌낼 것이고 그것은 아직 발명되지도 않은 금속 합금 덕분이라고 그는 계속해서 말을 이었다.

"그리고 그것은 이번 1960년대가 끝나기 전에 이뤄질 것입니다." 그는 약속했다.

케네디는 과학자나 엔지니어가 아니었다. 그는 두려움 앞에서 모든 국민이 이 가능성을 믿고 상상력을 발휘하도록 초대한 사람이었다. 어떤 사람들은 계획이 이뤄질 수 없다고, 8년 안에 모든 일을 해내겠다는 건 너무 대담하고 불가능하다고 말했다. 하지만 케네디는 두려움의 반대말은 희망이 아닌 호기심이라는 것을 알았다.

"우리는 달에 가기로 했습니다." 케네디 대통령은 라이스대학교에 모인 청중에게 말했다. "우리는 1960년대가 가기 전에 달에 가고 다른 일들도 해내기로 했습니다. 쉬워서가 아니라 어렵기 때문에, 그 목표가 우리의 에너지와 기술을 최대한으로 준비하고 측정하는 데 도움이 될 것이기에, 우리에겐 기꺼이 받아들이고, 미루지 않으며, 반드시 성공하고자 하는 의도가 있기 때문입니다."

케네디가 옳았다. 1969년 7월 20일, 1960년대의 끝을 불과 몇 달 앞두고 미국 우주 비행사 닐 암스트롱과 에드윈 '버즈' 올드린 Edwin 'Buzz' Aldrin은 인류 최초로 달 위를 걷는 데 성공했다(마이클 콜린스Michael Collins는 아폴로 11호 미션의 세 번째 멤버로 사령선에 남아 있었다). 그것은 말 그대로 문 샷이었고, 어렵기 때문에 시도하는 것의 위력을 증명해냈다.

오늘날 세상은 위기에서 위기로 위태로이 치닫는 것처럼 느껴진다. 증오와 폭력, 지역 사회의 분열, 정치적 양극화 그리고 민주주의의 훼손 등만 봐도 그렇다. 때로는 편견과 단절이 줄고 관용과 소속감이 증가하는 세상을 만드는 것이 문 샷처럼 느껴지기도 한다. 하지만 인류를 위한 모든 위대한 도약은 개인 수준에서 시작된다. 지금껏 내가 호기심을 일상으로 가져올 때 우리가 성취할 수 있는 것에 초점을 맞춰온 이유이기도 하다.

그러나 진정으로 놀라운 곳에는 절대 혼자서 다다를 수 없다. 케네디는 대규모의 다양한 사람들 덕분에 달 착륙을 성공시킬 수 있었다. 그는 어느 누구 할 것 없이 전 국민 모두가 탐험의 가치에 대해 생각하고, 이야기하고, 믿어주며, 이 대담한 노력을 지지해주길 바랐다. 우리도 호기심에 대해 비슷한 노력을 기울여야 한다. 호기심에는 모두의 노력이 필요하다.

호기심 확산의 과학

살아가면서 우리는 다른 사람들의 표정, 버릇, 언어 표현, 농담, 제스처, 생각, 행동 등을 본보기로 삼고 모방한다. 아마 당신은 당신이라면 절대 사용하지 않을 표현을 친구들이 사용하는 걸 듣다가, 어느새 문자에 그 표현을 쓰고 있는 자신을 발견할지도 모른다. "너 요즘 스타일 끝내주던데 아이돌 같은 거 킹정."

심리학자 태냐 차트런드Tanya Chartrand와 존 바지John Bargh는 이를 '카멜레온 효과'라고 부른다.[2] 물론 인간은 카멜레온처럼 환경에 맞춰 피부색을 바꿀 수 없지만, 그들은 우리도 비슷한 행동을 한다는 사실을 발견했다. 주변 사람들과 환경이 우리의 사고와 행동 방식에 영향을 미친다는 것이다.

카멜레온 효과는 우리 두뇌의 '거울 뉴런'에 의해 작동하는데, 이 뉴런은 우리가 보고 있는 다른 사람의 행동을 바탕으로 운동 활동을 조절한다.[3] 여기에는 사회 심리학적 이유도 있다. 모방당하는 입장에서 효과적으로 모방할 수 있는 사람을 더욱 호의적으로 본다.

만일 당신이 냉소적인 사람들하고만 시간을 보낸다면 당신 역시 냉소적인 사람이 되더라도 놀라지 말자. 마찬가지로 내적, 외적, 그 너머까지 모든 방향으로 호기심을 품은 사람들과 함께 지낸다면 당신도 같아질 것이다. 카멜레온 효과는 당신 자신과 주변인들의 삶을 향상시킬 수 있는 사람들과 공간들을 탐색하는 게 현명하다는 점을 시사한다.

그렇다고 해서 당신과 비슷한 사람들만 주변에 두어야 한다는 의미는 아니다. 다양한 관점은 중요하고, 다양한 관점을 접하지 않으면 확증 편향 같은 함정에 빠질 수 있다. 당신이 성찰하고, 자아 감각을 확장하며, 인식을 구축하도록 자극하는 친구들을 찾아야 한다. 뭔가 새로운 내일의 것을 위해 당신이 지금 아는 사실을 위험에 빠뜨리면서 미지의 세계로 뛰어들라고 요청하는 사람들을 만나다 보면, 이전에 직면했던 것보다 더 두렵거나 더 거대한 것을 마주하는 데 도움이 될 것이다.

고렌 고든Goren Gordon의 연구에 따르면 우리는 가상의 사람, 심지어 로봇과의 상호 작용을 통해서도 호기심을 자극할 수 있다. 그의 연구에 참여한 각 어린이는 교육용 태블릿 앱을 사용해 다른 또래 어린이와 가상의 놀이를 했는데, 상대 어린이는 사람이 아닌 호기심을 유발하도록 프로그래밍 된 '소셜 로봇'이었다. 또래로 위장한 로봇은 학습과 탐구에 대한 열정을 보였고 어린이에게 질문을 던지며 게임에서 새로운 동작을 하도록 제안했다. 어린이는 호기심 많은 로봇과 함께 놀았을 때, 특히 '자유로운 탐구'와 '불확실성 추구'라는 두 가지 측정 항목에서 호기심이 증가했다.[4] 반면 무관심하게 프로그래밍 되어 새로운 것을 배우려는 욕구를 표현하지 않는 소셜 로봇과 짝을 이룬 어린이의 호기심은 전혀 증가하지 않았다.

즉 우리가 호기심을 더 많이 실천할수록 다른 사람들도 우리를 따라 호기심을 갖는다. 그리고 호기심 많은 사람들과 더 많이 어울릴수록 우리의 호기심 역시 더욱 왕성해지고, 이렇게 선순환이 이뤄진다.

달리 말해 호기심은 전염된다.

가까이에서 소소하게 시작하기

일단 호기심이 많아지면 삶과 관계에서 혜택을 얻기 시작한다. 거기에서부터 이 풍요로움을 전파하고 다른 이들과 나누고픈 마음이 드는 건 자연스럽다. 만일 당신이 부모나 교사라면 자녀가 더 많은 것을 배우고 공감 능력을 기르며 관심사를 발견하도록 호기심을 키워주고 싶을 것이다. 당신이 사업체를 이끌고 있다면 팀원들이 더 많은 호기심을 가지고 더 높은 수준의 창의성과 혁신으로 나아가길 바랄 것이다. 지역 사회를 조직하거나 보다 정의롭고 공평한 세상에 관심 있는 사람이라면, 사람들이 권력을 더욱 잘 인식하고, 더 많이 경청하고 공유하며, 차이를 없애지 않으면서도 포용하도록 돕는 열쇠가 바로 호기심이라고 생각할 것이다.

그런데 어디서부터 시작해야 할까?

이웃이나 조직 전체를 바꿔보겠다고 생각하기 전에 자녀, 배우자, 동료에게 호기심을 끌어오는 것부터 시작해보자. 가까운 사람들과 함께 호기심을 실천하고 그들과 더 많은 시간을 보내다 보면 그들도 자연스레 당신의 행동을 모방하기 시작할 것이다.

다른 습관을 형성할 때와 마찬가지로 이 작업의 대부분은 지속적인 반복이다. 호기심에는 전염되는 특성이 있으므로 당신이 DIVE 모델을 실천하다 보면 주변 사람들도 자연스레 호기심을 드러낼 것이다. 만일 호기심을 퍼뜨리는 데 속도를 내고 싶다면 다음의 세 가지 의도적인 행동을 해보길 권한다.

1. 호기심이 중요한 가치임을 분명히 표현하자.
2. 호기심을 정체성으로 수용하자.
3. 당신이 이미 속한 곳으로 호기심을 끌어오자.

80 대 20 법칙과 마찬가지로 당신과 가장 가까운 영향력의 영역에서 호기심을 퍼뜨리기 시작해야 한다. 늘 함께 일하는 직원, 신뢰하는 친구, 부모 등이 그 대상이 될 수 있다. 자주 만나는 사람들에게 호기심이 어떻게 확산되는지 이해하기 시작하면, 결국 팀, 학교, 조직 전체에 호기심의 가치를 전파하는 등, 경험을 통해 배운 것을 더 큰 집단에 적용할 수 있는 위치에 서게 될 것이다. 소소하게 시작한다고 해서 계속 소소하게 머무는 건 아니다. 인류학자 마거릿 미드Margaret Mead가 말했다고 알려진 바와 같이 "사려 깊고 헌신적인 소수의 시민 집단이 세상을 변화시킬 수 있다는 사실을 절대 의심하지 말자. 실제로 지금껏 세상을 변화시킨 건 소수의 시민 집단뿐이었다."

가족, 동료, 친구 혹은 호기심을 키우도록 영감을 주고픈 사람에게 가장 먼저 할 수 있는 일은 호기심이 중요한 가치임을 선언하는 것이다. 아니면 호기심을 공유 가치로 만들어 모든 사람이 다함께 호기심의 힘을 인정하는 것이다(아직 규칙적으로나 의도적으로 실행하고 있지 않더라도 말이다).

호기심을 하나의 가치로 받아들이는 것은 대화에서 이를 언급하거나 기본 원칙 문서에 추가하는 것 이상의 의미다. 집 안 벽면에 '살며, 사랑하며, 웃어라'라는 문구를 붙인다고 해서 다른 이들도 반드시 그 문구에 동의할 필요는 없는 것과 마찬가지다. 가치는 티가 나게 실천해야 한다. 가치는 표현되고 목격되어야 한다.

CEO가 직접 실천하지 않으면 창의성과 혁신의 이점을 아는 직원에게도 호기심을 불러일으킬 수 없다. 그러므로 CEO는 많은 질문을 던지고, 모르는 게 있으면 인정하며, 강력한 의도를 설정하고, 직원을 비인간화하려는 충동(특히 시간이나 예산이 빡빡한 회사에서 흔히 발생하는 안타까운 일)을 멀리해야 한다.

가정에서도 마찬가지다. 부모가 자녀에게 "우리 집에선 호기심을 가치 있게 여길 거야"라고 말하며 호기심이 뿌리내리길 기대하는 것으로는 부족하다. 자녀가 휴대폰만 보기보다는 더 호기심 어린 방식으로 세상과 소통하기를 바란다면… 당신부터 휴대폰을 내려놓자. 그러면 아이들이 바람직하지 않은 행동을 본보기 삼아 모방할 일이 없고, 불공평하다고 느끼며 다음과 같은 질문을 던지는 일도 없을 것이다. "엄마 아빠는 저녁 식사 시간에 휴대폰을 볼 수 있는데 왜 나는 안 돼요?"

가정에서 호기심의 가치를 실천하는 또 다른 방법은 '질문 나누기'의 날을 정하고 저녁 식사 시간에 (기분과 활력에 따라) 간단하거나 의미 있는 질문을 하나씩 선정해 모두가 답할 기회를 갖는 것이다. 질문 나누기의 예는 다음과 같다.

- 감사한 일은 무엇인가?
- 오늘 배운 것은 무엇인가?
- 무엇에 대해 호기심을 갖고 있는가?
- 이번 주에 힘들었던 일은 무엇인가?
- 이번 주에 기뻤던 일은 무엇인가?
- 자신이나 다른 사람에게 도움을 주는 당신의 초능력은 무엇인가?
- 이루고 싶은 꿈이나 소망은 무엇인가?

더욱 경험적인 방식으로 주변 사람들의 호기심을 불러일으킬 수도 있다. 〈던전 앤 드래곤Dungeons & Dragons〉 같은 게임을 하거나 정해진 계획 없이 도시를 탐험하는 것은 호기심을 표현하는 즐거운 방식이다. 당신이 조금 더 예술적인 사람이라면 모두에게 일기와 펜을 나눠준 다음 그들이 고민 중인 강력한 질문을 적고 그 질문 주위에 낙서를 해보도록, 예술 활동의 한 가지 형태로 권할 수 있다.

아니면 덜 진지한 방법으로, 서로에게 관심 있는 취미가 무엇인지 물어본 다음 가령 오후나 하루 동안 명상, 목공, 도자기 공예, 천체 관측 또는 그들을 생각하면 떠오르는 것에 몰두하는 체험을 '조금씩' 탐구해볼 수도 있다.

기관 차원에서도 호기심을 분명하게 표현할 수 있다. '차이를 넘어Beyond Differences'라는 단체에서 시작한 '아무도 혼자 먹지 않기No One Eats Alone'가 학교에서 인기를 끌었던 게 생각난다. 수천 곳의 학교가 혼자 급식을 먹는 학생들에게 호기심을 확장하고 학생들의 사회적 고립을 끝내도록 격려하기 위해 이 캠페인에 참여했다. 이 프로그램을 통해 학생들은 소외감을 느끼는 사람들을 포용하는 법을 배우며 호기심과 공감 능력을 길렀다.

그런데 왜 우리는 고등학교를 졸업하면 이러한 프로그램을 중단할까? 이러한 프로그램이 대학이나 직장에서 더 널리 시행된다면 어떤 모습일까? 고립은 열여덟 살에 끝나지 않으므로 기관에서도 호기심을 통합해 모든 연령대 사람들의 교류를 지원해야 한다.

호기심을 품게 하는 일을 하자

"당신을 행복하게 하는 일을 하라" 대신 "호기심을 품게 하는 일을 하라"라는 새로운 종류의 주문을 따르면 어떨까? "기분이 좋은 것을 향해 움직이라" 대신 "호기심을 자극하는 것을 향해 움직이라"라는 격언을 따른다면 어떨까?

퀴어로 커밍아웃을 하고 난 뒤, 나의 성적 지향(그리고, 더 이후에는 나의 젠더 정체성)에 관해 더욱 궁금해졌다. 나는 앞서 이 길을 걸어간 사람들을 찾아 그들의 경험에서 배우기 시작했다. 책을 읽고 사교 행사에 참석하며 성 소수자 정체성과 그 전반적 문화에 빠져들었다.

커밍아웃은 전 세계 여러 나라에서 성 소수자 운동을 조직하는 힘이 되어 해당 정체성을 정상화하고 문화적으로 수용하며 축복하도록 빠르게 이끌었다. 이제 퀴어나 성전환자는 멀리 있거나 낯선 사람이 아니라 우리의 삼촌, 친구, 동료, 형제자매, 이웃, 조카 혹은 학급 친구이기도 하다.

성 소수자 정체성의 한 가지 아름다운 점은 인종, 계급, 나이, 장애 여부, 신앙 등 일반적으로 물리적인 거리를 경험하는 모든 정체성을 초월한다는 점이다. 퀴어이면서 부유하거나 가난한 집 출신일 수 있고, 논바이너리이면서 백인이나 흑인일 수 있으며, 성전환자이면서 젊거나 나이가 꽤 들었을 수도 있다. 그렇기 때문에 이제 대부분 사람들은 퀴어나 논바이너리 혹은 성전환자를 알고 있으며, 누군가를 알면 그들의 관점을 이해하고 권리를 옹호하기가 훨씬 더 쉬워진다.

호기심에 관해서도 마찬가지일 것이다. 누구라도 호기심을 품을 수 있다. 호기심은 물질적 부가 필요 없고, 나이가 들어야만 발달하는 것도 아니며, 특정 인종, 젠더, 장애 여부 혹은 다른 형태의 정체성에 의해 제한받지 않는다. 그 누구도 호기심을 '소유'하지 않으며, 호기심은 지역 사회를 초월하기 때문에 사회 모든 부분이 호기심에 노출될 수 있다. 어떤 의미에서 우리는 호기심이 있다고 '커밍아웃'해야 하며, 공개적인 방식으로 드러내 사람들이 가던 길을 멈추고 자신들도 호기심을 갖고 있는지 아닌지 생각하게 해야 한다.

물론, 우리가 '커밍아웃'을 하려면 반드시 밖으로 나올 벽장이 있어야 한다. 그리고 호기심의 경우, 그 벽장은 무언가를 알고자 하는 사람들의 욕구다. 사회에서 사실상 모든 답을 갖고 있는 척하는 게 우리를 어둠 속에 가두는 감옥이다. 우리는 무언가를 아는 것을 승진, 의사 결정, 인생의 다른 긍정적 측면들과 연결 짓는다. 즉 우리는 알지 못하는 것을 약함과 낮은 지위의 신호로 간주한다. 가능할 때마다 이런 신념을 버리고 겸손이야말로 높이 사야 할 강점이라는 것을 사람들에게 상기시키길 간청한다. 무언가를 모른다고 인정할 때 우리는 약함이 아닌 진실함을 드러내는 것이다. 우리는 BDE Big Dick Energy(아는 데서 비롯한, 인정할 만한 자신감)에서 더 진화한 BCE, 즉 'Big Curiosity Energy(커다란 호기심 에너지)'에서 비롯한 자신감으로 나아가야 한다. "나는 해당 주제에 관해 그다지 잘 알지 못하지만 아무개는 잘 알 테니 그녀의 관점을 듣고 싶네"라거나 "솔직히 이 문제를 어떻게 처리해야 할지 잘 모르겠어. 다른 이들은 어떻게 접근할지 궁금해"라고 말할 줄 알아야 한다.

주민 모임이나 주간 업무 회의 아니면 학부모 교사 회의 등 어디에서든 자신이 호기심 많은 사람임을 드러내면 더 많은 문화적 수용과 축복을 이끌어낼 수 있으며, 이는 다른 사람들에게도 파급된다. 프린스턴대학교와 UC버클리의 연구원들은 두 가지 실험을 통해 주변 사람들이 호기심을 갖는 게 정상이라는 사회적 단서를 제공했을 때 사람들이 호기심을 가질 가능성이 더 높다는 사실을 발견했다.[5] 즉 사람들은 주변 사람들이 호기심이 많다는 (그리고 호기심을 가치 있게 여긴다는) 사실을 감지하면 호기심을 가질 가능성이 높다.

다른 사람들도 그 나름의 정체성을 확장해 스스로 호기심이 많다고 인식하도록 도와야 한다. 한 집단의 일부만 호기심을 실천해서는 부족하므로 모두가 동참하도록 해야 한다. 이를 위해서는 사회 곳곳에서 점점 더 많은 사람들이 호기심이라는 정체성에 발을 디디며 이미 이 길을 걷고 있는 다른 사람들을 탐색하고 호기심에 관한 더 많은 책을 읽으며(에헴!) 호기심 기술을 연습할 더 많은 기회를 제공하는 사교 행사에 참석해야 한다.

당신이 소속된 곳으로 호기심을 끌어오자

새로운 공간을 탐색하거나 만드는 데에는 많은 노력과 자원이 필요하다. 오히려 평소에 가는 곳마다 깊은 호기심을 끌어온다면 우리 대부분은 성공할 수 있을 것이다. 호기심을 활용하기 시작해 다른 사람들에게 같은 영감을 주는 데에는 많은 노력이 필요치 않다는 의미다. 우리는 사무실, 집, 학교, 동네 등에서 다양한 사람들에게 호기심을 전파하는 데 기여할 수 있다. 호기심을 발휘하고자 하는 사람들은 주로 이러한 물리적 공간을 가장 먼저 떠올리긴 하는데, 우리가 많은 시간을 보내는 또 다른 중요한 공간이 있다. 바로 온라인이다.

소셜 미디어는 사람들이 자주 자신을 드러내고 의견을 게시하는 플랫폼이다. 사람들은 가령 집을 얻거나 결혼을 하는 등 무언가를 성취하면 그것을 드러내고, 최근 다녀온 여행에 관해 게시한다. 아니면 자신이 쓴 글을 올리거나 가르치는 강의 주제에 대해 홍보하는 등 아는 것에 관해서도 이야기한다. 하지만 소셜 미디어를 호기심을 위한 플랫폼으로도 활용할 수 있다.

우리는 온라인에서 무언가를 과시하거나 포장하는 대신 훨씬 더 진솔해질 수 있다. 모르는 게 있으면 인정하고 다른 사람들이 그 호기심을 채워주도록 요청할 수 있을 것이다. 팔로워를 소비자의 역할에 두는 대신 우리가 품고 있는 질문들을 공유하고 다이렉트 메시지(DM)을 보내달라고 요청해 배움의 여정에서 적극적인 참여자로서, 당신이 더 알고 싶은 주제나 사람에 관해 알려주도록, 새로운 부류의 사람들과 교류하도록, 당신의 견해를 바꿔주도록 유도할 수 있다. 인터넷의 집단 지성은 강력하다. 이를 매우 신중하게 제대로 활용하는 방법을 배운다면 우리는 자기 자신뿐만 아니라 다른 사람과 문화, 그리고 한 사람보다 더 큰 것들에 관해 배울 수 있다.

당신은 당신이 속한 물리적 공간에서 호기심 활동을 소개할 수 있다. 교육자라면 수업 첫날 자신을 비롯한 모두에게, 교실 앞으로 나와서 잘 모르지만 더 알고 싶은 것이 있으면 발표해달라고 요청할 수 있을 것이다. 직장에서도 주간 팀 회의를 비슷한 방식으로 진행할 수 있다. 상사라면 자신이 진행 중인 프로젝트에 관해 모르는 부분을 말하며 회의를 시작한 다음, 직원들에게 궁금한 내용을 질문해보라고 청할 수 있을 것이다.

교육자나 상사의 경우, 우리가 소셜 미디어에서 행동할 때와 비슷한 입장에 처할 수 있다. 권위나 전문성을 유지하기 위해 우리는 자신을 드러내고 무언가를 게시하여 하는 일에 관해 무엇을 알고 있고 어떤 답을 가지고 있는지 증명해 보일 필요를 느낀다. 그러나 리더와 권위 있는 임원은 깊은 호기심 근육을 단련하는 데 모범을 보여야 한다는 사실 또한 기억해야 한다.

우리가 이미 차지하고 있는 공간들, 특히 다양한 직군, 인종, 나이, 배경을 가진 사람들로 채워진 공간은 점점 더 정치화되고 있어, 스치는 대화에서 깊은 호기심을 실천하기가 점점 더 어렵다. 예를 들어 펜실베이니아 스크랜턴의 한 YMCA에서 지역 사회 구성원들이 체육관 TV에 CNN과 폭스 뉴스 중 어느 것을 틀어야 하는지 여부를 두고 논쟁을 벌였다. YMCA는 체육관을 피트니스 수업이나 운동 등 서로의 차이를 넘어 소속감을 형성하는 장소로 활용하는 방법을 고민하는 대신, 갈등 해결 과정과 교육에 시간, 돈, 에너지를 쏟을 수도 있었다.

그래서 어떤 이들은 깊은 호기심을 계발할 새로운 공간을 만들고 설계해 다양한 사람들이 함께 모여 강한 이해와 유대를 느끼고 돌아갈 수 있도록 추가적인 노력을 쏟는다. 작가 겸 영적 탐험가인 내 친구 캐스퍼 터 퀼레Casper ter Kuile는 영성에 관해 큰 호기심을 품고 탐구하는 사람들이 전문가의 안내를 받을 수 있게 주간 소그룹 '더 니어니스The Nearness'를 만들었다. 시인, 활동가, 지혜의 스승이 참여하는 더 니어니스는 젊은이, 특히 전통적인 종교 공간이 자신에게 적합하지 않다고 느끼는 많은 젊은이를 끌어들이고 있다.

'캠프 리셋Camp Reset'과 '캠프 그라운디드Camp Grounded'에서 제공하는 몇 가지 경험을 소개하자면, 참가자들이 기기를 버리고 더욱 호기심 넘치고 재밌는 방식으로 자기 자신뿐 아니라 서로와 교류할 수 있도록, 가령 도착 당일 방호복을 입은 사람들이 체크인하는 캠프 참가자들의 디지털 디톡스를 위해 휴대폰을 빼앗는 웃긴 장면을 연출한다.

'셰어드 스튜디오Shared Studios'에서 개발한 포털스Portals 같은 계획도 있다. 금색으로 칠해진 배송 컨테이너인 포털스는 여러 국가에 설치되어 있다. 각 컨테이너는 바닥부터 천장까지 스크린으로 되어 있어 전 세계 다른 지역에 있는 낯선 사람과 화상 채팅을 할 수 있게 해준다.

새로운 공간을 설계해 시작할 기회는 무궁무진하다. 새로운 방식으로 호기심을 포용하는 학교, 논쟁과 조작보다는 호기심을 활용하는 새로운 디지털 플랫폼, 사람들이 일상에서 자동 조종 모드를 중단하고 거침없이 호기심을 더 많이 품게 하는 새로운 공공 예술 설치물 등이 있다. 앞으로 사람들이 어떤 아이디어를 떠올릴지, 개인적으로 너무 기대가 된다!

보여주기식 호기심을 경계하자

빈곤 포르노란, 틱톡 같은 플랫폼에서 좋아요와 팔로우를 얻고 사용자들의 동경을 받으려는 목적으로 가난한 지역 사회를 찾아가 사람들을 인터뷰하는 현상이다. 한편에서는 가난을 촬영하여 널리 퍼뜨리는 이러한 행위가 친절의 문화를 장려한다고 본다. 그러나 개인적인 이득을 위해 취약한 사람들을 악용하고, 때로는 명시적인 동의 없이 촬영하며, 덕성보다는 보여주기에 기반을 둔 행위라는 관점도 존재한다.

보여주기식 호기심도 다르지 않다. 당신이 호기심을 떠벌리고 다녀도 실은 진정성에서 우러나오는 호기심이 아니라면 유해할 수 있다. 사람들은 진정성 없는 카멜레온 효과에 속지 않듯이, 진정으로 이해하고자 하는 마음에서 비롯하지 않은 호기심을 느낄 수 있다. 원수 같은 친구들이 당신이 최근 겪은 이별에 대해 물어보는 것과 같은 이치다. 그들은 그저 재미난 뒷담화 거리를 얻으려는 것뿐이다!

그렇기 때문에 스스로 돌아봐야 한다. 당신은 당신의 이미지를 높이거나 다른 개인적 이득을 위해 호기심을 키우고 있는가? 아니면 그것이 다른 사람의 입장을 경청하고, 지켜보고, 공감하려는 진정성 있는 행동인가?

새로운 호기심의 시대

나는 호기심을 수용하는 세상의 밝은 미래를 본다. 힘든 순간에 자신의 고통을 덜어낼 수 있는 사람들이 보인다. 심지어 서로의 차이를 넘어 더욱 강한 관계를 형성하는 사람들이 보인다. 물론 호기심이 모든 사회 문제를 하루아침에 해결해주는 마술 지팡이는 아니지만, 더욱 정의롭고 지속 가능한 사회를 만들기 위한 근본적인 도구라고 생각한다. 나는 초중고교와 고등 교육에서 학생과 교직원 모두를 위한 궁극적인 학습 목표로써 호기심을 더 의도적으로 포함시키고, 21세기형 기술로써 호기심을 우선시하는 기업이 늘어날 것으로 예상한다. 앞으로 모든 리더는 호기심의 가치를 실천하는 동시에 함께 일하는 사람에게도 호기심의 가치를 확장하고자 할 것이다. 부모는 가정에, 친구는 서로에게 호기심 추구에 대한 책임을 지우며, 배우자는 더 많은 성취감과 행복 증진을 위해 관계에 호기심을 끌어올 것이다.

호기심을 대규모로, 그리고 세 가지 기본 방향으로 모두 실천할 때, 많은 아름다운 것들이 우리가 다음의 일들을 하도록 도울 것이다.

- 우리의 가정과 편견에 이의를 제기한다
- 두려움과 불안에 대한 해결책을 제공한다
- 더 큰 용기로 불확실성을 포용한다
- 사회적 고립과 소외의 시대에 깊은 유대감을 형성한다
- 더 의도적이고 사려 깊게 행동한다
- 창의성과 협업 기술을 연마한다

- 반대 견해나 차이를 가진 타인들과 공통점을 찾아본다
- 인생의 힘든 시기를 극복한다
- 자기 인식을 구축하고 스스로에게 더 친절해진다

호기심이 융성한 미래를 향한 비전에 관해 내가 가장 좋아하는 인용구 중 하나는 프랑스 철학자 미셸 푸코의 말에서 왔다. "내게 호기심은 전혀 다른 것을 암시한다. 그것은 '관심'을 불러일으키고, 존재하거나 존재할 수 있는 것에 대해 누군가가 마음을 쓰게 하며 (중략) 익숙함을 깨고 같은 것을 달리 간주하려는 어떤 집요함, 일어나고 있는 일과 지나간 일을 파악하려는 열정을 자아낸다. (중략) 나는 새로운 호기심의 시대를 꿈꾼다."

새로운 호기심의 시대가 불가능하게 느껴질 수 있다. 오늘날 복잡하고 압도적인 문제에 직면한 우리가 왜 이런 시도를 해야 하는지 의문을 품을 수도 있다. 차라리 이 비전을 꿈으로만 간직하는 게 더 쉬울지도 모른다. 무엇보다 우리는 우리 자신과 서로에게서 엄청나게 분열되고 단절되어 있다.

그러나 의기소침할 때마다 나는 케네디가 라이스대학교에서 했던 연설을 듣거나 아폴로 11호의 달 착륙 영상을 시청한다. 한 개인이 삶에서 더 많은 호기심을 갖기 위해 내디딘 작은 발걸음이 인류가 거대한 도약을 이루는 데 도움이 될 수 있다는 사실을 기억한다. 달 착륙처럼 불가능하게 느껴질 수도 있지만, 우리 모두가 사회의 모든 부분에서 호기심을 조금만 더 수용한다면 아마

2020년대가 다 가기 전에 호기심이 번성한 세상을 만들 수 있을 것이다.

깊은 호기심 덕분에 처음으로 데이트를 하고 사랑에 빠졌다. 호기심 덕분에 치료를 받았고, 과거의 아픔을 바라보고 이해하며 그것을 더욱 건설적인 무언가로 바꿀 수 있었다. 호기심 덕분에 1년간 전국으로 자동차 여행을 다니며 나와 다른 사람들을 만났다. 호기심은 내가 창의적으로 사고하도록 자극했고 목적이 더욱 뚜렷하고 성공적인 경력을 쌓도록 해주었다. 가족, 친구, 이웃, 동료 그리고 낯선 이들과의 관계를 계속해서 강화해주었다. 심지어 바로 이 책을 쓰는 데에도 도움을 주었다.

이 책을 쓰는 동안 어렵고 새로운 일을 해야 한다는 압박과 부담으로 공황 발작을 일으킬 때를 비롯한 아주 많은 순간에, 그나마 내가 지닌 한 가지 강점은 깊은 호기심이었다. 내 이야기가 중요하지 않다거나 내가 충분히 좋은 작가라고 느끼지 못하는 가면 증후군에 시달릴 때에도 그랬다. 매번 나는 내 안의 무가치하고, 두렵고, 충분하지 않다고 느끼는 부분을 알아차렸고, 깊은 호기심으로 그것들을 마주했다.

내가 스스로 압박을 가했다는 사실을 깨닫기 시작했고, 글을 쓰는 과정에서 스스로 만들어낸 가정에서 벗어날 필요가 있었다. 그러한 압도적인 순간에 퀵샌딩을 실천해 속도를 늦추고 마음보다는 몸에 더욱 집중했다. 압력밥솥처럼 수증기를 조금씩 뿜어내며 몸이 더 떠오르는 것처럼 느꼈다. 글쓰기에 대한 부정적 생각이 거슬릴 때면 나 자신을 가치 있게 여기고 이 책을 쓰기 시작한 본래 목적에 다시금 집중했다. 또한 친구, 가족, 동료 등 주변 사람들 모두에게 연락했다. 그들은 내게 계속 나아가라고 말했다. 두려움과 불안에 굴복하는 대신, 보잘것없지만 내가 고안한 조언에 따라 그것들을 받아들이기로 결심했다. 나는 벗어나고, 의도를 설정하고, 나 자신과 타인을 가치 있게 여기고, 이 어려운 순간을 수용했다. 그 결과 내가 자랑스러워하는 이 책은 말할 것도 없고 완전히 새로운 버전의 나 자신이 모습을 드러냈다.

자라오면서 종종 호기심을 약탈적인 방식으로 사용했다. 그것은 내게 생존 기제였다. 호기심은 나 자신에게서 분리되려는 내 의도와 딱 맞아떨어졌다. 나는 이렇게 생각했다. 만일 내가 항상 다른 사람들에 대해서 궁금해하고, '그들에게' 질문하느라 내 모든 시간을 쏟는다면, 그 누구도 '나의' 고충을 듣거나 보지 않을 거야. 그것은 받아들이기 힘들지만 진실인 것을 직면하는 데에서 스스로 주의를 분산시키고 거리를 두는 방식이었다. 그러나 조금 더 의도적으로 깊은 호기심을 발휘하기 시작하자 취약성과 그에 따르는 새로운 힘에 대한 시야가 열렸다. 이는 결국 내 삶의 모든 측면, 가령 인간관계, 나 자신을 대하는 방식, 경력, 영성, 타인과 세상을 바라보는 방식

등에 변화를 일으켰다. 나는 사람들, 심지어 나와 다른 사람들도 조금 더 경청하고 이해하게 되었다. 그리고 더욱 값진 방식으로 스스로와 이어진다고 느꼈다.

호기심은 늘 내 곁에 있었다. 호기심은 결코 나를 떠나지 않는 친구였다.

당신도 호기심과의 관계를 강화할 수 있기를 기대한다. 사실상 살다 보면 거지 같은 순간이 너무 많기 때문이다. 앞으로 나도 여러분도 그 사실을 피할 수는 없을 것이다. 불확실성과 변화는 당연한 이치다. 그러나 당신이 깊은 호기심을 계속 실천하도록 이 책이 안내하길 바란다. 나는 앞으로 몇 년간 내가 이 페이지를 다시금 펼치리란 걸 알고, 당신 역시 그렇게 하길 바란다. 외면하기보다는 마주하고, 내면의 목소리를 없애기보다는 가치 있게 여기며, 가정할 때에는 근거를 대보고, 힘든 시기가 닥치면 자기 자신에게 서약을 쓰고 내면의 버섯을 수용하길 바란다.

많은 이들의 삶이 코로나19로 더욱 어려워졌고, 정치적 균열과 사회적 분열로 악화되었으며, 기후 위기와 계속되는 전쟁 등의 글로벌 이슈로 예측 불가한 상황에 처했다. 특히 팬데믹이 한창일 때에는 나의 많은 친구들이 나 같은 충동을 느꼈다. 뉴스를 차단하고, 다른 이들을 외면하며, 영구적인 자가 격리 상태에 머무는 등 도망치고 숨으려 했다. 하지만 이는 우리 자신과 다른 사람들과의 교류는 물론이고 우리 영혼과의 교류도 끊어버렸다. 드물게 친구들이 연락하거나 내 전화에 답할 때면 그들은 실패를 인정하며 한때 내가 했던 것과 똑같은 말을 하곤 했다. "나는 끝났어. 포기할래. 다시 침대로 기어 들어가고 싶어. 안전한 느낌을 받고 싶어. '중지' 버튼을 누르고 그냥 다른 세상으로 가고 싶어. 뭔가 변해야만 해, 안 그럼 죽을 것 같아."

모두의 여정이 다들 조금씩은 달라 보였지만, 깊은 호기심을 사용한 사람들은 시간의 도움을 받아 진전을 드러냈다. 그들은 마침내 소용돌이에서 벗어났다. 그들은 미래를 바라보고 다시 목표를 세우기 시작했다. 치료사 케빈 베커가 내게 했던 말이 떠올랐다. "호기심은 치유의 지표예요."

인생은 계속해서 우리를 예기치 못한 상황에 내던질 것이고, 사회는 계속해서 위기를 지나고 위기 속에서 씨름할 것이다. 물론 우리가 이런 것들을 통제할 수 없지만, 더 잘 헤쳐 나가기 위해 깊은 호기심의 초능력을 이용할 수는 있다. 그것은 우리의 삶을 변화시킬 힘을 가졌을 뿐 아니라 정말로 세상을 변화시킨다. 다음번에 일을 망쳐버렸을 때에는 숨지 말라. 그 대신 탐색하라.

감사의 말

제가 이 세상에 태어나도록 해주신 엄마, 이제야 저의 일부를 보여
드리게 되었네요. 이 책을 쓰느라 어마어마한 노력을 기울였는데,
책이 긍정적인 영향을 끼치고 엄마의 자랑이 되면 좋겠어요! 제
호기심을 키워주시고 안전하게 번성하는 삶을 살게 해주셔서 감
사해요. 아빠, 저 너머에서 지금 흐뭇하게 웃고 계시겠죠. 아빠의
활기와 가르침은 항상 저의 모범이 되어 제 일부로 남아 있을 거예
요. 할머니와 할아버지, 두 분은 제게 결단력, 겸손, 품위가 무엇인
지 보여주셨고, 저는 그 세 가지 모두를 이 책에 담았어요. 조상님
들의 혈통은 제 존재 자체에 스며 있고, 당신들이 늘 저와 함께하
신다는 걸 알아요. 킴, 항상 최고의 누나이자 나의 가장 열렬한 응
원단장이 되어 격려하고 보살펴줘서 고마워. 모든 가족 여러분, 여
러분이 없었다면 지금의 저는 없을 거예요. 여러분 모두가 저를 성
장시켰어요. 러셀, 데비, 에디, 수키, 라이언, 셰리, 캐럴, 글렌 그리
고 다른 시게오카 집안 사람들, 또 무라타스, 모리오카 집안 사람
들도요. 누굴 말하는지 다들 잘 아시죠! 모두들 사랑합니다!

이 책은 다음 세대를 염두에 두고 썼습니다. 재커리, 클로이,

콜튼, 페이턴, 아리아, 애나, 조지, 타라, 히로, 라이라, 로아, 아마라, 일로윈, 그리고 셀 수 없이 많은 어린이들은 제가 늘 호기심을 품고 여러분이 물려받을 지구와 사회를 더욱 건강하게 지켜내기 위해 싸워야 한다는 사실을 상기해줬어요.

이 땅, 특히 하와이와 강렬한 방식으로 나를 빚은 하와이의 대지에 깊은 감사를 표하며 내가 살던 곳 아이에아Aiea를 외쳐봅니다! 하와이 섬들과 하와이 사람들의 지혜가 저와 이 책에 고스란히 담겼습니다. 또한 캘리포니아 하이 사막High Desert에 깊은 경의를 표하는 바, 그곳의 풍경과 동물 역시 책을 집필하는 데 영감을 주었습니다. 그 기개 넘치는 광활함은 제게 완벽한 치유와 명료함을 선사했고 앞으로의 계획을 위한 캔버스가 되어주었습니다.

이 책에 소개된 모든 분께, 용기를 내어 조심스레 나눠준 모든 경험에 깊이 감사드립니다. 나이노아, 제이컵, 맷, 세라, 애덤, 칩, 존 J., 라이, 알루아, 존 p., 릴리를 비롯해 책의 페이지마다 이름을 새긴 다른 모든 분께도 깊은 감사의 마음을 표합니다. 이 책에서 다룬 중요한 연구를 수행한 모든 연구자와 자동차 여행 중 만난 모든 분에게도 감사드립니다.

재키, 당신은 존경받아 마땅한 에이전트예요. 당신은 제가 저 자신과 이 책을 믿을 수 있도록 자신감을 안겨줬어요. "이 책은 사람들의 삶을 변화시킬 거예요, 당신도 포함해서요"라고 당신은 말했죠. 당신이 옳았어요! 이 책이 탄생하도록 문을 열어준 당신의 치열함과 우정에 정말로 감사드려요. 지나, 우리를 이어줘서 고마워요!

　해나, 당신은 꿈의 편집자입니다. 당신의 전문성과 우아한 격려가 아니었다면 이 책은 지금의 모습이 아니었을 거예요. 당신은 깊은 호기심과 예리한 관점으로 이 책을 빚었고 제가 더 나은 작가로 성장할 수 있도록 도와주었어요. 게다가 당신은 모든 면에서 유쾌한 사람이에요. 당신이 저의 편집자라는 사실은 축복이에요. 이 책이 탄생하기까지 변함없이 지원해주신 아셰트Hachette와 GCP 밸런스Balance 팀 전체에 감사드립니다! 엘리자베스, 당신의 탁월한 교정 교열에 감사드려요. 당신은 대단한 재능을 가졌고 사려 깊은 분이에요. 킴, 알렉산드라, 매슈, 나나, 내털리, 짐, 그리고 캐럴린, 마크, 제스, 포티어Fortier 홍보 팀의 카라, 또 이 책과 관련된 모든 분께 감사하고, 감사하고, 또 감사해요!

　로런과 애런, 두 분 덕에 결코 외롭지 않았어요. 두 분 다 믿을 수 없을 만큼 재능 있는 글쓰기 코치이자 저자로서 이 책과 저에게 큰 영향을 끼쳤어요. 두 분이 없었더라면 이 책은 정말 이토록 반짝이고 강력하며 응집력 있게 완성되지 못했을 거예요. 많은 작가들이 왜 글쓰기 코칭 에이전시인 스플래시 리터러시#Splash Literary 와 함께 일하려고 하는지 알았어요. 함께 일하는 것 역시 엄청난 기쁨이었어요! 저는 두 분과 함께 일하고 어울리는 게 너무 좋았어요. 혼자서는 이 일을 해낼 수 없었을 거예요!

　제이슨, 연구와 이야기 그리고 연습을 결합하는 제 능력을 믿어주셔서 감사해요. 저를 공공 선 과학 센터 궤도에 올려 생각하고 글 쓰는 방식을 위한 발판을 마련해주셨어요. 또한 수년 동안 여러분과 협업하며 삶을 통과해 나가는 것은 제게 큰 기쁨 중 하나였어요. 저는 여러분이 이끄는 방식을 존경합니다!

호기심, 창의력, 스토리텔링에 대한 열정을 키우기 위해 제 인생의 여러 부분에서 도움을 주신 분들께 감사드립니다. 벤 쇼어스와 트레이시 이디카 같은 선생님, 저를 지도해주신 많은 공립 학교 선생님들, 테라우치와 조앤 코치님, 홀리, 마치, 제이슨 R.을 비롯한 멘토들, 그리고 데이비드처럼 제가 자기 자비를 갖게 해준 많은 치유사와 치료사들까지 모두 감사드립니다.

일라, 이 책의 영어판 표지를 아름답게 디자인해줘서 고마워요! 당신은 정말 다재다능한, 고원 사막의 소울 메이트예요. 우리는 서로가 자석처럼 이끌리는 걸 감지할 수 있지요! 포티어 홍보팀, 특히 마크와 제스의 놀라운 홍보 지원에 감사드립니다.

저를 밀어주고, 격려해주고, 물심양면으로 지원해준 많은 작가들에게 깊은 사랑과 존경을 표합니다. 스마일리, 캣, 캐스퍼, 칼라, 리즈, 알루아, 앨릭스, 카르미엘, 제스, 조애나, 페리, 토드, 마크, 트렌트, 젠, 나스, 시몬, 오렌다, 유세프, 대커, 저드, 그레첸, 세스, 이선, 크리스틴, 보니 그리고 다른 많은 분들도요. 진정 마을 하나가 필요하네요! 그레이와 케이트, 텍사스대학교 오스틴 캠퍼스에서 가르칠 기회를 열어주신 덕분에 놀라운 학생들에게 호기심의 힘을 나눌 수 있었어요. 릴리언, 에밀리, 엘리사, 로즈 등 이 책의 여러 단계에서 저와 함께 일해주신 모든 분께 정말 감사드리고 여러분의 지원과 관심에 진심으로 감사드립니다.

진정성 있고 자비로운 우정이 무엇인지 매일 보여주고 이 여정 내내 저를 응원해준 분들이 정말 많이 계십니다. 스커틀러 가족, 팀 스파클, 사가, 하이 사막과 샌프란시스코만 지역에서 혈연을 초월해 가족을 이룬 분들(물론 누군지 아시겠지요!). 루이사와 조지, 두 분의 사랑에 감사드리고 처음 자동차 여행을 시작하게 해줘서 감사드려요. 사랑합니다! 처음부터 길잡이가 되어주고, 지원하고, 힘을 실어주고, 잡아주고 믿어준 분들께도 특별한 감사 인사를 전합니다. 로빈, 안잘리, 엠, 팻, 달린, 웨스, 제스, 필, 메건, 크리스, 세라, 코스모, 시나, 다니엘라, 스미타, 알리, 세포라, 미크, 아니스, 앨릭스, 클린트, 이반, 제스 R., 브렌던, 알렉시, 앨리슨, 에이드리엔, 제이드, 크리스틴, 그레이, 에밀리, 아네리, 러네이, 렘케, 흐레프나, 헤라, 레이철, 에반, 로메인, 애나 제인, 줄리아, 마크, 애덤, 제니 그리고 다른 많은 분들께도 감사드립니다!

저스틴, 날마다 나를 선택해줘서 고마워. 당신은 나의 반석이자 집이며 모험 친구야. 우리는 함께 최고의 삶과 파트너십을 경험해. 나는 당신을 사랑하고 우리가 함께 키워가는 것에 신이 나. 특히 섀넌을 비롯한 과거 파트너들에게도 감사의 마음을 전해요. 이 책에 깊은 인상을 남긴 우리의 교류와 성장, 영혼을 키운 방식에 감사한 마음이 들어요.

그리고 마지막으로, 스스로를 가치 있게 여기라는 저 자신의 조언을 받아들이며 감사의 말 마지막을 장식합니다. 이 책을 만드는 동안 너무도 선명히 존재했던 나의 모든 부분, 즉 가면 증후군을 가진 나와, 마감을 2주 앞두고 초조함에 신경질적인 나, 그리고 열정적인 나에게 이 책을 바칩니다. 우리가 해냈어! 더는 나의 어떤 부분에서도 숨지 않을게. 그 대신 모든 것을 수용할 거야.

어떤 책도 혼자 만들어지지 않습니다. 이 사랑스러운 거대한 커뮤니티가 계속해서 깊이 들어가 탐색하길 바랍니다. 모두들 사랑합니다!

주

들어가며

1 Daniel A. Cox, "The State of American Friendship: Change, Challenges, and Loss," Survey Center on American Life, last modified June 8, 2021, https://www.americansurveycenter.org/research/the-state-of-american-friendship-change-challenges-and-loss.

2 Todd B. Kashdan and Paul J. Silvia, "Curiosity and Interest: The Benefits of Thriving on Novelty and Challenge," in *Oxford Handbook of Positive Psychology*, eds. Shane J. Lopez and C. R. Snyder (New York: Oxford University Press, 2009), 367–74.

1장

1 Polynesian Voyaging Society, "Worldwide Voyage Overview," YouTube video, 3:10, posted November 15, 2016, https://www.youtube.com/watch?v=9yjNUbJquKI.

2 "How Curiosity Changes the Brain to Enhance Learning," *Science Daily*, last modified October 2, 2014, https://www.sciencedaily.com/releases/2014/10/141002123631.htm.

3 Lieke L. F. van Lieshout et al., "Induction and Relief of Curiosity Elicit Parietal and Frontal Activity," *Journal of Neuroscience* 38, no. 10 (March 2018): 2579–88, https://doi.org/10.1523/JNEUROSCI.2816-17.2018.

4 Matthias J. Gruber et al., "States of curiosity modulate hippocampus-dependent learning via the dopaminergic circuit," *Neuron* 84, no. 2 (2014): 486-496, doi: 10.1016/j.neuron.2014.08.060.

5 Steven Friedman, Alice N. Nagy, and Genevieve C. Carpenter, "New-

born Attention: Differential Response Decrement to Visual Stimuli," *Journal of Experimental Child Psychology* 10, no. 1 (August 1970): 44–51, https://doi.org/10.1016/0022-0965(70)90042-1.

6   Katherine E. Twomey and Gert Westermann, "Curiosity-Based Learning in Infants: A Neurocomputational Approach," *Developmental Science* 21, no. 4 (October 2017), https://doi.org/10.1111/desc.12629.

7   Adriana Weisleder and Anne Fernald, "Talking to Children Matters: Early Language Experience Strengthens Processing and Builds Vocabulary," *Psychological Science* 24, no. 11 (September 2013): 2143–52, https://doi.org/10.1177/0956797613488145.

8   Sonja Heintz and Willibald Ruch, "Cross-Sectional Age Differences in 24 Character Strengths: Five Meta-Analyses from Early Adolescence to Late Adulthood," *Journal of Positive Psychology* 17, no. 3 (February 2021): 356–74, https://doi.org/10.1080/17439760.2021.1871938.

9   Li Chu, Jeanne L. Tsai, and Helene H. Fung, "Association Between Age and Intellectual Curiosity: The Mediating Roles of Future Time Perspective and Importance of Curiosity," *European Journal of Ageing* 18 (April 2020): 45–53, https://doi.org/10.1007/s10433-020-00567-6.

10 Žiga Peljko et al., "An Empirical Study of the Relationship Between Entrepreneurial Curiosity and Innovativeness," *Organizacija* 49, no. 3 (September 2016): 172–82, https://doi.org/10.1515/orga-2016-0016.

11 Madeleine E. Gross et al. "Is Perception the Missing Link Between Creativity, Curiosity and Schizotypy? Evidence from Spontaneous Eye-Movements and Responses to Auditory Oddball Stimuli," *NeuroImage* 202 (November 2019), https://doi.org/10.1016/j.neuroimage.2019.116125.

12 Spencer H. Harrison and Karyn Dossinger, "Pliable Guidance: A Multilevel Model of Curiosity, Feedback Seeking, and Feedback Giving in Creative Work," *Academy of Management Journal* 60, no. 6 (February 2018): 2051–72, https://doi.org/10.5465/amj.2015.0247.

13 Christopher H. van Dyck et al., "Age-Related Decline in Dopamine Transporters: Analysis of Striatal Subregions, Nonlinear Effects, and Hemispheric Asymmetries," *American Journal of Geriatric Psychiatry* 10, no. 1 (January 2022): 36–43, https://doi.org/10.1097/00019442-200201000-00005.

2장

1 Todd B. Kashdan et al., "When Curiosity Breeds Intimacy: Taking Advantage of Intimacy Opportunities and Transforming Boring Conversations," *Journal of Personality* 79, no. 6 (December 2011): 1369–1402, https://doi.org/10.1111/j.1467-6494.2010.00697.x.

2 Bloomberg, "The One Question Oprah Winfrey Says Every Guest Asked," YouTube video, 2:03, posted March 1, 2017, https://www.youtube.com/watch?v=343kpgulUXU.

3 Rainer Maria Rilke, *Letters to a Young Poet* (London: Penguin Little Black Classics, 2016), 24.

4 David Broockman and Joshua Kalla, "Durably Reducing Transphobia: A Field Experiment on Door-to-Door Canvassing," *Science* 352, no. 6282 (April 2016): 220–24, https://doi.org/10.1126/science.aad9713.

5 Joshua L. Kalla and David E. Broockman, "Reducing Exclusionary Attitudes through Interpersonal Conversation: Evidence from Three Field Experiments," *American Political Science Review* 114, no. 2 (May 2020): 410–25, https://doi.org/10.1017/S0003055419000923.

6 David Gal and Derek D. Rucker, "When in Doubt, Shout!: Paradoxical Influences of Doubt on Proselytizing," *Psychological Science* 21, no. 11 (October 2010): 1701–07, https://doi.org/10.1177/0956797610385953.

7 Beau Sievers et al., "How Consensus-Building Conversation Changes Our Minds and Aligns Our Brains," PsyArXiv Preprints, last modified August 20, 2022, https://psyarxiv.com/562z7.

3장

1 Gary E. Swan and Dorit Carmelli, "Curiosity and Mortality in Aging Adults: A 5-Year Follow-Up of the Western Collaborative Group Study," *Psychology and Aging* 11, no. 3 (1996): 449–53, https://doi.org/10.1037/0882-7974.11.3.449.

2 Dan W. Grupe and Jack B. Nitschke, "Uncertainty and Anticipation in Anxiety: An Integrated Neurobiological and Psychological Perspective," *Nature Reviews Neuroscience* 14 (July 2013): 488–501, https://doi.org/10.1038/nrn3524.

3 Andrea Zaccaro et al., "How Breath-Control Can Change Your Life: A Systematic Review on Psycho-Physiological Correlates of Slow Breathing," *Frontiers in Human Neuroscience* 12 (September 2018), https://doi.org/10.3389/fnhum.2018.00353.

4 Eun Joo Kim, Blake Pellman, and Jeansok J. Kim, "Stress Effects on the Hippocampus: A Critical Review," Learning Memory 22, no. 9 (September 2015): 411–16, http://www.learnmem.org/cgi/doi/10.1101/lm.037291.114.

5 Johann Hari, "Your Attention Didn't Collapse. It Was Stolen," *Guardian*, January 2, 2022, https://www.theguardian.com/science/2022/jan/02/attention-span-focus-screens-apps-smartphones-social-media.

6 *Housing for the 55+ Market: Trends and Insights on Boomers and Beyond* (Westport, CT: MetLife Mature Market Institute, 2009).

7 Peter Uhlenberg and Jenny de Jong Gierveld, "Age-Segregation in Later Life: An Examination of Personal Networks," *Ageing and Society* 24, no. 1 (January 2004): 5–28, https://doi.org/10.1017/S0144686X0300151X.

8 Tracy Hadden Loh, Christopher Coes, and Becca Buthe, "The Great Real Estate Reset: Separate and Unequal: Persistent Residential Segregation Is Sustaining Racial and Economic Injustice in the U.S.,"

Brookings Institution, December 16, 2020, https://www.brookings.
edu/essay/trend-1-separate-and-unequal-neighborhoods-are-
sustaining-racial-and-economic-injustice-in-the-us.

9 Urban Institute, "Racial Residential Segregation and Neighborhood
Disparities," accessed October 16, 2022, http://www.urban.org/
sites/default/files/publication/92961/racial-residential-segrega-
tion-and-neighborhood-disparities.pdf.

4장

1 Erick Berrelleza, S.J., Mary L. Gauthier, and Mark M. Gray, "Pop-
ulation Trends Among Religious Institutes of Women," *Center
for Applied Research in the Apostolate*, Fall 2014, https://static1.
squarespace.com/static/629c7d00b33f845b6435b6ab/t/629fd8e7c-
c07671a94f1b066/1654642922991/Women_Religious_Fall2014_FI-
NAL.pdf.

2 Neil G. MacLaren et al., "Testing the Babble Hypothesis: Speaking
Time Predicts Leader Emergence in Small Groups," *Leadership
Quarterly* 31, no. 5 (October 2020), https://doi.org/10.1016/j.lea-
qua.2020.101409.

3 Isaiah Berlin, "Joseph de Maistre and the Origins of Fascism: III,"
New York Review, October 25, 1990, https://www.nybooks.com/arti-
cles/1990/10/25/joseph-de-maistre-and-the-origins-of-fascism-
iii.

4 Robin Dunbar, Anna Marriott, and Neill Duncan, "Human Conversa-
tional Behavior," *Human Nature* 8, no. 3 (September 1997): 231–46,
https://doi.org/10.1007/BF02912493.

5 Samantha Moore-Berg et al., "Exaggerated Meta-Perceptions Predict
Intergroup Hostility Between American Political Partisans," *Proceed-
ings of the National Academy of Sciences* 117, no. 26 (June 2020):
14864–72, https://doi.org/10.1073/pnas.2001263117.

6   Moore-Berg et al., "Exaggerated Meta-Perceptions."

7   Andrew R. Flores, *Social Acceptance of LGBTI People in 175 Countries and Locations. 1981 to 2020* (Los Angeles: Williams Institute, UCLA School of Law, November 2021, https://williamsinstitute.law.ucla.edu/wp-content/uploads/Global-Acceptance-Index-LGBTI-Nov-2021.pdf.

8   Human Rights Campaign, "An Epidemic of Violence: Fatal Violence Against Transgender and Gender Non-Conforming People in the United States in 2021," accessed November 18, 2022, https://reports.hrc.org/an-epidemic-of-violence-fatal-violence-against-transgender-and-gender-non-confirming-people-in-the-united-states-in-2021.

9   Sarah Kaplan, "Scientists Show How We Start Stereotyping the Moment We See a Face," *Washington Post*, last modified May 2, 2016, https://www.washingtonpost.com/news/speaking-of-science/wp/2016/05/02/scientists-show-how-we-start-stereotyping-the-moment-we-see-a-face.

10 Florian Arendt and Temple Northup, "Effects of Long-Term Exposure to News Stereotypes on Implicit and Explicit Attitudes," *International Journal of Communication* 9 (January 2015): 2370–90, https://ijoc.org/index.php/ijoc/article/viewFile/2691/1325.

11 Adam Lueke and Bryan Gibson, "Mindfulness Meditation Reduces Implicit Age and Race Bias: The Role of Reduced Automaticity of Responding," *Social Psychological and Personality Science* 6, no. 3 (2015): 284–91, https://doi.org/10.1177/1948550614559651.

12 Mary E. Wheeler and Susan T. Fiske, "Controlling Racial Prejudice: Social-Cognitive Goals Affect Amygdala and Stereotype Activation," *Psychological Science* 16, no. 1 (2005): 56–63, https://doi.org/10.1111/j.0956-7976.2005.00780.x.

13 Jason A. Nier et al., "Changing Interracial Evaluations and Behavior: The Effects of a Common Group Identity," *Group Processes & Inter-*

group Relations 4, no. 4 (October 2001): 299–316, https://doi.org/10.1 177/1368430201004004001.

14 Mark Levine et al., "Identity and Emergency Intervention: How Social Group Membership and Inclusiveness of Group Boundaries Shape Helping Behavior," *Personality and Social Psychology Bulletin* 31, no. 4 (April 2005): 443–53, https://doi.org/10.1177/0146167204271651.

15 Elizabeth Krumrei-Mancuso and Malika Rice Begin, "Cultivating Intellectual Humility in Leaders: Potential Benefits, Risks, and Practical Tools," *American Journal of Health and Promotion* 36, no. 8 (November 2022): 1404–11, https://doi.org/10.1177/08901171221125326c.

16 Mark R. Leary et al., "Cognitive and Interpersonal Features of Intellectual Humility," *Social Psychological and Personality Science* 43, no. 6 (June 2017): 793–813, https://doi.org/10.1177/0146167217697695.

17 Adam K. Fetterman et al., "On the Willingness to Admit Wrongness: Validation of a New Measure and an Exploration of Its Correlates," *Personality and Individual Differences* 138 (February 2019): 193–202, https://doi.org/10.1016/j.paid.2018.10.002.

18 Neal Krause et al., "Humility, Stressful Life Events, and Psychological Well-Being: Findings from the Landmark Spirituality and Health Survey," *Journal of Positive Psychology* 11, no. 5 (2016): 499–510, https://doi.org/10.1080/17439760.2015.1127991.

19 Karina Schumann and Carol S. Dweck, "Who Accepts Responsibility for Their Transgressions?" *Personality and Social Psychology Bulletin* 40, no. 12 (December 2014): 1598–1610, https://doi.org/10.1177/0146167214552789.

20 "We Are Predisposed to Forgive, New Research Suggests," *ScienceDaily*, last modified September 17, 2018, https://www.sciencedaily.com/releases/2018/09/180917111605.htm.

5장

1 Ido Hartogsohn, "Set and Setting, Psychedelics and the Placebo Response: An Extra-Pharmacological Perspective on Psychopharmacology," *Journal of Psychopharmacology* 30, no. 12 (December 2016): 1259–67, https://doi.org/10.1177/0269881116677852.

2 Ann Williamson and Anne-Marie Feyer, "Moderate Sleep Deprivation Produces Impairments in Cognitive and Motor Performance Equivalent to Legally Prescribed Levels of Alcohol Intoxication," *Journal of Occupational and Environmental Medicine* 57, no. 10 (October 2000): 649–55, https://doi.org/10.1136/oem.57.10.649.

3 Benjamin L. Walter and Aasef G. Shaikh, "Midbrain," in *Encyclopedia of the Neurological Sciences*, 2nd ed., eds. Michael J. Aminoff and Robert B. Daroff (London, Elsevier, January 2014): 28–33, https://doi.org/10.1016/B978-0-12-385157-4.01161-1.

4 Christopher N. Cascio et al., "Self-Affirmation Activates Brain Systems Associated with Self-Related Processing and Reward and Is Reinforced by Future Orientation," *Social Cognitive and Affective Neuroscience* 11, no. 4 (April 2016): 621–29, https://doi.org/10.1093/scan/nsv136.

5 Sarah Milne, Sheina Orbell, and Paschal Sheeran, "Combining Motivational and Volitional Interventions to Promote Exercise Participation: Protection Motivation Theory and Implementation Intentions," *British Journal of Health Psychology* 7, no. 2 (May 2002): 163–84, https://doi.org/10.1348/135910702169420.

6 Francesca Gino, "The Business Case for Curiosity," *Harvard Business Review*, September–October 2018), https://hbr.org/2018/09/the-business-case-for-curiosity#the-business-case-for-curiosity.

7 Gino, "Business Case for Curiosity."

8 Alan Richardson, "Mental Practice: A Review and Discussion Part I," *Research Quarterly. American Association for Health, Physical Edu-*

cation and Recreation 38, no. 1 (March 1967): 263–273, https://doi.or
g/10.1080/10671188.1967.10614808.

9   Adam Toth et al., "Does mental practice still enhance performance?
    A 24 Year follow-up and meta-analytic replication and extension,"
    Psychology of Sport and Exercise 48 (2020): 1-13, https://doi.
    org/10.1016/j.psychsport.2020.101672.

10 Alexei J. Dawes et al., "A Cognitive Profile of Multi- Sensory Imagery,
    Memory and Dreaming in Aphantasia," *Scientific Reports* 10, no. 1
    (June 2020), https://doi.org/10.1038/s41598-020-65705-7.

6장

1   Jonathan Chang, Meghna Chakrabarti, and Tim Skoog, "Sto-
    ries From Canada's Indigenous Residential School Survivors," *On
    Point*, WBUR, last modified July 28, 2021, https://www.wbur.org/
    onpoint/2021/07/28/stories-from-survivors-of-canadas-indige-
    nous-residential-schools.

2   Erin Hanson, Daniel P. Gamez, and Alexa Manuel, "The Residential
    School System," Indigenous Foundations, accessed October 3, 2022,
    https://indigenousfoundations.arts.ubc.ca/the_residential_school_
    system.

3   Andrea Smith, *Indigenous Peoples and Boarding Schools: A Compar-
    ative Study* (New York, Secretariat of the United Nations Permanent
    Forum on Indigenous Issues, May 18–29, 2009), https://www.un.org/
    esa/socdev/unpfii/documents/IPS_Boarding_Schools.pdf.

4   Lasana T. Harris and Susan T. Fiske, "Dehumanizing the Lowest of
    the Low: Neuroimaging Responses to Extreme Out-Groups," Psy-
    chological Science 17, no. 10 (October 2006): 847–53, https://doi.
    org/10.1111/j.1467-9280.2006.01793.x.

5   Lasana T. Harris and Susan T. Fiske, "Dehumanized Perception: A
    Psychological Means to Facilitate Atrocities, Torture, and Genocide?"

Zeitschrift für Psychologie/Journal of Psychology 219, no. 3 (January 2011): 175–181, https://doi.org/10.1027/2151-2604/a000065.

6 Susan Scott, *Fierce Conversations (Revised and Updated): Achieving Success at Work and in Life One Conversation at a Time* (New York: Penguin Publishing Group, 2004).

7 Jeneen Interlandi, "The Brain's Empathy Gap," *New York Time Magazine*, March 19, 2015, https://www.nytimes.com/2015/03/22/magazine/the-brains-empathy-gap.html.

7장

1 Daniel Engber, "Terra Infirma: The Rise and Fall of Quicksand," *Slate*, August 23, 2010, https://www.slate.com/articles/health_and_science/science/2010/08/terra_infirma.html.

2 Hazen Audel Official, "Surviving Quicksand/Primal Survivor, YouTube, March 24, 2022, https://www.youtube.com/watch?v=B-JTuDeEgV9I.

3 Emma M. Seppälä et al., "Promoting Mental Health and Psychological Thriving in University Students: A Randomized Controlled Trial of Three Well-Being Interventions," *Front Psychiatry* 11 (July 2020), https://doi.org/10.3389/fpsyt.2020.00590.

4 Martin Lang, Jan Krátky, and Dimitris Xygalatas, "The Role of Ritual Behaviour in Anxiety Reduction: An Investigation of Marathi Religious Practices in Mauritius," *Philosophical Transactions of the Royal Society Biological Sciences* 375, no. 1805 (August 2020), https://doi.org/10.1098/rstb.2019.0431.

8장

1 "Self-Compassion Break," Greater Good in Action, Greater Good Science Center, accessed July 13, 2022, https://ggia.berkeley.edu/prac-

tice/self_compassion_break.

9장

1 "Address at Rice University on the Nation's Space Effort." Address at Rice University on the Nation's Space Effort | JFK Library. Accessed October 23, 2022. https://www.jfklibrary.org/learn/about-jfk/historic-speeches/address-at-rice-university-on-the-nations-space-effort.

2 Tanya L. Chartrand and John A. Bargh, "The Chameleon Effect: The Perception-Behavior Link and Social Interaction," *Journal of Personality and Social Psychology* 76, no. 6 (June 1999): 893–910, https://doi.org/10.1037/0022-3514.76.6.893.

3 James M. Kilner and Roger N. Lemon, "What We Know Currently About Mirror Neurons," *Current Biology* 23, no. 23 (December 2013): R1057–62, http://dx.doi.org/10.1016/j.cub.2013.10.051.

4 Goren Gordon, Cynthia Breazeal, and Susan Engel, "Can Children Catch Curiosity from a Social Robot?" *Proceedings of the Tenth Annual ACM/IEEE International Conference on Human-Robot Interaction (HRI)* (March 2015): 91–98, https://doi.org/10.1145/2696454.2696469.

5 Rachit Dubey, Hermish Mehta, and Tania Lombrozo, "Curiosity Is Contagious: A Social Influence Intervention to Induce Curiosity," *Cognitive Science A Multidisciplinary Journal* 45, no. 2 (February 2021), https://doi.org/10.1111/cogs.12937.

별에서 온 그들과 친구 되는 법

초판 1쇄 인쇄 2025년 5월 27일
초판 1쇄 발행 2025년 6월 11일

지은이 스콧 시게오카
옮긴이 이윤정
펴낸이 최순영

출판2 본부장 박태근
경제경영 팀장 류혜정
편집 남은경
디자인 함지현

펴낸곳 ㈜위즈덤하우스 **출판등록** 2000년 5월 23일 제13-1071호
주소 서울특별시 마포구 양화로 19 합정오피스빌딩 17층
전화 02) 2179-5600 **홈페이지** www.wisdomhouse.co.kr

ISBN 979-11-7171-429-2 03180